대한민국
정의론

대한민국 정의론

고원 지음

이 도서의 국립중앙도서관 출판시도서목록(CIP)은 e-CIP홈페이지(http://www.nl.go.kr/ecip) 와 국가자료공동목록시스템(http://www.nl.go.kr/kolisnet)에서 이용하실 수 있습니다.(CIP제 어번호 : CIP2012001087)

국민 모두의 존엄, 정의 그리고 평등을 위해
대한민국의 시민 된 사람으로서 조그만 책임을 다하고자 이 책을 쓴다.

For Dignity, Justice and Equality for All!

책머리에

나는 세상을 바라볼 때 항상 '역사'라는 스펙트럼을 통해서 본다. 나의 삶과 행동을 역사적 관점에 비추어 판단하고 선택하고 결정한다. 그러다보니 지나온 나의 삶은 많이 고단했던 것 같다. 그럼에도 내가 삶의 방식을 크게 바꾸지 않은 이유는 역사적 관점에서 세상을 보는 눈이 가장 정확하고 올바르기 때문이다. 처음에는 다소 비현실적인 것처럼 보이지만 길게 보면 결국 가장 객관적이었음을 깨닫게 된다. 게다가 역사적 관점에서의 삶은 눈앞의 이익에 쉽게 끌리지 않고 폭넓은 안목으로 세상을 헤쳐 나갈 수 있게 해준다.

정치학자로서 내 연구를 관통하는 방법론도 역사적 시각이다. 나는 논문이나 책을 쓸 때 가장 먼저 역사적 맥락을 살핀다. 여러 사회 현상들의 이면에 크고 작은 역사적 시간대의 줄기들이 어떻게 얽혀 있는지를 찾아낸다. 그리고 그것을 한편으로는 철학적 가치에 비춰보고, 다른 한편으로는 현실의 역학관계에 대입해본다. 이로부터 철학적 가치와 역사의식을 바탕에 깔고 현실문제에 대한 전략적 접근을 시도한다. 이것이 내가 수행하는 연구의 방법론이기도 하고 세상을 살아가는 방식이기도 하다. 이 책 또한 그 같은 방법론을 적용해 지금 한국 사회가 처한 현실을 진단하고 대안을 찾아내고자 했다.

이 책을 구상하고 집필에 착수한 때가 1년 전이었다. 원래 2008년 한국연구재단의 지원을 받아 "세계화 시대 한국 사회 공공성의 정치와 대안적 사회발전 모델에 관한 연구"(KRF-2008-358-B00007)라는 주제로 연구해왔던 것이 밑거름이 되었다. 그러다가 2011년 1월 ≪프레시안≫이라는 매체에 "진보의 정치 전략, 왜 민주주의가 중요한가?"라는 제목으로 10여 쪽 되는 글을 실었다. 그때 쓴 글이 지금 이 책의 기본 골조가 되었다. 그렇게 해서 본격적으로 책을 쓰기 시작한 지 1년 넘게 지났다.

돌아보건대 한국 사회의 정치담론을 만드는 데 내가 기여한 일들이 없지는 않아 보인다. 나는 개인 정치에 별로 관심이 없고 자질도 별로 없다. 그럼에도 나 같이 미력한 사람이 정치 현안에 개입한 이유는 지식인으로서의 책임감 때문이었다. 지난 2006년 나는 개발독재 시대 기업가의 전형이자 윤리적으로 흠결 많은 이명박 후보를 민주화운동 세대인 30~40대들이 열렬히 지지하는 현상을 보고 엄청난 충격을 받았다. 그때 진보적 지식인들의 상태도 심상치 않았는데, 좌파 성향의 지식인들은 차라리 이명박 정부가 들어서는 것이 길게 봐서 좌파진영의 집권에 도움이 될 거라고 말하는 이도 많았고, 자유주의 성향의 시민운동가들이나 지식인들은 별로 나서려고 들지 않았다. 열린우리당은 초토화되어 희망이 없었고, 사람들은 우왕좌왕했다.

나는 정치패러다임이 근본적으로 바뀌지 않으면 한국 정치의 위기가 해소될 수 없다고 보고 새로운 정치운동을 모색했다. 그래서 시작한 일이 문국현 유한킴벌리 사장을 내세워 대통령선거에 개입하는 것이었다. 초기 전략기조를 내가 입안했는데, 나는 정치패러다임 변화의 핵심을 '가치(value)'로 잡았다. 기성정치가 권력을 매개로 한 사람·조직·지역 간의 합종연횡이었다면 이제 새로운 정치는 '가치'가 중심이 되어야 한다는 요지였다. 5~10명으로 시작한 그 실험은 단시일에 바람을 일으키는 데 성공을 거두었는데, 당시 '사람중심 진짜경제'라는 슬로건에 대한 반향은 대단했다. 그때 우리가 제시했던 비전이 주로 경제 영역에 국한되어 있었고 정책론 수준을 근본적으로 벗어나지 못했기 때문에 더 보편적인 사상체계로 발전시켜야 했고, 이를 매니페스토와 정강에 담아내고자 했다. 그 책임을 내가 맡았는데, 나는 그때 정강의 기반이 될 가치로 헌법을 주목했으나 내부 사정으로 결국 실현되지 못하고 말았다(≪오마이뉴스≫ 대담 2007년 11월 8일).

대선 이후에는 '연합정치'의 가능성에 주목해 이론적 기초를 세웠고(〈KSOI 위클리오피니언〉 2008년 12월 17일, ≪프레시안≫ 2009년 5월 22일), 2010년 지방선거 국면에서 연합정치 전도사로 바쁜 나날을 보냈다. 연합정치의 위력은 지방선거에서 여지없이 입증되었다. 지방선거 후에는 '20·30대 진보성장동력론'을 폈으며(≪오마이뉴스≫ 2010년 6월 24일), 지난해에는 '통합' 담론에 매몰되어 있던 야권과 시민사회 진영을 비판하면서 '혁신' 담론을 정립하는 데 중요한 역할을 했다(≪오마이뉴스≫ 2011년 8월 26일). 나는 이런 일련의 활동을 거치면서 내 경험과 사유를 반영해 좀 더 크게 이론 체계를 세워보고 싶다는 생각을 많이 했다.

책을 쓰는 동안 우리 사회에 가히 엄청난 변화가 일어났다. 여야에 상관없이 감세, 부동산 규제 완화, 의료민영화, 출자총액제한제도 완화 등을 주도했던 정당들은 앞다투어 복지, 재벌개혁, 경제민주화 깃발을 높이 들고 나서게 되었다. 내가 "특권·특혜구조 철폐", "재벌개혁"(《오마이뉴스》 2010년 9월 15일 "무지개정치 모색"), "특권집단에 대한 대중의 분노를 사회 정의의 기준으로 조직하는 것"(《프레시안》 2011년 1월 25일)이 정치 과제의 핵심이라고 말했을 때 함께 공감할 수 있는 사람이 많지 않았다. 당시만 해도 공개적으로 재벌을 비판하는 사람은 정신이 좀 멀쩡하지 않은 사람으로 취급받는 사회 분위기조차 있었다. 복지 이슈의 출현은 그런 사회적 장벽을 우회해서 사회양극화 문제를 제기하는 성격도 있었다. 아무튼 그동안 사회 분위기가 너무 급격하게 변해서 내 이야기는 많은 부분 별로 새삼스럽지 않게 되어버렸다. 선도적 문제 제기를 할 요량이었던 애초 집필 목적은 불필요하게 되었다. 그 때문에 김이 많이 빠지기도 했다. 그럼에도 내가 계속 글을 써서 책을 내게 된 이유는 그런 이슈들이 정치 구호나 정책으로서는 받아들여졌지만 여전히 총체성을 갖는 큰 그림이 없고 이론적으로도 전혀 뒷받침되고 있지 못해서다.

물론 여기저기서 몇몇 사람들이 정책담론을 넘어서 국가 내지 체제담론을 만들기 위한 시도를 하기도 했다. '역동적 복지국가', '공평국가' 같은 말들이 그러한 예이다. 그러나 이들은 이념적·이론적 기반을 결여하고 있을 뿐만 아니라 여전히 정책론의 범주를 벗어나지 못하고 있다. 경제민주화와 보편적 복지를 통합할 방법에 대해서도 제시하지 못하고 있다. 이 책은 지금까지의 그런 한계를 뛰어넘고자 하는 최초의 실질적 시도라고 자부한다.

이 책은 주로 청년실업, 고용불안, 사회양극화 등 우리 사회의 가장 중요한 현안을 해결할 수 있는 대안적 사회발전모델을 탐구했다. 하지만 단순히 정책

모델에 대해 기술한 책은 아니다. 자본축적방식, 사회갈등조절방식, 정부조직 방식, 국가-시민사회의 관계, 지배연합, 사회세력관계 등 여러 층위들이 가치, 비전, 전략의 관점에서 어떻게 결합되어야 하는지를 조명했으므로 실질적으로는 국가·체제담론에 관한 책이다. 책의 제목을 거창하게 '대한민국 정의론'이라고 붙인 것도 그 때문이다. 나는 대안적 사회발전모델을 '사회시장경제'로 명명해 제시했다. 얼마 전 모 정당의 정책회의에 자문 역으로 초대받아 간 일이 있는데, '사회'라는 말에 상당한 거부감이 있다는 걸 확인했다. 보편적 복지와 재벌개혁을 외치면서 왜 그 말에 아직도 발이 저리는 걸까 싶었다. 1980년대는 사회과학의 시대였고, 사회주의를 공부하지 않으면 지식인 축에도 못 끼는 시절이었다. 며칠 전 10여 명의 지식인들과 함께 토론한 일이 있었는데, 어떤 분이 지금 시대를 '사회(social)의 재발견'이라고 규정하는 것을 보았다. 그러고 보니 SNS(Social Network Service), 사회적 자본, 사회적 기업, 사회적 일자리, 기업의 사회적 책임, 사회적 대화 등 '사회'라는 말은 우리 주변에 지천으로 깔려 있다. 물론 지금의 '사회'는 1980년대의 사회과학이나 사회주의와는 거리가 멀 것이다. 굳이 그것의 본질을 규정해보라고 한다면 '공감', '소통', '민주주의' 정도가 가장 근접한 설명일 것이다.

  책을 쓰면서 국내의 훌륭하고 탁월한 학자들과 함께 공부할 기회를 갖게 된 것은 결정적 행운이었다. 민주정책연구원의 지원 아래 박순성 교수, 유종일 교수, 홍종학 교수, 김상조 교수, 최태욱 교수, 변창흠 교수, 강현수 교수, 김남근 변호사 등 국내 최고의 진보적 지식인들과 함께 매주 전문가를 초빙해 복지, 노동, 경제 등 각 분야에 대한 세미나를 1년 동안이나 진행했다. 그리고 「사회

시장경제: 새로운 대한민국 발전모델」이라는 보고서를 만들었는데, 미력한 내가 총론을 쓰고 '사회시장경제'라는 개념의 이론적 기반을 만들게 되었다. 그래서 일부 표현은 그 보고서의 내용과 약간 겹치기도 한다. 내가 그런 행운을 얻지 못했다면 이 책은 나오지 못했을 것이다. 그분들께 고개 숙여 진심으로 감사드리고 싶다.

책을 쓴다고 주위 사람들에게 많은 민폐를 끼쳤다. 무엇보다 아내와 아이들에게 많이 소홀했다. 그런데도 아내는 글을 전부 꼼꼼히 읽고 문장을 손봐주었다. 이 자리를 빌려 고마움과 미안함을 함께 전한다. 내가 회원으로 참여하는 '민주주의친구들'이라는 소박한 정치운동모임의 김혁, 김병성, 김헌태, 우태현 씨 등은 내게 책을 집필하라고 제안하고, 격려하고, 종종 함께 토론해주었다. 내가 아끼는 후배 권훈, 윤희웅 씨는 책의 제목을 정하는 데 결정적 힌트를 주었다. 평소에 나를 아껴주시고 책을 펴내는 데도 많은 편의와 도움을 주신 도서출판 한울의 김종수 사장님께도 진심으로 감사를 전한다. 끝으로 3년 전 세상을 뜨신 나의 어머니에게 그리움을 담아 이 책을 바치고 싶다.

2012년 2월
고원

차례

책머리에_ 7

프롤로그_ 16

제1부 한국 사회의 본질적 문제는 무엇인가 ▪ 41

제1장 한국은 어떻게 기적을 이룩했는가_ 43
1. 20세기의 불가사의한 기적_ 43
2. 급속한 경제발전은 권위주의체제 때문에 가능했는가_ 46
3. 민주주의 체제하에서 이루어진 제2의 도약_ 54

제2장 한국은 어떻게 수렁에 빠지기 시작했는가_ 63
1. 역동성이 사라진 한국 사회_ 63
2. 개발국가 유산의 지속: 재벌개혁의 실패_ 67
3. 신자유주의 세계화에 대한 대응 실패_ 74
4. 지체된 미래사회로의 준비_ 81

제3장 특권과두체제의 형성과 국가의 사유화_ 89
1. 한국 사회의 성격과 특권과두체제_ 89
2. 특권과두집단_ 96
3. 한국 사회의 성격을 둘러싼 논쟁적인 문제_ 108

제2부 한국 사회의 문제를 해결할 대안은 무엇인가 ▪ 125

제4장 한국 사회가 지향해야 할 가치_ 127
1. 왜 헌법의 가치인가_ 127
2. 헌법이 지향하는 이념_ 132
3. '정의', '평등', '민주주의'라는 가치_ 143

제5장 새로운 국가 비전과 사회시장경제_ 148
1. 한국형 사회발전모델로서 사회시장경제_ 148
2. 사회시장경제의 핵심 구성 요소_ 161

제6장 사회시장경제의 주요 정책 의제와 전략_ 179
1. 특권적 재벌체제의 개혁_ 179
2. 노동시장 양극화 개선과 양질의 일자리 창출_ 192
3. 혁신적 중소기업의 육성_ 208
4. 보편적 사회투자복지의 실현 전략_ 215
5. 조세 및 재정 전략_ 226
6. 금융시장의 민주화_ 240
7. 공공적이고 적극적인 국가의 재창조_ 246

제3부 사회를 바꾸는 새로운 정치 ▪ 261

제7장 '약한 민주주의'와 '강한 민주주의'_ 263
1. 87년 체제와 '약한 민주주의'_ 263
2. '강한 민주주의'의 정치적 조건_ 272

제8장 사회를 바꾸는 새로운 정치_ 277
1. 새로운 정치의 사회적 배경_ 277
2. 새로운 정치의 기초_ 280
3. 새로운 정치를 위한 정치개혁 구상_ 285

제9장 새로운 정치를 위한 정치철학의 문제와 진보적 자유주의_ 293
1. 진보적 자유주의의 한국적 함의_ 293
2. 진보적 자유주의의 핵심 요소들_ 295
3. 진보적 자유주의의 정치철학적 쟁점들_ 299

에필로그_ 305

프롤로그

> 지금은 분노를 가라앉히라는 호사를 누리거나 점진주의라는 진정제를 복용할 때가 아닙니다. 민주주의의 약속을 실현할 때입니다. 어둡고 황량한 차별의 계곡에서 일어나 찬란한 정의의 길로 걸어가야 할 때입니다.
>
> — 마르틴 루터 킹

오늘날 한국 사회의 화두는 사회의 부정의·불평등과 맞서 싸우는 것

인간에게 가장 귀중한 가치는 존엄이다. 이것이야말로 인간이 누릴 수 있는 행복의 가장 근원적인 가치이다. 그래서 대한민국 헌법 제10조는 "모든 국민은 인간으로서 존엄과 가치를 가지며, 행복을 추구할 권리를 가진다"고 말하고 있다. 그런데 우리 국민들은 그 같은 존엄의 가치를 누리며 살아가고 있을까? 단언컨대 사회의 현실은 별로 그렇지 못하다. 단적으로 각종 조사지표에서 밝혀진 바이지만, 한국인의 행복지수는 거의 항상 OECD 국가 중 최하위권으로 나타난다. 또 자살률, 이혼율, 저출산율 세계 1위라는 지표에서도 그런 정황은 잘 뒷받침된다.

그렇다면 무엇이 우리를 이렇게 행복하지 못하게 만들었을까? 오늘날 우리 사회에서 인간으로서의 존엄을 말살하는 최대의 적은 바로 사회적 부정의와 불평등이다. 어느 때부터인가 우리 사회는 과거와는 다른 유형의 부정의가 출현해 거대한 힘으로 사람들을 지배하기 시작했다. 막강한 금권을 매개로 결착된 극소수 특권집단들이 국가기구와 언론을 종속물로 전락시켜 불공정, 반칙, 특혜, 차별, 자의적 지배 등을 일삼으면서 엄청난 부와 권력을 독식해왔다. 법은 강자의 노리개가 되어 불법과 편법에 의한 특권이 횡행하고, 다수의 사람들은 기회와 권리를 박탈당했다. 이 같은 사회의 부정의는 극심한 사회 불평등으로 이어졌다. 오늘날 사회 부정의의 핵심은 다름 아닌 사회 불평등이다. 사회 불평등으로 인해 소외되고 배제된 사람들은 이 나라에서 더는 하나의 인격으로서의 자존심을 누리며 살아갈 수 없게 되었다. 못 가진 사람들은 가진 사람에 대한 경외심과 선망으로 자기도 모르게 비굴해지거나 아니면 질시와 반감에 사로잡혀 심성이 피폐해져야 하는 현실이 되었다.

이처럼 사회 다수의 사람들이 인격적 존엄을 말살당하면서 살아가는 현상은 비단 우리나라만의 문제가 아닌 세계적인 문제가 되어 있다. 얼마 전 영국에서 10~20대 젊은이들이 주도한 폭력시위가 삽시간에 전국으로 번져가는 사건이 있었다. 그들은 이렇게 외쳤다. "우리는 일자리도 없고, 돈도 없다." 우리는 이 말에서 인격으로서의 자존을 포기한 극단적 냉소와 절망의 목소리를 뚜렷이 듣게 된다. 이런 목소리는 영국 사태 훨씬 이전부터 그리스, 튀니지, 프랑스, 칠레 등 세계 도처에서 터져 나왔다. 이제는 그런 목소리들이 세계자본주의의 심장부인 미국 월가에서도 터져 나오고 있다. 지금 지구촌 곳곳에서 울려 퍼지는 절망과 자조의 목소리들을 관통하는 하나의 핵심어가 바로 사회 부정의와 불평등인 것이다.

정의로운 사회는 모든 개인이 공동체 속에서 자유로운 시민으로 살아갈 수 있도록 권리(right)를 평등하게 배분한다. 그런데 지금 세계의 많은 나라에서는 시민적 권리의 배분이 매우 불균등하게 진행되고 있다. 이 때문에 세계 각국은

'사회계약의 위기', '헌법의 위기', '공동체 존립의 위기'와 같은 근원적 위기를 겪고 있다. 지금 우리 사회 역시도 평등의 가치를 지켜내지 못하면 더는 공동체로 성립되기 어려운 현실 가운데에 놓여 있다. 그러므로 지금의 시대에 우리 사회가 간직해야 할 하나의 화두가 있다면, 그것은 인간으로서의 존엄을 위해 사회 부정의 그리고 사회 불평등과 맞서 싸우는 것이다. 우리 시대에 평등의 가치야말로 인간으로서의 자존을 회복하기 위한 사회정의(social justice) 실현의 가장 중요한 수단이자 목적이 되었다.

이 책은 인간의 존엄이라는 보편적 기반 위에서 '평등'을 강화하면서 우리 사회를 어떻게 '정의롭게' 재구성할 것인가에 관한 고민을 담았다. 주로 사회경제적 발전모델의 구성이라는 문제에 집중해 그에 관련된 주요 정책의제(agenda)들이 핵심적인 가치 체계들과 어떻게 결합될 수 있는지를 탐구했다.

이 책의 접근법

지금 한국 사회의 가장 본질적 문제는 과연 무엇이라고 정의할 수 있을까? 지금 급속히 확대되고 있는 불평등 같은 사회 현상이 나타나는 원인은 무엇인가? 이에 대해 진보적 이론가들은 신자유주의, 사회양극화, 성장 동력 약화, 불공정 같은 개념을 사용해 사회 문제를 진단하고자 시도해왔다. 이런 개념들은 한국 사회의 문제를 일정하게 해석해준다. 하지만 지난 10~20년 동안에 걸쳐 많은 시도가 있었음에도 그 성과는 아주 미미했다. 무엇보다 주요 현상들을 연결해 하나로 관통하는 이론적 개념을 찾지 못했고, 그에 따라 사회 문제 해결을 위해 어떻게 핵심 목표를 설정해 정책의 전략적 우선순위를 배열해야 하는지도 불분명했다.

그래서 이 책은 한국 사회의 가장 핵심적이고 본질적인 문제를 가능한 한 명

료하게 제시하는 것으로부터 시작한다. 한국 사회의 가장 본질적인 문제를 "강력하게 네트워크화된 사회의 특권과두집단들이 국가를 사유화해 헌법이 정한 가치와 정신, 그리고 법의 지배를 무시하고 각종 정책과 제도의 규칙을 변경하는 방법으로 엄청난 부와 권력을 독식하는 것"이라고 규정한다. 특권집단들의 비정상적이고 탈법적인 착취를 효과적으로 규제하고 사회 전반의 제도와 규칙을 공동체의 존립에 맞게 확립해나갈 수 있는 국가의 공적 기능이 약화된 것이 사회 문제의 핵심이라고 주장한다. 다시 말해서 국가의 기능이 국민이 아니라 과두집단들에 의해 통제되는 것, 바로 민주주의의 취약성으로부터 제반 문제들이 파생된다고 파악한다. 그 같은 핵심 개념들을 통해 신자유주의, 개발국가, 사회양극화, 성장 동력 약화, 특권, 불공정 같은 현상들을 통합적으로 설명해내고자 한다.

  하나의 국가가 직면해 있는 본질적이고 핵심적인 문제를 진단하고 개혁의 목표와 전략을 도출하기 위해서는 사회체제의 성격, 구조, 메커니즘을 정확하게 파악해야 한다. 과거 1980년대 운동권에서는 지나치게 관념적이긴 했으나 사회변혁의 전략을 설정하기 위한 전제로서 그런 논의들이 뜨겁게 전개되곤 했다. 사회구성체의 성격과 변혁 노선에 관한 백가쟁명의 논쟁들이 그것이었다. 그러나 오늘날에는 사회 각 부문과 영역에 대한 정책적 수준의 고찰은 많이 활성화되었지만, 사회를 총체적으로 파악하고 각 부문 과제들을 일관된 틀로 꿰어 우선순위를 정하고 제한된 역량을 집중시켜 문제를 해결해나가는 거시적이면서 전략적인 접근 시각은 많이 약화되었다. 물론 지금도 그런 논의들이 아예 없다고는 볼 수 없다. 예를 들어 한국 사회의 본질 및 성격과 관련해 신자유주의냐, 개발주의냐의 논쟁들이 그것이다. 그럼에도 이런 논의들은 체계적 분석이나 실증적 검토 어느 쪽으로도 충분히 발전되지 못하고 정체되어 있다.

이 책은 입체적이고 복합적인 접근법을 취한다. 무엇보다 체제(regime)의 관점에서 한국 사회의 문제를 파악하고자 한다. 체제란 국가의 자본축적 전략과 사회갈등 규제방식, 정부의 조직방식, 국가와 시민사회의 관계양식, 지배엘리트 및 지배연합의 속성, 사회세력들 간 역관계 등을 포함하는 개념으로서 비교적 오랜 시간에 걸쳐 응축된 역사적 사회구성체를 말한다. 이 체제는 특정한 지배 분파가 주로 국가를 통해 사회적 가치와 자원의 배분을 지휘하면서 통일적 체계를 유지해나가는데, 지배 분파가 되기 위한 여러 세력 사이의 치열한 갈등과 경쟁에 의해 체계의 통일성은 균열과 재통합을 반복하게 된다.[1]

그런 점에서 사회 문제의 역사적 맥락을 철저하게 파고들어 가서 국가(state)의 문제를 사회 분석의 중심에 세워 정치와 경제를 통합적으로 파악하는 접근을 시도할 것이다. 이러한 접근법은 경제학, 역사학, 정치학이 단독으로 보여줄 수 없는 한국 사회의 단면들을 포괄적으로 드러낼 수 있을 것이다. 그럼으로써 우리는 비로소 한국 사회의 본질적인 문제가 무엇이고, 다른 제반 문제들이 어떻게 파생되고 있는지를 파악할 수가 있기 때문이다. 나아가서는 그로부터 문제 해결을 위한 핵심 가치와 핵심 정신을 찾아내고, 그 문제들을 꿰어 비전으로 창조해내며, 실천적 행위들의 전략적 우선순위를 정할 수 있는 것이다.

한국 사회를 설명하는 특권과두체제라는 개념

사실 한국 사회는 낡은 개발독재의 잔재가 시대의 흐름에 맞게 제대로 청산되지 못한 바탕 위에 신자유주의의 물결이 덧씌워지면서 매우 복잡하고 독특한 사회체제가 형성되었다. 그러므로 구시대의 낡은 개발독재의 유산과 신자유주의의 새로운 조류들이 서로 혼합되면서 형성된 사회체제의 구조와 메커니즘을 한 두름으로 꿰어 하나의 통일적인 시각으로 어떻게 이해할 수 있는지가 연구의 핵심 문제가 되었다. 그럼에도 지금까지의 설명은 신자유주의라는 세계사적 수준의 흐름에 한국 사회의 모든 현상을 대입해서 일률적인 진단만을 이끌어내거나, 아니면 신자유주의의 물결이 광풍처럼 휩쓸고 지나갔음에도 한국적 특수성만을 별도의 단계로 떼어내어 다루는 식으로 이해해왔다. 그러면서 각각의 측면만을 특화시켜 다람쥐 쳇바퀴 돌듯 논쟁들을 반복해왔다.

민주화 이후 한국 사회에 신자유주의, 개발주의, 권위주의, 민주주의 등 여러 요소가 서로 혼합되면서 어떤 사회체제가 형성되어 왔는지를 설명하기 위해 여기서 제시하는 핵심 개념은 '특권과두체제'라는 용어이다. 과두제란 한마디로 특권, 약탈 그리고 카르텔의 사회질서를 표현하는 개념이다. 하지만 거기에는 더 중요한 핵심 포인트가 있는데, 바로 '국가의 공적 기능 상실'이라는 문제이다. 정치학에서는 이를 '국가자율성', '헤게모니적 지배', '국가 사유화'라는 용어를 동원해 설명하기도 한다.

여기서는 과두제라는 용어를 사용하면서 그것의 본질이 국가의 공적 기능 파괴라는 문제로 집중된다는 것을 밝힐 것이다. 이 문제가 어떻게 한국 사회의 양극화, 일자리 불안, 차별, 특권, 민주주의 후퇴 등과 같은 사회 현상에 연결되어 있는지를 설명할 것이다. 더 나아가서 이 문제를 헌법의 가치와 연결시킬 것이며, 구체적으로는 과두제가 추구하는 '특권'의 핵심이 다름 아닌 인간으로서 국민의 존엄과 기본적 권리, 그것을 보호하기 위한 입헌적 법치주의(혹은 법의 지배)의 원리에 대한 부정과 말살이라고 규정할 것이다. 그리고 이 같은 사회체제의 성격에 대한 이해를 기반으로 사회개혁의 목표와 방향, 정책과 전략을 도출할 것이다.

왜 국가의 문제가 중요한가

하나의 사회가 정상적으로 작동하기 위해서는 사회로부터 일정한 자율성을 지녀야 한다. 이를 정치학에서는 '국가자율성'이라고 부르는데, 국가자율성이란 1차적으로 국가가 사회의 특수이익집단들의 특권적 이익 추구 행위에 내둘리지 않는 상태를 의미한다. 다시 말해서 국가가 사회의 여러 이익집단 사이에서 불공평한 태도를 취하지 않을 수 있는 역량 상태를 뜻하는 것이다. 하지만 좀 더 적극적으로 볼 때, 국가자율성은 공평한 태도를 취하는 것뿐만 아니라, 시장과 시민사회가 제대로 작동하는 데 필수적인 제도와 자원을 원활하게 공급할 수 있는 능력 상태를 뜻하기도 한다. 노벨 경제학상 수상자인 노스(D. North)가 말했듯이, 사회적으로 확립되고 국가의 법질서에 의해 뒷받침된 재산권에 관한 효과적 규제 장치 없이는 시장이 제대로 작동할 수 없다. 신자유주의자들이 주장하는 것처럼 시장은 결코 숨 쉬는 공기처럼 태초부터 존재해왔던 자연적 질서도 아니고, 인간의 교환 본능에 의해 형성되고 진화해나가는 자생적 질서도 아닌 것이다.

국가자율성이라는 개념은 한국 사회의 본질적 문제를 설명해주는 핵심어이다. 지금 한국 사회가 겪고 있는 고통의 진원지를 여러 가지 수준에서 설명할 수 있지만, 가장 중요한 핵심은 사회공동체 최후의 보루인 국가의 공적 기능이 급속히 붕괴되고 있다는 사실에 있다. 지금 우리 사회의 고위 공직자들은 이제 공직자라고 부를 수도 없을 만큼 사익추구집단으로 전락해 있다. 정부의 핵심 라인에 있는 관료들은 재벌이나 부자를 위한 정책을 쏟아내는 일에 몰두하고 있다.

한국에서 특권집단에 의해 부와 권력이 독식되고, 세계적으로 유례없는 양극화 현상이 나타나게 된 원인은 시장에서의 경제적 계급투쟁의 관점으로 잘 설명되지 않는다. 한국에서 재벌 대기업과 부자가 획득한 부는 시장에서 자유경쟁을 통해 축적한 결과가 아니라, 핵심적으로는 국가의 권력에 의해 뒷받침된 축적의 결과였다. 1987년 이후 사회세력들 사이의 권력투쟁에서 승리한 과두집단들이 국가를 장악하고 그것을 이용해 경제적 이익을 극대화시킨 결과였다.

한국에서 국가는 다수 국민의 재산과 권리를 보호하는 헌법의 수호자가 더는 아니다. 천안함 사건, 연평도 사건, 구제역 사태, 전세대란에서 보듯이 국가는 국민의 생명과 재산을 보호할 능력도 없고 의지도 없다. 1년 이상 연속으로 폭등한 전세난 속에서 서민들은 거리를 배회하고 울부짖고 있는데 짐짓 모른 척으로 일관하던 정부가 겨우 내놓은 대책은 고작 대출 늘려줄 테니 빚 내서 전셋값 충당하라는 것이었다. 부동산 매매 침체에는 황망히 온갖 대책을 쏟아내고, 온갖 탈세, 탈법증여, 부당내부거래, 불법적 경영권 승계를 자행하는 재벌총수들에게는 한없이 자애로우면서 서민의 고단한 삶에는 딴전이었던 것이다.

국가에 대한 믿음이 거의 불신과 절망의 나락으로 추락하면서 나타난 사회현상이 바로 가족주의이다. 나와 내 가족만을 위한 삶이 최우선이라는 생각이 급속히 확산된 것이다. 국가에 대한 불신이 시민의 삶을 지켜내지 못하는 권력에 대한 저항으로 나타나는 것이 아니라, 오히려 원자화되고 파편화된 형태로 나타나면서 사회 문제에 대한 대응도 집단적 해결보다는 개인적 해결을 중시하게 되고, 이것이 사회의 경쟁을 더욱 더 치열하게 몰아간 것이다. 바로 이 때문에 우리가 신자유주의 현상을 이해하는 데에도 국가의 문제를 중심에 두어야 하는 것이다.

신자유주의에 대한 경제주의적 해석의 한계

한국에서 사회양극화가 세계 어느 나라보다 더 급속하고 심각하게 진행된 이유는 단순히 신자유주의라는 일반적 문제에 있는 것이 아니다. 그렇다고 흔히 발전자본주의라고 부르는 박정희식 개발독재의 유산에 있는 것도 아니다. 국가의 역할 상태가 어떤가에 따라 같은 신자유주의 경제구조라 해도 사회 전반에 미치는 영향의 내용과 성격이 매우 다르게 나타날 뿐만 아니라, 신자유주의 경제정책을 얼마만큼 수용하고 거부할지도 크게 좌우되기 때문이다.

물론 신자유주의가 국가에 의해 모두 결정되고 좌우된다는 말은 아니다. 신자유주의는 그 자체로 독자적인 메커니즘을 갖고 움직이며 끊임없이 국가를 약화시키고 자신의 운동 논리에 종속시키려 한다. 하지만 그 같은 측면만을 일방적으로 강조하는 것은 경제주의 혹은 경제결정론의 시각이다. 신자유주의는 고전적 자유방임주의와는 달리 초국적 독점자본이 지배하는 자본주의 발전 단계에서 성립된 이데올로기이다. 이 단계에서 독점자본의 논리와 자유시장경쟁의 논리는 서로 양립하기 힘든 모순 때문에 끊임없이 충돌을 일으키는데, 이 때문에 자유시장경쟁을 유지하기 위해서는 독점에 대한 일정한 규제가 필연적으로 요구될 수밖에 없다.[2]

그런데 경제의 독점화가 일정 수준 이상으로 진행되면 독점자본에 대한 순수 경제적 규제는 의미가 없어지기 때문에 자본주의 시장경제를 지속적으로 유지하기 위해서는 주로 국가에 의한 정치적 규제가 불가피하다. 그리고 정치적 규제의 성공 여부는 정치적으로 조직화된 지지를 바탕으로 독점에 대해 민주적 통제를 부과할 수 있는 능력에 의해 결정된다. 바로 이 때문에 신자유주의의 문제를 극복하고 해결하는 데 국가의 정치적 개입이 갖는 독자적이고 자율적인 영역이 확보되어야 하는 것이다. 이런 맥락에서 신자유주의에 대한 경제주의적 해석에 입각한 대안적 처방, 즉 민영화 반대, 규제완화 반대, 시장개방 반대의 논리는 유연한 선별적 대응을 필요로 하는 시대의 흐름과도 맞지 않고 반쪽의 처방일 뿐이라는 것이다.

따라서 한국 사회가 직면한 고통의 사슬을 끊는 작업은 1차적으로 국가가 특권집단들의 압력으로부터 자신을 단절하고, 공적 기능을 복원하는 문제로부터 시작된다. 나아가 현재 우리에게 주어지는 이 모든 도전을 잘 활용해 극복하기 위한 지혜롭고 적극적인 공공정책을 창조하는 일로 모아진다. 그 같은 과제는 1차적으로는 진보와 보수를 넘어서는 차원의 작업이다. 그것은 정치적·사회경제적 권리에 대한 계급·계층적 평등의 실현을 강력하게 요구한다는 점에서 진보의 담론이며, 법의 지배와 자유롭고 공정한 시장규율을 지향하는 반듯한 국가를 세우고자 한다는 점에서 보수의 담론이기도 하다. 다만 국가의 공적 기능 복원이라는 과제 안에서 진보와 보수 각자가 자신의 이념적·계급적 성향을 얼마나 더 지배적인 것으로 만들어가느냐에 따라 정치적 지형이 달라질 수 있다는 점에서 전략적 경쟁 공간의 성격을 지니는 것이다.

국가자율성의 원동력은 강한 시민사회

국가자율성이라는 개념은 사회 혹은 시민 위에 군림하는 강력한 국가를 재건하는 것을 의미하지 않는다. 진정한 민주주의 사회에서 국가자율성의 원천은 시민으로부터 나온다. 시민적 동의의 기반 위에서 나온 국가의 권위야말로 사회적 약자가 아니라 특권집단들에게 공정한 법의 지배를 강제할 수 있는 '진정한 국가'의 조건이 된다. 그러므로 국가자율성의 원동력은 강한 시민사회를 재건하는 것에 달려 있다. 지금 국가의 공적 기능이 훼손되고 특권집단들의 압력에 무기력한 국가가 된 것도 국가 속으로 시민적 동력의 투입과 반영이 단절되었기 때문이다.

강한 시민사회를 재건하는 것은 진정한 민주주의가 '세력균형'의 기반 위에서 발달한다는 사고와 상통한다. 오늘날 한국 사회에서 진행되고 있는 총체적 시대역주행, 즉 민주주의 퇴행, 양극화 심화, 산업 약화와 일자리 소멸, 사회권 피폐와 같은 문제는 궁극적으로 특권과두지배동맹의 탐욕을 견제할 수 있는 대항세력동맹이 붕괴된 데 있다. 단적으로 한국에서 노동정치의 붕괴는 사회적 세력불균형 문제의 현주소를 핵심적으로 나타내고 있다. 한국에서 오늘날 벌어지는 특권과두체제의 등장, 시장경제질서의 왜곡, 다수 대중의 삶의 질 피폐 같은 문제들의 본질은 결국 견제와 균형의 사회체계가 실종된 것에 연결되어 있다. 그러므로 국가자율성을 확립하는 문제는 민주적 사회세력균형을 확립하는 것과 동전의 양면이다.

특권과두체제의 극복과 헌정체제의 정상화

이 책에서 제시하는 사회개혁의 가장 중요한 1차적 목표는 공적으로 확립된 국가를 축으로 삼아 특권과두체제를 극복하는 일이다. 한국에서 특권과두체제의 극복이라는 목표와 연결되지 않은 주요 정책적 대안들은 모두 무용지물이다. 예를 들어 우리는 노동자들의 최저임금 및 실질임금의 수준이 지속적으로 높아져야 한다고 본다. 그러나 최저임금 및 실질임금의 상승이 전반적으로 필요하지만, 그 혜택이 집중되어야 하는 대상은 중소기업에 근무하는 정규 및 비정규직 근로자들이다. 그런데 대기업이 중소기업에 굵고 강력한 빨대를 꽂아놓고 최소한의 이윤마저 갈취해가는 구조에서는 노동자들의 임금인상이 중소기업에 직접적 압박과 타격이 될 것이 명백하기 때문에 구조적 한계가 있을 수밖에 없다. 정부가 중소기업이나 중소기업 노동자들에게 각종 지원과 보조를 하더라도 재벌 대기업들이 그것을 감안해 다시 단가를 깎는 등으로 나올 것이기 때문에 도로 아미타불이 되고 말 것이다. 복지정책도 마찬가지이다. 지금 우리 사회는 재벌 등 특권체제가 양산해내는 사회적 폐해가 기하급수적으로 증폭되어 과도한 복지비용을 초래하는 원인이 되고 있다. 그 때문에 특권체제를 개혁하지 않는 복지의 강화는 밑 빠진 독에 물 붓는 격이 되고 만다. 그러므로 최저임금 및 실질임금 수준을 높이고 복지를 강화해나가는 일은 그 자체로 꾸준히 추진해나가야 하지만, 그와 동시에 재벌 대기업의 특권과 횡포를 저지하는 것이 선행되어야 한다.

그렇다면 특권과두체제를 타파하는 것은 어느 수준에서 목표를 정해야 할까? 자본주의의 근본적 모순을 해결하는 수준이어야 하는가, 아니면 사유재산권을 재편하는 수준이어야 하는가? 아니면 정권을 교체하고 관료집단과 운영시스템을 쇄신하는 수준이어야 하는가? 이런 목표의 수위 설정이 중요한데, 우리 사회의 본질적 문제를 신자유주의라고 진단내리는 여러 주장들은 사회개혁 목표의 수위 설정이 각기 들쭉날쭉하다. 예를 들면 진보정당들, 새로운 사회를 여는 연구원, 장하준 교수, 복지국가소사이어티 등의 주장들은 한국 사회의 주요 문제의 근원이 신자유주의라는 데에서는 모두 일치하지만, 대안적 목표 제시에서는 시장, 경쟁, 개방 자체를 부정적으로 보면서 '반신자유주의'를 내걸거나, 계급타협을 통해 개발국가체제를 복원하자고 주장하거나, 신자유주의 성장체제에 대해서는 탄력적인 태도를 취하면서 북유럽형 보편적 복지국가를 건설하자고 하는 등 제각각이다.

특권과두체제라는 개념은 한국에서 사회개혁의 목표에 대한 명확한 초점을 제시한다. 특권과두체제를 타파하는 일은 시민적 권리의 불평등한 배분 체계를 바로잡는 것을 의미한다. 따라서 그것은 단순한 정권 교체도 아니고 자본주의의 근본적 변혁도 아닌, 헌정체제의 정상화와 진보를 목표로 삼는다. 즉 인간으로서의 존엄과 권리에 대한 구성원들 사이의 공정한 약속인 헌법적 가치와 정신을 바탕으로 법의 지배(rule of law)라는 통치원리를 실현하는 것이다. 나아가 이미 우리의 헌법에 표시되어 있고, 오랜 역사를 통해 공동체 구성원들 속에 각인된 사회협약의 실질적 조건들이 사회개혁을 위한 가장 중요한 준거가 되며, 그 같은 기준을 자의적이고 강압적으로 훼손하고 왜곡하는 일체의 행위들이 타파의 대상이 된다.

한국형 발전모델로서 '사회시장경제'

이 책에서 제시하는 한국 사회의 대안적 사회발전에 대한 비전은 국민의 '존엄'과 '행복'을 최상위 가치로 놓는 모델이다. 그것은 지금까지 '성장'과 '개발', '경쟁'과 '효율'을 최상의 가치로 삼아왔던 발전체제로부터 탈피하는 것이다.

지금 한국 사회에는 특권과두체제를 타파하고 새로운 발전모델을 건설하는 것과 관련해 두 가지 핵심적 의제가 부상해 있다. 하나는 경제민주화의 실현이고, 다른 하나는 보편적 복지국가의 실현이다. 그런데 두 가지 의제는 현재까지 각각 다른 방식으로 제기되어왔다. 그래서 때로는 두 가지 의제가 서로 충돌을 일으키기도 했다. 하지만 이들 의제는 진보의 대안적 발전모델을 구성하는 데 대등하게 필요한 개념이다. 따라서 문제는 이들 의제를 어떻게 통합해서 하나의 통일적인 개념과 프레임으로 구성하느냐 하는 것이다. 그러자면 이들 두 가지 의제가 한국 사회 현실의 어떤 지점에서 통할 수 있는지를 찾아내야 한다. 여기서는 민주적 시장경제와 보편적 복지를 결합한 한국적 대안모델을 '사회시장경제'라고 명명해 제시했다.

사회시장경제란 민주적 시장경제의 바탕 위에서 사회국가(Sozialstaat)의 요소까지를 폭넓게 수용하려는 발전모델이다. 민주적 시장경제의 목표는 시장에서의 불공정한 특권, 특혜, 반칙, 편법을 배제하고 누구나 시장에 자유롭게 참여해 경쟁할 수 있도록 공정한 기회를 제공하는 데 있다. 그러나 그것은 시장경제의 범위 안에서 민주주의의 원리를 작동시키기 때문에 시장실패에 대응하는 데 구조적 한계를 갖는다. 특히 민주적 시장경제의 소극적인 형태인 영미형 시장경제는 국가가 시장에 대한 외적 간섭을 배제하는 등 자유로운 시장참여를 보장하지만 시장 내부의 문제에 대해 보다 적극적인 개입과 해결을 추구하지 않는다. 김대중 정부의 정책 기조였던 '민주주의와 시장경제의 병행발전' 역시 여기에 가까웠다. 그래서 시장실패에 대응하기 위해서 일찍이 선진자본주의국가들은 국가를 통해 시장에 대한 개입을 강화하게 된다. 즉 시장의 내적 목적보다는 사회 공동체 전체의 목적을 위한 다수의 합의를 우선하게 된 것이다. 민주주의의 우위성을 통해 사적 소유를 통제하고 노동자 경영참여를 도입하는 시도들이 그것이다. 그러한 변화는 사실상 자본주의 시장체제의 범위를 벗어나는 것이었다. 하지만 역설적이게도 시장실패를 치료하고 시장경제의 지속적 번영을 유지하는 데 분명히 긍정적이었다. 사회시장경제는 민주적 시장경제의 틀 위에 한국 사회가 필요로 하는 적정한 수준의 사회국가 요소를 적극 수용해 민주적 시장경제를 보완하겠다는 것이다.

사회개혁의 기본 원리로서 "견제와 균형", '민주적 규제'

특권과두체제의 극복을 위한 사회개혁의 핵심 원리는 '견제와 균형', '민주적 규제'여야 한다. 사회개혁은 기본적으로 민주주의라는 바탕 위에서 출발해야 한다. 민주주의의 가장 중요한 두 축은 보통 시민의 참여에 입각한 시민들 내부에서의 세력균형이 하나이고, 다른 한 가지는 국가 역할의 공적 확립이다.

사회적 세력균형은 국가가 자율성을 갖고 공정한 공적 기능을 수행해나가는 데 가장 중요한 기반이다. 노동과 자본, 대기업과 중소기업, 정규직과 비정규직, 구세대와 신세대, 진보와 보수 사이에 힘의 균형이 파괴되어 있으면, 국가가 공적 태도를 유지하기가 매우 힘들다. 지금 우리 사회에서 국가가 특권세력들의 포로가 되어 있는 이유도 근본적으로는 사회집단들 사이에 힘의 균형이 파괴되었기 때문이다. 그러므로 우리는 주요 정책을 설정하고 추진해나감에서 항상 민주적 세력균형을 강화해나가는 목표와 연관시키고, 거기에 우선순위를 부여해야 한다. 사회세력들 사이에 철저하게 견제와 균형이 이루어지도록 해야 한다는 것이다.

사회적 세력균형을 강화하기 위해서는 시민의 참여가 활성화되는 것이 필수적이다. 시민의 참여가 없다면 사회세력 간의 힘 관계는 불균등해지고, 국가는 특권세력의 포로가 되어 자의적 지배를 강화하려 들 것이다. 그러므로 국가의 중요한 정책들이 시민들의 토의 혹은 숙의를 통해서 결정되도록 만들어야 한다. 바로 토의민주주의를 실현해야 하는 것이다. 토의민주주의는 우리가 추구해야 할 중요한 정치적 대안체제이다.

나아가 사회적 세력균형의 바탕 위에서 국가를 바로 세워야 한다. 국가는 부정과 부패, 정실이 없어야 하고, 사회적 강자와 약자가 똑같이 법의 지배에 귀속되게 하는 그런 존재여야 한다. 권력기관들은 국민들의 통제를 받도록 만들어야 한다. 권력을 사적인 정치적·경제적 이익 증진을 위해 사용하는 것을 차단하기 위한 제도개혁을 추진해야 한다. 국가의 사유화는 국민들의 기본권을 침해하는 것은 물론이고, 공정성을 파괴해 갈등과 대립을 조장하고 협력을 가로막기 때문이다. 국가의 사유화를 막는 방법은 아래로부터의 민주적 통제를 강화하는 제도적 장치를 강화함과 아울러 국가 기관들 상호 간에 철저한 견제와 균형이 이루어지도록 해야 한다. 이른바 수평적 책임 장치를 강화해야 한다. 그런 점에서 의회가 행정부를 실질적으로 감시할 수 있도록 강화하고, 정부 권력이 자의적 통치를 수행하는 근거가 되는 검찰, 경찰, 국세청, 기획재정부, 교육과학기술부 등의 독과점적 권력을 분산시키고 상호 견제하도록 만드는 제도 개혁이 시급하다.

이 같은 정치적 기초 위에서 수립된 국가는 시장에 대한 민주적 규제에 착수해야 한다. 시장에 대한 민주적 규제란 궁극적으로 소유의 민주주의를 실현하기 위한 제반 조치를 말한다. 그것은 생산 자산과 인적 자본의 소유 집중을 막음으로써 모든 시민들이 자기 자신의 일을 스스로 처리하고 평등한 조건과 상호 존중의 기초 위에서 사회 협력에 참여할 수 있게 하려는 것이다. 우선 국가는 특권과 차별, 강자독식을 규제함으로써 공정한 경쟁의 조건을 확보해야 한다. 그러기 위해서는 시장에서 벌어지는 불공정거래행위를 규제하는 것도 필요하지만 그것의 원천적 배경이 되는 과도한 독과점체제를 규제할 수 있어야 한다. 이와 관련해 재벌 대기업의 소유 및 경제력 집중에 대한 정책으로서 출자총액제한, 순환출자금지, 계열분리명령제, 기업집단법 등 여러 방안을 놓고 공식적인 논의를 시작해야 한다. 나아가서는 부, 권력, 교육능력 등이 최대한 세습되지 않도록 상속에 관한 법을 강화시키고, 교육과 훈련 기회를 가능한 한 많은 사람들에게 개방시키는 제도적 방안들을 고안해야 한다. 이것은 민주적 시장경제 나아가 사회시장경제의 핵심 요소에 해당하는 것이다.

새로운 미래체제의 구상: 대안적 발전모델이 지향하는 비전

사회개혁은 기존의 낡은 특권체제를 극복하는 것에 머물지 않는다. 기존의 낡은 특권체제를 극복하는 것은 기본적으로 87년 민주화 체제에 내재한 결함을 극복하고 그것을 완성하는 작업이다. 우리는 단순히 기성체제의 결함을 고치는 것은 물론이고, 동시에 세계화와 지식정보혁명, 그리고 생태사회의 도래에 대응하는 새로운 미래체제로 전환해야 한다. 다시 말해서 새로운 패러다임으로의 전환에 입각한 발전모델이 창조되어야 한다.

앞으로 다가올 미래사회는 인간의 '행복'과 '삶의 질'을 중요시하며, 자유롭고 창조적인 삶을 중요시하는 새로운 발전모델이어야 한다. 새로운 발전모델은 무엇보다 사람의 행복을 중심 목표로 삼는 체제이다. 미래체제는 '혁신적 성장'과 '보편적 복지'를 지향한다. 여기서는 인간을 기계의 부품이나 도구처럼 여기는 성장을 위한 성장과 개발을 위한 성장이 아니라, 삶의 질을 향상시키고 각자의 전인적 발전을 촉진하는 기반 위에서 혁신이 유발되는 사회시스템이어야 한다.

혁신적 성장 방식은 냉혹한 이윤 추구와 무한 경쟁의 역할은 축소되고, 공감, 신뢰, 협력 등 사회적 자본(social capital)을 통한 발전을 추구한다. 노동생산성의 증대에 따라 노동시간을 단축함으로써 저임금·장시간노동·토지개발을 기반으로 하는 과로경제구조를 타파하고, 최대 다수의 사람들에게 최대의 여가를 보장해 각자가 전인적 자아실현을 도모하도록 촉진한다. 중소기업의 혁신체제를 구축하고 지역공동체에 뿌리내린 협동조합이나 사회적 기업을 육성함으로써 양질의 일자리를 대규모로 창출한다.

보편적 복지는 적자생존의 잔혹한 경쟁사회를 탈피해 협력과 경쟁이 조화를 이루는 따뜻한 사회를 만드는 것이다. 사회적 연대를 기반으로 국민 누구나 인간다운 삶을 보장받을 수 있는 사회를 만드는 것이다. 여기서는 실업, 질병, 장애, 노후로 인해 사람들이 빈곤층으로 떨어지지 않도록 소득보장의 수준을 확대해나가고, 많은 사람들이 사회보험의 사각지대에 놓이는 일이 없도록 하며, 인적 자본에 대한 사회적 투자를 강화한다.

그 밖에도 새로운 미래체제는 과다한 에너지를 사용하는 생활방식을 바꾸고, 지구적 기후변화 방지에 앞장서며, 원전에너지 생산을 단계적으로 감축해 대안에너지로 전환하는 것을 지향한다. 또한 세계화에 능동적으로 임하면서 그것이 사회 통합적으로 이루어질 수 있도록 하기 위해 중소기업과 개인의 세계화를 적극 지원한다.

새로운 국가발전체제는 국가, 시장, 시민사회 간의 새로운 거버넌스를 필요로 한다. 바로 이들 3대 요소 사이의 구조와 역할에서 전반적 변화가 일어나는 것이다. 첫째, 시장은 약육강식의 경쟁을 벌이는 곳이 더는 아니다. 시장에서 개별적으로 획득한 부는 배타적 소유권의 대상이 아니다. 시장은 사회공동체의 존립과 양립할 수 있는 방식으로 경쟁할 수 있는 건전한 규칙을 가져야 한다. 그것은 사회의 민주적 규제에 의해 가능하다. 둘째, 국가는 '작고 효율적인 정부'에서 '공적이면서 동시에 시민의 삶에 대해 적극적으로 책임지는 정부'여야 한다. 국가는 매우 빠르게 변화하는 시대의 흐름을 잘 포착해 사회구성원들에게 창조적 길을 제시해줄 수 있는 지혜로운 정부여야 한다. 국가는 주거, 복지, 의료, 교육의 영역에서 공공의 역할을 적극적으로 강화해야 한다. 셋째, 시민사회는 이제 수동적이고 소극적인 소비자가 아닌 능동적 감시자이면서 견제자이고 동시에 가치를 창조하고 선도하는 참여자, 조직자여야 한다.

미국의 뉴딜 개혁에서 배우는 교훈 : 국민과 지도자의 용기와 결단

지금 한국은 역사의 지평에서 볼 때 어디에 서 있을까? 지금 한국 사회는 여전히 진화의 과정에 서 있다. 그러나 국가의 진화는 단선적으로 이루어지지 않고 여러 단계의 치명적 도전들에 직면해 이를 극복해나가면서 이루어진다. 국가 건설 과정을 분석한 서구의 정치학자들에 따르면, 국가는 탄생해 대체로 표준적이고 순차적인 위기를 경험하게 되며, 문제 해결을 통해 하나의 체제로 완성되어간다고 말한다. 그들은 국가가 경험하는 순차적 위기들을 침투

(penetration), 통합(integration), 참여(participation), 정체성(identity), 합법성(legitimacy), 분배(distribution)로 정식화했는데, 이런 위기들을 순차적으로 극복해가면서 국가는 비로소 선진국에 진입하게 된다는 것이다.[3] 하지만 어떤 국가가 상승 과정에 있다가도 중요한 도전의 극복에 실패하게 되면 쇠락의 국면으로 전환하게 된다. 미국의 역사는 바로 이런 도전들을 잘 극복하고 세계 최강대국의 위치에 올라선 예를 생생하게 보여준다. 이와 달리 아르헨티나의 역사는 선진국 진입의 문턱에서 좌절한 사례를 전형적으로 보여준다.

과두제라는 개념은 국가의 흥망을 판단하는 매우 중요한 기준이다. 어떤 국가에 과두제 현상이 나타났다면 그것은 몰락의 위기를 겪고 있다는 징후이다. 한국은 지금보다 더 높은 발전 단계로 진화해나갈 수 있는 역동적 자원을 보유하고 있지만 '성공의 위기'가 짙어지면서 과두제 현상이 나타나고 있다. 미국의 경우에도 19세기 후반과 20세기 전반기에 거대기업들이 나라를 마음대로 주무르는 과두지배체제의 시대가 있었다. 반더빌트, 굴드, 해리만, 록펠러, 모건과 같은 기업가들은 거대한 부를 독점한 것은 물론이고 정치권력까지를 하수인으로 전락시킴으로써 무소불위의 지배자로 행세하고 있었다. 당시 미국인의 90%가 빈곤상태에 있었고, 사회안전망이 아예 존재하지도 않았다. 피츠버그의 페인터 밀과 같은 슬럼가에서는 사람들이 환기시설도 없는 열악한 지하 주택에 거주하고 있었다. 노동자 중 하루 16시간의 장시간 노동에 시달리면서 빈곤상태에 있는 수가 80%를 차지했다. 돈 가방을 든 대기업의 심부름꾼들이 석유, 금융 및 기타 산업분야의 입법권을 가진 정치인들의 사무실을 들락거렸다.[4] 당연히 법치는 무시되었고, 국민을 위한 정부는 이 이상 존재하지 않게 되었다.[5]

그러나 미국인들은 용감하게도 이 거대한 카르텔을 파괴했다. 그 힘은 다름 아닌 트러스트와 악덕자본가의 횡포로 상처 입은 평범한 대중의 자각과 운동으로부터 나왔다. 거기에는 평범한 대중의 고통과 상처를 이해하고 미국의 사회질서를 공공적 이익의 정신 위에 올려놓음으로써 건국 선조들의 이상과 꿈을 되살리려는 굳은 의지와 신념 그리고 결단력을 지닌 지도자가 있었다. 시오도어 루스벨트, 우드로 윌슨, 프랭클린 루스벨트가 그들이었다. 그들은 트러스트를 파괴하고, 정부가 통제할 수 있는 은행시스템을 만들어냈으며, 농민과 노동자의 협동조합이 사회적 역할을 수행하는 대안적 경제 건설을 추구했다. 불가능할 것 같은 목표를 향한 용기 있는 도전과 열정이 미국을 더 지속적인 발전과 번영의 길로 인도했으며 마침내 세계 속의 압도적 최강국의 지위로 올라서게 만든 힘이었던 것이다.

지금 우리도 미국과 비슷한 역사의 시험대를 통과하고 있다. 한국도 거대한 특권과두체제에 가로막혀 이 이상 사회의 진화 발전이 일어나지 못하고 있다는 점에서 유사하다. 우리의 상황은 미국의 당시에 비하면 양호한 편이라고 볼 수 있다. 그럼에도 현재 한국이 직면한 상황이 간단하게 해결될 것 같지는 않다. 여기에는 무엇보다 지난 2008년 촛불집회에서 표출된 에너지 이상의 대중의 열정이 응집되어야 한다. 결국 아인슈타인이 "세상이 험악해지는 것은 악행을 저지르는 사람 때문이 아니라, 그것을 보고도 못 본 척하는 사람들 때문이다"라고 말한 것처럼 평범한 시민의 용기 있는 행동이 없다면 대한민국을 현재의 수렁 상태에서 건질 수 없을 것이다. 나아가서는 대한민국의 의제를 근본적으로 변화시킬 수 있는 강한 역사적 신념과 의지, 그리고 권력과 정신에서 구조적 변화를 창출해나갈 수 있는 정치력을 가진 지도자가 필요하다. 그 같은 변화는 중요한 체제변동이지만 결코 혁명도 변혁도 아니다. 여기에는 한국의 기득권집단들의 과단성 있는 변화의 수용이 수반되어야 한다. 헌법의 가치와 정신을 인지하고 법에 순응하며, 낭비적 경쟁을 이용한 착취를 제한하고, 안정적인 경기순환을 정착시키는 것이 궁극적으로 기득권집단에게 높은 안정성을 부여한다는 것을 과감하게 인정할 때 대한민국의 변화는 완결될 수 있다. 모건의 사업파트너로서 금융업자였던 헨리 데이비슨이 1912년 의회를 상대로 "나는 자유경쟁보다 규제와 통제가 오히려 낫다"고 말한 것처럼 말이다.

여기서는 우리가 지향해야 할 발전전략에 가장 근사한 역사적 모델은 뉴딜 정치연합이다. 그것은 진보주의와 보수주의가 서로 공존 견제하는 가운데 사회적 대타협을 통해 사회발전을 견인해나가는 정치질서이다. 그것은 민주적 입헌주의 위에 구축된 사회공동체의 계약을 실현하고자 한다. 이는 사회의 특권체제를 해체시켜 사회적 차별을 제거하고, 나아가 사회경제적 여건의 불평등까지 개선하고자 한다. 헌법적 계약을 벗어나는 일체의 특권과 불평등에 대해서는 단호하게 거부하고 비타협적으로 투쟁한다. 그러나 헌법적 가치의 범위 안에서는 누구나 자유롭게 기득권을 추구하고 보호받으면서 서로의 이익을 타협하고 공존해나간다. 뉴딜 정치연합은 루스벨트가 미국의 헌법적 전통과 체제를 지키기 위해 사회민주주의의 가치와 정책을 수용했던 것처럼, 우리 역시 대한민국의 헌법적 계약을 유지하고 공동체의 번영을 위해서 좌에서 우에 이르는 다양한 이념과 정책을 과감하게 수용할 필요가 있다. 그것이 꼭 미국식의 뉴딜 정치연합을 모방할 필요는 없다. 역사적·사회적 조건상 한국은 미국보다 사회국가의 요소를 더 폭넓게 받아들일 필요가 있다. 그렇게 해서 소극적인 기회의 평등을 실현하려는 전통적 자유주의의 한계를 넘어서 저소득가정의 아동과 청년, 여성, 장애인 등 모든 사람들에게 더 적극적인 삶의 기회를 보장해야 한다. 뉴딜 정치연합은 사회민주주의, 자유주의좌파, 자유주의우파(중도주의) 같은 다양한 세력들이 참여해 공존할 수 있는 모델이다.

이 책의 계획

앞으로 이런 이야기들이 상세히 그려질 것이다. 먼저 이 책은 크게 3부로 나뉜다. 제1부에서는 한국 사회에 대한 진단을 다룰 것이다. 사회체제의 성격을 어떻게 규정할 수 있는지, 한국 사회가 직면한 가장 본질적인 문제는 무엇인지에 대해서 논할 것이다. 여기서는 특권과두체제라는 개념을 통해 한국 사회의 성격과 핵심 문제를 체제(regime) 수준에서 이해하고자 시도하고, 다른 주장들과도 비교할 것이다.

제2부에서는 한국 사회의 문제를 해결하기 위한 가치, 비전, 의제의 구성과 배열에 관해 다룰 것이다. 여기서는 사회시장경제라는 한국형 사회발전모델을 제시하면서 이념적 기반, 원리, 구조에 대해 묘사할 것이다. 나아가서는 주요한 사회경제정책 의제들을 분석하는데, 정책 각론의 세부적 내용보다는 주로 의제를 보는 기본 시각, 접근 전략을 보여주는 데 초점을 맞출 것이다.

이 책에서 정책 각론에 접근하는 방식은 먼저 정책 이슈의 본질이 무엇인가를 논의하는 것으로부터 시작한다. 주요 정책 이슈들을 권력현상이자 역관계의 문제라는 관점에서 설명하면서, 전략적 주적 개념과 주공 방향을 명확히 하고자 한다. 왜 특권과두세력의 이익을 제한해야 하고, 또 어떻게 제한해야 하는지, 그리고 그것이 사회의 보편적이고 장기적 이익과 부합해 들어가는지를 설명한다. 이런 관점은 재벌이나 노동문제에서 신자유주의라는 추상적 주적 개념의 한계로 인해 아무런 해결 전망도 제시하지 못하는 복지국가론자들이나 주적이 재벌인지 노동인지 도통 알 수가 없는 공평론자들과는 확연히 다른 경로를 제시할 수 있을 것이다. 일자리 문제의 해결도 이 책은 재벌대기업의 책임에 초점을 맞추고 이들의 사회적 책임을 복원하도록 강제하고 사회적 역학관계를 다시 편재하는 방향으로 나아가는 것이 핵심 방향이라고 주장한다.

특히 시장에 대한 민주주의의 우위성이라는 사고, 즉 소유 민주주의의 원리를 구체적 정책 의제에서 어떻게 실현할 수 있는지를 설명하고자 한다. 이와 함께 각 정책 이슈에서 시장에 국가가 개입할 수 있는 민주적 조건에 관해 논의한다.

제3부에서는 한국의 사회문제를 해결하는 데 필요한 정치의 혁신에 관해 다룬다. 한국 정치의 근본적 문제가 무엇인지, 새로운 정치의 조건은 무엇인지, 정치개혁의 방향은 무엇인지, 정치철학적 문제들은 무엇인지에 관해 논의할 것이다. 여기서는 한국의 민주주의를 사회권(social right)에 대한 대응능력이 약한 민주주의라고 규정하고 그 취약성이 어떤 정치관에서 비롯되는지를 밝히고자 한다. 나아가서는 지금 한국의 정치가 발 딛고 서 있는 상황을 분석하고 새로운 정치의 패러다임과 비전과 정치개혁 구상을 제시한다. 여기서는 특히 사회적 부정의·불평등을 극복할 수 있는 새로운 사회발전모델을 실현하는 데 진보적 자유주의 정치철학이 지닌 가능성과 잠재력에 대해 설명한다.

주

1 서울대학교 정치학과 교수 공저, 『정치학의 이해』(박영사, 2002), 149쪽; Bob Jessop, *State Theory: Putting Capitalist States in their Place* (Cambridge: Polity Press, 1990), p.360.
2 완전경쟁시장을 위한 국가개입의 필요성을 주장한 대표적 이론은 전후 독일경제 부흥의 기초를 제공한 질서자유주의이다. 질서자유주의의 이론가인 오이켄에 따르면, 국가는 완전경쟁시장을 유지하기 위해서 ① 규제를 철폐하고, ② 독점을 금지하며, ③ 엄격한 통화관리를 통해 물가를 안정시켜야 한다고 주장한다. 오이켄은 이런 경쟁질서를 국가가 책임지고 만드는 것을 경제헌법의 기본 원칙이라고 불렀다.
3 Charls Tilly, "Why and How History Matters," Robert E. Goodin and Charls Tilly (eds.), *Contextual Political Analysis* (Oxford University Press, 2006), pp.417~418.
4 찰스 더버, 『히든 파워』, 김형주 옮김(두리미디어, 2007), 31~32쪽.
5 공화당 출신의 헤이스(Rutherford B. Hayes) 대통령은 그 자신이 거대기업과 상당히 유착했음에도 이는 국민의, 국민을 위한 정부가 더는 아니다. 법인체의, 법인체를 위한, 법인체에 의한 정부다"라고까지 말할 정도였다.

제1부
한국 사회의 본질적 문제는 무엇인가

제1장 한국은 어떻게 기적을 이룩했는가
제2장 한국은 어떻게 수렁에 빠지기 시작했는가
제3장 특권과두체제의 형성과 국가의 사유화

제 1 장

한국은 어떻게 기적을 이룩했는가

1. 20세기의 불가사의한 기적

한국은 20세기 세계 역사를 통해 가장 혁혁한 성과를 이룩한 나라이다. 1960년대 초 1인당 국민소득이 아프리카 가나 수준으로 세계에서 가장 낙후된 나라였던 한국은 산업화를 시작해 사반세기 만에 중상위권 국가로 발돋움하는 데 성공했다. 곧이어 자유화·민주화라는 정치발전의 일대 전기를 마련했을 뿐만 아니라, 이를 기반으로 경제적으로도 선진국의 대열에 참여할 수 있었다.

한국은 2012년 기준 예상 달러 환율로 볼 때, 국내총생산(GDP) 1조 940억 달러, 1인당 GDP 2만 2,050달러에 육박하고 있다. 이를 구매력(PPP) 기준으로 환산하면 GDP 1조 5,590억 달러, 1인당 GDP 3만 1,400달러에 이른다. 특히 구매력 기준으로 본 GDP 규모는 세계 12위로 1조 8,640억 달러이며, 1인당 GDP는 세계 19위로 이탈리아(3만 910달러)나 스페인(3만 1,220달러)을 능가하며, 프랑스(3만 4,620달러), 일본(3만 4,850달러), 핀란드(3만 5,350달러), 영국(3만 5,440달러)에 육박하는 수치이다.[1] 한국은 국민의 희생과 사회발전의 질곡을 가져왔다는 논란이 따르지만 삼성, 현대차, LG 같은 토종 다국적기업을 배출했는데, 이는 비슷한 경쟁 반열에 있는 싱가포르, 대만, 말레이시아 등이 이루지 못한 성과이다.²

국제기구에서는 명시적인 선진국 기준을 설정하고 있지 않지만, 통상 다음의 4대 조건을 충족하면 선진국으로 인식한다. 그 첫째는 IMF가 '선진경제국가(Advanced Economies)'로 분류하는 29개국에 포함되는지 여부인데, 한국은 아시아에서 일본, 대만, 홍콩, 싱가포르 등과 함께 선진국으로 분류되고 있다. 둘째는 OECD 회원국인지 여부인데, 전 세계 회원국은 30개국이며 아시아에서는 한국과 일본 2개국이 포함되어 있다. 셋째는 국민소득 2만 달러 기준을 충족 여부인데, 역시 이 기준을 넘어섰다. 넷째는 UNDP가 발표하는 인간개발지수(HDI)가 0.8 이상인 고HDI 국가에 해당하는지 여부인데, 한국은 2006년 보고서에서 0.912를 기록해 26위를 기록하고 있다. 이렇게 보면 한국은 이들 4대 조건을 모두 충족해 명실상부한 선진국의 위상을 갖추었다고 할 수 있다.

물론 선진국의 기준을 경제발전의 정도로 파악할 수는 없다. 선진국은 경제적 측면만이 아니라 정치발전과 사회 문화적 수준에서 선진국에 상응하는 잠재력을 갖추어야 하기 때문이다. 그런 점에서 보면 한국은 특히 건강, 환경, 수준 높은 문화의 향유 같은 삶의 질에 관련되는 지표에서 아직 선진국이라 하기에는 결함도 많다. 하지만 그런 결함이 있음에도 한국은 비경제적 분야에서 다른 선진국들에 견주어도 뒤처지지 않는 강점을 많이 보유하고 있다. 2010년 8월 15일 미국의 시사주간지 ≪뉴스위크(Newsweek)≫가 발표한 '세계 최고의 국가'에서 한국은 15번째 가는 최고 국가로 선정되었는데, 한국의 교육수준은 세계 2위에 랭크될 정도였다. 그 외에도 한류문화 성장과 국제영화제에서 수상작 다량 배출, 세계적 스포츠스타 배출 등 문화적 측면에서 한국은 세계적 수준에 빠르게 근접해가고 있다.

최근 여러 문제점을 드러냈지만 무엇보다 한국의 민주주의 달성의 성과는 여전히 국제적인 부러움과 칭찬의 대상이 될 만하다. 미국의 유명한 인권연구소 프리덤 하우스는 2008년 보고서에서 한국을 가장 역동적으로 민주주의를 달성한 나라라고 불렀으며, 특히 정치적 자유도의 측면에서 세계 최고 수준으로 분류했다. 실제로 1987년 민주화 이후 한국 민주주의는 많은 시련 속에서 지속적으로 발전해왔다. 1987년 이래 한국은 1997년 경제위기, 2002년 이래의 북 핵 위기, 2004년 탄핵을 둘러싼 헌정위기가 있었음에도 동일한 헌법규칙 하에서 연속적으로 다섯 명의 대통령과 다섯 차례에 걸쳐 국회를 구성했다.[3]

이처럼 한국은 경제적으로뿐만 아니라 정치·문화 등 제반 분야에서 눈부신 발전과 비약을 거듭해왔다. 이 같은 성과는 19세기에서 20세기에 걸쳐 독일과 일본이 이룩한 발전 속도를 능가한다. 가령 독일은 1830년대 봉건적 제후국들로 분할된 후진적 상황에서 발전을 시작해 1900년대에 비약적 산업화를 이루었고, 제1·2차 세계대전에서의 패배를 거쳐 다시 1950~1960년대 라인 강의 기적을 이루기까지 130여 년이 걸렸다. 일본의 경우 공식적으로는 1860년대 메이지 유신을 계기로 비약적 산업화를 시작해 제2차 세계대전에서의 패전을 거쳐 1950~1960년대 경제부흥을 이루기까지 100여 년이 걸렸다. 하지만 일본의 생산력은 1800년 이전 도쿠가와 막부 시대에서부터 이미 조선을 훨씬 능가하면서 발전하기 시작했음을 감안하면 훨씬 긴 시간이 소요된 것이다. 비록 한국의 발전이 세계 최강수준에 달한 일본과 독일에까지 이르지는 못했지만, 선진국 대열에 진입하기까지 한국은 정치경제적 발전을 반세기 만에 압축적으로 달성했다는 점에서 최소한 그에 버금간다고 할 수 있다. 그리고 한국과 같은 발전의 모습을 20세기 동 시점에 어느 나라도 보여주지 못했다는 점에서도 독보적인 것이라고 하겠다. 따라서 한국이 일궈낸 성과를 20세기의 불가사의 한 기적이라고 말해도 좋을 것이다.

2. 급속한 경제발전은 권위주의체제 때문에 가능했는가

한국의 경제발전을 둘러싼 논쟁

한국이 20세기 후반에 이룩한 획기적 성과는 어떻게 가능했는가? 한국의 경제발전을 둘러싸고 지금까지 국내외적 논쟁이 많았다. 그중에서 가장 첨예한 논쟁점은 경제발전에서 권위주의체제의 역할을 둘러싼 것이다. 한국의 경제발전이 '권위주의적' 산업화의 결과였는가 하는 점이다. 이에 대해 뉴 라이트 계열의 보수학자들은 그렇다고 말한다. 즉 5·16 쿠데타 후 자본주의 시장질서를 기본으로 하면서 자원의 동원과 배분 그리고 집합행동에 효율적으로 관여하기 위해 사회계층의 특수이익으로부터 거리를 둘 수 있는 '자율성'과 '능력'을 구비한 국가가 성립됨으로써 경제발전이 가능했는데, 그 국가란 권위주의적 속성을 띨 수밖에 없었다는 것이다. 권위주의적 정권만이 산업화 추진 과정에서 강력한 중앙집권적 정부를 통해 가격기구, 비가격기구 및 도덕적 설득을 자유로이 동원해 경제발전을 이룰 수 있었다는 것이다.[4]

그러나 그 같은 인식은 이론적·경험적으로 허술하기 짝이 없는 것이다. 먼저 그것은 국제 사회의 일반적 경험과 맞지 않는다. 최근 1960년 이후 저소득 민주주의 국가군과 저소득 권위주의 국가군을 나눠 두 집단의 사회경제적 발전 정도를 비교한 학자들은 분명히 민주주의 체제가 경제발전과 삶의 질 향상에서 권위주의체제보다 훨씬 우월했음을 밝혀내고 있다.[5] 국내적으로도 역사적 관점에서 볼 때 한국의 경제발전은 권위주의 시기에만 이루어진 것이 아니었다. 1960년대는 1970년대 유신체제와 달리 반(半)권위주의의 시기였는데, 1970년대의 그것에 비해 양질 면에서 더 우수했다. 또 경제발전은 1987년 민주화 이행 이후에도 권위주의 체제에 못지않게 눈부시게 일어났다. 오히려

1987년 이후 경제발전은 권위주의체제가 유지되었다면 달성되기 힘들었을 것이다. 이에 대해서는 뒤에서 상세하게 다루기로 한다.

박정희의 리더십이 산업화에 미친 영향

권위주의 내지 반(牛)권위주의 시기에 이루어진 발전만 놓고 보더라도, 그것이 권위주의체제의 기여로 설명될 수 있는가는 의문이다. 특히 박정희의 강력한 리더십이 권위주의와 등치된다고 보는 시각은 온당치 않다. 외형적으로도 권위주의가 일부 강력한 리더십을 제공한 측면이 있는 것은 사실이지만, 권위주의로 인해 초래된 불생산적인 비용을 상쇄하면 실질적인 역할은 미미했다. 권위주의체제와 결합된 개발국가모델은 정경유착과 부패, 족벌기업지배구조와 도덕적 해이, 강렬한 분배저항과 사회갈등을 끊임없이 야기했다. 그리하여 박정희 정권 말기에 권위주의적 개발국가체제는 정치·경제·사회 전반에 이르는 총체적 위기에 직면함으로써 더는 존속될 수 없음이 명백해졌다.

당시 박정희의 리더십에는 그 나름대로 탁월한 부분이 많았다. 국가적 목표를 설정하고 그 목표를 위해 자원을 조직하고 대중을 동원하는 능력은 당대의 정치가들이 따라가기 어려운 것이었다. 박정희 정권은 당시의 주어진 상황에서 대중의 요구와 열망을 잘 간파했다. 박정희 정권은 민주적으로 선출된 정부를 전복하고 등장했지만, 자신의 쿠데타가 4월 혁명으로 분출된 젊은 학생들의 거룩한 희생정신을 계승한 것이며, 낡고 부패한 전근대적 봉건제도를 타파하고 빈곤과 의존을 탈피해보자는 것이라고 명분을 부여했다.[6] 정치컨설팅의 용어로 바꾸어 말하면, 그는 '낡은 것'과 '새로운 것'의 구도를 짜는 능력이 뛰어났던 것이다. 게다가 박정희는 적어도 정치적 외형에서는 여야 세력을 통틀어 '민족주체성', '자주', '자립', '서민'과 같은 용어를 근대적 정치담론으로 만들어낸 한국 역사상 최초의 정치인이었다. 특히 농민의 정치적 동원에서 탁월한 수완을 발휘했는데, 그는 농촌을 붕괴시키는 저곡가정책을 펴면서도 "잘 살아보세!"라는 구호로 농민들을 응집시키고, 국가가 추진하는 프로젝트에 대한 일체감을 불어넣으면서 농민들을 동원해내는 놀랄 만한 권력기술을 발휘했다.[7]

박정희 정권은 당시의 역사적 조건을 어느 정도 잘 이해하고 있었다. 그는 체제의 사활을 건 좌우 투쟁 속에서 이루어진 농지개혁 등을 통해 대중의 정치적·사회적 권리의식이 상당 정도 높아져 있고, 이런 것들이 4월 혁명의 배경이 되었으며, 기존 이승만 정권이 구사하던 통치 방식으로 절대 복귀할 수 없다는 것을 잘 이해하고 있었다. 또한 당대 3세계 저개발국가를 풍미하던 민족주의의 물결, 공산주의와 사활을 건 체제경쟁에 대응하기 위해서 저항이데올로기를 지배이데올로기 속으로 흡수할 필요성도 알고 있었다. 이러한 이유로 그는 무력으로 권력을 장악하고도 미얀마의 군부세력처럼 정치적 다원주의를 완전히 제거하지 않고, 제한적으로나마 민주적 제도를 유지함으로써 눈에 보이지 않는 대중적 압력구조가 계속 작동하도록 허용했다.

그 같은 박정희의 정치적 권력기술은 정권의 정당성을 강화시켰으며, 나아가 재벌집단을 비롯한 기득권세력으로부터 자율성을 획득할 수 있는 기반이 되었다. 다시 말해서 재벌 같은 기득권집단에게 의존하지 않고 독자적 정치기반을 통해 재벌을 통제할 수 있는 힘을 획득했다. 박정희는 자유시장주의 이데올로기를 좇아 시장에 대한 정책적 개입에 별 관심도 능력도 없었던 이승만 정권과 달리 과감하게 국가 개입을 단행함으로써 시장 실패를 미리 방지했다. 그래서 이승만 정권에서 국가 - 재벌의 관계가 특혜 제공과 지대 납부를 교환하는 단순한 후원자 - 고객 관계의 성격이었다면, 박정희 정권에서는 국가가 제시하는 목표를 재벌이 달성하는 정도에 따라 특혜뿐만 아니라 의무와 처벌의 부담도 부과하는 조건부 관계로 재편되었던 것이다.[8] 이는 박정희 정권이 강력한 리더십을 구축하고 국가주도의 발전모델을 작동시키는 데 가장 핵심적인 기반이 되었다. 이러한 요인들을 우리는 권위주의체제와 동일한 것이라고 못 박을 수는 없다는 것이다.

박정희 정권은 집권 초부터 1960년대 말까지 경제개발계획을 추진하는 과정에서 대중의 분배 저항에도 직면하지 않았다. 박정희 정권은 초기 산업화 과정에서 그들이 내세운 정치담론과는 다르게 1960년대 말까지 재벌 대기업 중심의 수출지향 산업화를 추진하면서 노동자의 임금인상 요구를 억누르고, 농촌에서는 저곡가정책으로 대대적인 이농현상을 초래했다. 그럼에도 주기적 선거 실시, 반대당의 허용, 상당한 언론의 자유, 노조의 허용 등 자유민주주의 외피가 제한적으로 유지되는 한에서는 당장 대중의 저항행동이 급격하게 증가하지는 않았다. 게다가 박정희의 정치적 경쟁자들은 무능하고 허약했다. 이런 요인들이 경제개발 정책을 추진하는 데에 유리한 조건을 제공했다.

경제적 성공, 민주주의 억압, 박정희 정권의 위기

박정희 정권은 내적인 여러 가지 문제가 많았음에도 상당히 획기적인 경제성장을 이룩했다. 1960년대에 경제성장률은 연평균 9% 이상을 기록했으며, 1인당 국민총생산은 1962년 239달러에서 1969년 489달러에 이르렀다. 그런데도 박정희 정권은 1969년 말에 접어들면서 급격한 정치위기에 봉착하게 된다. 경제발전의 성과가 컸음에도 박정희 정권이 위기에 빠진 이유는 과연 무엇일까? 이에 대해 지금까지의 해석은 무분별한 상업차관 도입에 따른 원리금 상환난과 차관기업의 부실화에 따른 자본축적의 위기, 저임금·저곡가에 입각한 성장제일주의정책으로 누적된 대중의 불만의 폭발, 닉슨독트린의 발표와 동

북아에서의 긴장완화로 반공이데올로기가 위협받게 된 점을 꼽아왔다.[9]

이 말도 틀린 말은 아니다. 그러나 자본축적의 위기는 정치위기의 중요한 배경이 되었지만 직접적인 원인은 아니었다. 성장제일주의정책으로 쌓인 대중의 불만이 왜 꼭 이 시점에 폭발했는가는 여전히 설명되지 않기 때문이다. 더욱이 여러 경제학자들이 연구한 바에 따르면, 1965~1970년 사이에 실질임금의 연평균 증가율은 국민총생산 증가율을 상회했고, 소득불평등 역시 감소하는 추세였다고 말한다.[10] 따라서 이 시기의 정치위기를 설명하기 위해서는 사회경제적 요인을 배경으로 하면서 그것들을 매개해주는 변수가 필요한데, 정치적 제도 요인에 의한 설명이 이에 잘 부합한다. 즉 이 시기에 박정희 정권이 급격한 위기에 봉착하게 된 원인은 정치체제의 정당성 기반이 약화되고, 정치리더십이 불신을 받으면서 갈등관리 시스템이 무너지고 대중의 분배저항이 본격화되었기 때문이라는 것이다.

박정희 정권의 경제발전모델은 자유시장주의 이데올로기에 얽매이지 않고 자본주의 사유재산권에 반하는 요소까지도 과감히 도입했다는 점에서 긍정적 요소가 있었으나, 다른 한편에서는 시장에 개입하는 국가의 정통성이 갈수록 약해지고 권위주의로 치달았다는 치명적 약점이 있었다. 정통성이 약한 권위주의국가에 의한 시장 개입은 그 효과를 왜곡하고 경제시스템을 망가뜨릴 뿐만 아니라 궁극적으로는 기득권세력을 위해 복무하는 것일 수밖에 없었다.

정권 위기의 시발점은 박정희가 자신의 장기집권을 위해 삼선개헌을 추진하고 권위주의를 점점 노골화하면서 시작되었다. 박정희 정권은 삼선개헌을 추진하면서 전국적인 반대투쟁에 직면하게 되자, 폭력적으로 이를 진압하고 1969년 11월에는 삼선개헌의 날치기를 강행했다. 그러나 삼선개헌의 강행은 그 과정에서 야당과 재야 그리고 학생운동이 반독재민주화운동 연합전선을 구축하도록 함으로써 집권 후 처음으로 강력한 반대세력의 출현을 가져왔다.

그런 결과로 1971년 치러진 대통령선거에서 박정희는 정치신인이었던 김대중을 상대로 싸우면서 광범위한 부정선거를 벌였음에도 100만 표 차이로 겨우 당선되었다. 1971년 국회의원 선거에서도 야당인 신민당은 지역구에서 65석을 얻어 집권당인 공화당이 얻은 86석에 육박했는데, 특히 도시지역에서 여당은 겨우 7석의 의석을 얻는 데 그친 반면 이전보다 더 투쟁적으로 변한 야당은 35석을 얻음으로써 도시를 중심으로 저항세력이 점점 세력을 확대해나갔다.[11]

그런데 이에 대한 대응으로 박정희 정권은 1970년대 초 유신체제를 선포하면서 더 극단적인 권위주의체제로 돌진했다. 박정희 정권은 유신을 선포해 헌정체제를 중단시킨 것은 물론이고 노동의 최소한의 기본권까지도 절대적으로 억압하는 한편, 소수 재벌을 통한 성장정책을 강화하는 일환으로 중화학공업화에 박차를 가했다. 그러나 유신체제의 강화는 지식인들에 의한 정치적 저항은 물론이고, 대중의 분배 저항도 억누르는 데 실패했다. 유신체제가 노동기본권을 극단적으로 박탈했음에도 제도 바깥에서는 민주노조운동이 꾸준히 성장했고, 노동쟁의의 양상도 끈질기고 격렬해졌으며, 신규노조가 2,500개나 설립되어 노조조직률이 지속적으로 상승했다.

결국 박정희 정권은 분배저항을 완화하기 위해 대중에게 경제적 양보를 큰 폭으로 수행하지 않을 수 없었는데, 단적인 지표가 바로 유신체제의 억압과 저항이 가장 극심했던 시기에 유례없이 큰 폭의 노동임금인상이 이루어졌다는 사실이었다. 가령 예를 들어 1973~1979년 기간에 근로자 실질임금의 연평균 증가율은 12.7%로 GNP 증가율을 2.4%나 상회했는데, 이 상승률은 멕시코, 아르헨티나, 터키는 물론이고 대만과 비교해서도 훨씬 높았다. 또한 같은 시기(1977년)에 국민의료보험제도가 도입되었다는 점도 주목할 만한 사건인데, 정부의 결핍된 정통성을 보완하고 유신체제에 대한 대중의 저항을 무마하려는

의도가 주요한 계기였다는 점에서 동일한 맥락에 서 있다.[12]

한편 권위주의를 노골화했던 시기에 박정희 정권이 재벌 대기업의 규율에 실패하기 시작했다는 사실을 지적하는 것도 매우 중요하다. 1970년대에 들어 박정희 정권이 대대적으로 추진한 중화학공업화는 경제체제에 내재한 문제점을 더욱 극단화시켰다. 중화학공업화는 대규모의 투자를 필요로 했기 때문에 막대한 재원을 조성하기 위해 1974년 「국민투자기금법」을 제정해 국가자원을 동원했을 뿐만 아니라, 민간기업의 참여를 유도하기 위해 중화학공업제품의 수출에 따른 소득에 대해서는 50%의 세금감면 혜택을 부여하고 극도의 저금리를 유지했으며 광범위한 정책금융을 제공했다. 그런데 이것은 '이익의 사유화, 위험의 사회화'라는 도덕적 해이의 문제를 더욱 첨예하게 발전시켰다. 재벌 대기업들은 정부의 특혜적 재정·금융지원이라는 불로이익을 얻기 위해 중화학공업화에 경쟁적으로 참여했는데, 이것이 광범위한 자원낭비와 기업부실을 가져왔을 뿐만 아니라 과당경쟁과 과잉중복투자를 낳아 1970년대 말 세계경제의 불황 및 제2차 오일쇼크와 겹쳐 1970년대 말 유례없는 공황을 초래한 것이다.

박정희 정권도 개발국가의 정책을 통해 급성장한 재벌 대기업들에 의해 야기되는 문제점을 이미 그 이전부터 인식하고 있었다. 그래서 박정희 정권은 1972년 「기업공개촉진법」을 제정해 강압적인 기업공개와 소유분산을 추진했고, 이 과정에서 1974년 우리사주조합제도를 도입하기도 했다. 그러나 이런 정책은 거의 실패로 돌아가고 말았는데, 재벌들이 계열사 간 피라미드식 출자에 의해 황제경영의 지배구조를 강화했기 때문이다. 그럼으로써 한국 사회에 재벌이라는 극히 소수의 족벌집단이 국민대중의 희생 위에 이룩된 사실상의 공적 자산인 거대기업을 아주 적은 지분만을 가지고도 좌지우지하는 기형적 기업지배구조가 형성되었다. 바로 이렇게 성장한 재벌 대기업들은 1970년대 말에 이르면 '민간주도경제론'이라는 새로운 이데올로기를 내세워 국가에게 간섭을 축소하라고 요구하는데, 이는 재벌과 국가의 역관계가 이미 역전되기 시작했다는 신호였다.

이상에서 살펴본 것처럼 박정희 정권에서 이루어진 산업화에 의한 고도성장은 권위주의체제의 기여라고 볼 수 없다. 오히려 권위주의체제를 강화하면서 박정희 정권의 정치적 정당성이 급격하게 흔들렸을 뿐만 아니라, 이와 함께 경제발전도 심각한 질곡에 빠지기 시작했다. 경제성장은 외형적으로는 지속되었지만, 국가는 자율성을 상실해 시장의 규율자로서 역할을 잘 하지 못했고 대중의 분배저항에도 사실상 무기력했다. 박정희 정권의 산업화 성공을 설명하기 위해서는 개발국가모델의 초기 형성을 이해하는 것이 중요한데, 이 시기에 경제발전의 주도자로서 국가의 정당성과 자율성을 확립하는 데 아주 빠르게 성공했다는 것이다. 거기에는 당시 국내외적 시대의 흐름과 대중의 요구를 흡수해 정치적으로 조직하는 박정희의 정치기술이 주효했다는 점, 그런 수준에서 민주주의 체제라고 볼 수는 없지만 제한적인 민주주의의 외피를 유지해 나갔다는 점, 정치적 반대세력이 분열되고 허약했다는 점들이 작용했다. 그러나 1960년대 말부터 박정희 정권이 정치발전을 거부하면서 권위주의를 강화해 정치적 정당성의 기반을 스스로 무너뜨리면서 박정희 정권은 대중의 분배저항과 갈등관리에 직면하게 되고, 재벌 대기업의 도덕적 해이를 통제하는 데 실패했던 것이다.[13]

박정희 정권이 주도한 개발국가체제는 만성적인 무역적자와 고물가, 노동자와 농민의 분배요구 억압이라는 부작용이 있었음에도 고도성장을 이루었으며, 박정희 정권이 의도한 바는 아니었지만 결과적으로 소득분배가 극단적으로 악화되는 것도 피할 수 있었다. 그 결과로 한국은 극도로 피폐한 후진국의 상태에서 중진국의 대열로 진입할 수 있었다. 하지만 박정희 정권의 발전모델이 기여할 수 있는 한계는 거기까지였다. 그 때문에 박정희 정권 붕괴 이후 정치적 후계자였던 전두환 신군부집단들마저도 유신체제를 옹호하지 않았으며, 경제정책의 패러다임을 국가주도에서 시장주도로 바꾸는 작업을 전면적으로 추진하지 않을 수 없었다.

3. 민주주의 체제하에서 이루어진 제2의 도약

분배, 소비, 투자의 선순환

박정희 정권의 발전모델은 아무리 높게 잡아도 한국이 이룩한 획기적 성과를 절반만 설명해줄 수 있다. 왜냐하면 나머지 절반의 성과는 박정희 정권의 시기나 그의 후계자인 전두환 정권의 시기가 아닌 민주화 및 민주주의 체제에서 이루어진 것이기 때문이다. 한국에서 민주화는 경제적으로도 커다란 축복이었다. 민주화에 의한 대중의 권리의식 증대로 실질임금 수준이 크게 상승해 소비수요가 확대되고, 기업들은 이를 겨냥해 투자를 확대함으로써 투자와 소비가 선순환하는 메커니즘이 형성되었기 때문이다. 그런 결과로 가처분소득 기준 중위소득의 50~150%에 해당하는 중간층의 비중도 민주화 이후 꾸준히 확대되어 1996년에는 68.5%에 이르렀다.[14]

민주주의 체제에서도 한국은 꾸준히 높은 성장을 달성했다. 먼저 실질 국내 총생산 성장률의 추이를 보면, 1987년부터 2007년까지 성장률은 평균 6.63%를 기록했다. 이를 다시 세분해서 보면, 1987년부터 외환위기 직전인 1997년까지 성장률이 8.42%, 김대중·노무현정부에서는 외환위기의 영향을 받은 첫해를 빼면 평균 5.82%를 기록했다. 특히 1987년 민주항쟁을 전후로 해서 민주화 열기가 가장 높고 노동운동의 힘이 상대적으로 강해 실질임금 상승률이 가장 높았던 1987~1991년의 5년간에 걸쳐 경제성장률은 무려 평균 9.96%에 이르렀다. 이렇게 민주주의 체제에서도 한국 경제는 지속적인 성장을 이루어 냄으로써 2003년에는 국내총생산 기준 세계 11위까지 올라가게 되었다.

1인당 국민소득(GNI) 기준으로 보면 민주화 및 민주주의 체제에서의 경제성과는 더욱 돋보인다. 1인당 국민소득은 민주화와 함께 비약적으로 증가하다가 1997년 외환위기를 겪으면서 일시적으로 하락하지만 2007년에는 선진국의 조건인 2만 달러에 도달했다. 또한 1인당 국민소득 증가율도 유신체제보다는 낮지만 지속적으로 높은 수준을 유지했으며, 전두환 정권의 시기보다 높은 증가율을 유지했다.

여기서 우리는 한 가지 흥미로운 사실을 발견하게 된다. 유신체제에서도 실질경제성장률과 1인당 국민소득 증가율이 높게 나타나는 시기는 실질임금 상승이 높게 이루어지는 현상이 나타난다는 점이다. 이는 민주화 이후의 시기에서도 비슷한 패턴을 나타내고 있다. 이를 통해 볼 때 우리는 대중의 권리의식 및 협상력의 증대가 실질임금의 상승으로 이어지고, 그것이 다시 대중의 구매력 증대로 이어져 전체적 성장률 및 국민소득의 증가율로 이어졌음을 확인할 수 있는 것이다.

민주주의 체제에서 이루어진 경제발전은 그 내용 면에서도 성과가 양호했음을 보여준다. 민주화 이후 더 높은 임금과 많은 분배를 요구하는 노동자들의 대투쟁으로 임금이 가파르게 상승했으나 높은 임금 상승이 기업의 투자를 위축시키지 않았다. 총고정투자율은 1987년 이후 10년간 지속적으로 상승했으며, 외환위기 이후에도 다소 주춤하지만 그 이전 시기보다 평균적으로 투자율이 더 높은 것으로 나타났다. 1987년 이후 국내총생산 대비 총고정자본형성율도 지속적으로 상승해 30% 중반대를 유지하다가 외환위기 이후 20% 중후반대를 유지했다. 이는 1961년에서 1986년 사이의 24.5%보다 높은 수준이고 선진국의 평균 20%, 남미의 평균 22%보다 높은 수준이다.

민주정부와 권위주의정부의 경제성장 비교

민주정부의 경제성장은 질적으로 권위주의 시대의 경제성장보다 나았다. 무엇보다 민주정부는 고인플레, 무역적자, 고실업, 저임금, 열악한 사회복지 제공이라는 비용을 지불하지 않고 높은 경제성장을 이룩했다. 권위주의 시대의 고성장은 만성적인 고인플레, 무역적자를 동반했던 데 반해 민주정부는 고성장, 고인플레, 무역적자 간의 삼중고를 해결했다. 민주정부에서는 1998년부터 만성적 무역적자를 무역흑자로 전환시켰고 물가를 안정시킴으로써 '저인플레, 무역흑자, 고임금, 저실업하의 고도성장'이라는 패턴을 정착시켰다.[15] 1990년대에 들어서는 자동차, 전자·정보통신산업이 비약적으로 발전해 세계적 경쟁력을 갖춘 주력산업이 되었는데, 이는 전적으로 민주화에 의한 자유롭고 창의적인 에너지가 사회에 넘쳐흘렀기 때문에 가능한 결과였다.

1990년대 말부터 민주정부에서 이루어진 경제개혁은 명암을 동시에 갖고 있지만, 한국 경제의 발전을 지속적으로 유지하는 힘이 되었다. 민주정부가 들어서기 전 한국에는 기업들의 과다부채로 인한 금융위기의 가능성이 상존했는데, 이를 해결하는 방법은 주로 1972년 8·3 조치나 1980년대 초 산업합리화 정책 같이 철권통치자의 의지에 주로 의존하는 것이었다.[16] 하지만 1980년대 후반부터 민주화와 시장자유화의 진척으로 그 같은 방법은 불가능해졌다. 따라서 민주적이고 시장적인 방법에 의해 부실을 신속히 정리하고 금융위기로 비화 가능성을 미리 차단하는 기제를 만들어야 할 필요성이 생겼다. 1997년 말 외환위기는 그런 기제의 형성이 지연됨으로써 발생한 사건이었다. 민주정부의 경제개혁은 이해당사자들 사이의 민주적이고 시장적인 조정의 기준을 확립하는 데 어느 정도 기여했다. 정경유착, 관치금융, 재벌체제의 비리와 부패를 방지하고 책임성·투명성·효율성을 높였으며, 기업의 과다한 부채경영과 금융기관의 건전성을 해치는 관행들을 바로잡는 데 기여했다. 이런 일련의 작업들은 민주정부가 아니고서는 제대로 해낼 수 없는 일들이었다. 또한 민주정부는 벤처기업 육성, 지역균형발전 추진, 혁신 클러스터 양성, 신성장동력 발굴 등 개발독재에서 사용하던 방식의 산업정책을 민주적으로 개조해 복원함으로써 지속적 성장의 발판을 만들었다. 나아가 민주정부는 해방 후 최초로 기초 복지 시스템을 도입해 사회안전망을 강화하고 사회갈등을 방지해 시장질서의 불안정을 막는 데 기여를 했다. 이 같은 경제개혁 노력으로 인해 우리는 2000년대 이후에도 여러 가지 내적 문제는 있었지만 지속적인 경제발전을 이루어나갈 수 있었다. 특히 이런 일련의 선행하는 조건들 덕분에 2008년 글로벌 금융위기의 문턱을 그런대로 무사히 넘을 수 있었다.

이처럼 한국 사회는 민주화를 배경으로 정치발전뿐만 아니라 경제발전도 제2의 도약을 이룩함으로써 명실상부한 선진국 대열에 진입할 수 있었다. 물론 모든 종류의 민주주의가 경제발전에 대해 항상 바람직한 결과를 가져오지는 않는다. 그러나 일반적으로 민주주의는 한국에서 1980년대 후반 이후에 경제발전에 긍정적으로 작용했다. 이런 성과가 있었기 때문에 대중은 민주주의를 후퇴시키려는 기득권세력들의 집요한 시도가 있었음에도 민주주의의 지속적 확대와 발전을 지지해주었다. 그리고 그 같은 역사적 배경과 맥락이 있었기 때문에 1997년 외환위기가 일어났을 때에도 대중은 더 민주적이고 진보적인 정치세력으로의 수평적 정권교체를 지지했고, 2002년에도 진보개혁적인 세력의 재집권을 지지해주었다.

'선진화' 담론의 허구성

한국은 일제로부터의 해방 후 정부수립과 산업화 그리고 민주화의 시기를 거치면서 아프리카 최빈국 수준의 나라에서 중진국을 거쳐 선진국의 문턱에 진입했다. 그런데 해방 후부터 지금까지 한국의 역사 발전 단계를 해석하는 관점은 중요하다. 자타가 한국 보수진영 최고의 이데올로그로 꼽는 박세일 교수 역시 한국의 역사를 1940년대와 1950년대 건국 시기, 1960년대와 1970년대 산업화 시기, 1980년대와 1990년대 민주화 시기로 나누어 구분하고 있다. 그리고 그는 우리나라가 과거의 산업화와 민주화를 통해 중진국 대열에 들어섰다면, 이제는 한 단계 더 도약해 명실상부한 선진국 대열에 진입해야 하는 선진화 과제를 안고 있다고 말한다. 이 선진화는 1만 달러 중진국 덫에서 벗어나, 선진경제·선진민주주의·선진문화대국을 건설하는 국가재창조의 역사적 대사업이라는 것이다.[17]

그런데 박세일 교수의 이 같은 역사인식에는 중대한 사실적 결함과 이데올로기적 의도성이 숨어 있다. 민주화가 우리 사회에 미친 영향에 대한 과소평가와 폄하가 그것이다. 그에게 한국의 민주화란 단순히 초보적인 인권과 자유, 특히 그중에서도 선거를 통해 정권을 바꿀 수 있는 형식적 민주주의를 이룩한 것쯤으로 인식되고 있다. 그래서 이제는 민주주의도 실체적·내용적 민주주의를 정착시키는 쪽으로 발전해가야 하는데, 그것이 바로 '자유화'라는 것이다. 자유화란 감성적 다수에 의한 대중영합주의의 지배가 등장하는 것을 막기 위해 '입헌주의'와 '법치주의' '삼권분립'과 사법부 독립' 등의 원칙을 확실하게 실현하는 것이라고 한다. 나아가 결과평등주의를 배격하고 시장주의를 옹호하는 것이라고 한다.[18] 요컨대 박세일 교수는 한국에서 민주주의가 절차적 발전을 이룩하는 데 기여했지만, 감성적 다수가 집단행동을 통해 법을 무너뜨리고 결과평등주의를 초래해 시장주의의 발전을 왜곡시켰다고 보는 것이다.

이와 같은 관점은 사실상 한국에서 민주주의의 존재 의의를 부정하는 것과 다름이 없다. 그는 지금까지 한국 사회에서 사실상 법의 지배 위에 군림하면서 온갖 특권과 특혜를 누리고 권위주의로 회귀를 끊임없이 선동하는 소수의 기득권세력에 대해서는 일언반구의 언급도 하지 않는다. 땀 흘려 열심히 일하는 다수의 대중이 권리의식과 참여를 증진시킴으로써 경제발전을 촉진하고 균등한 소득분배를 유지해왔다는 사실에 대해서는 완전히 눈을 감은 채, 오히려 그것을 척결해야 할 사회악이라고 비난하고 있다. 그래서 그가 내세운 선진화라는 구호는 매력적으로 들리지만, 내용을 따져 들어가 보면 철저히 가짜일 뿐이다. 선진화라는 이름 아래 민주주의를 경원시 했을 때 어떤 결과가 나타났는가는 이명박 정부 4년이 고스란히 보여주고 있다. 견제받지 않는, 오만하고 독선적인 국가권력의 재등장, 인권과 기본적 자유의 말살, 소수 특권층 사회의 고착화와 고용불안·물가대란·소득저하에 의한 민생불안의 만성화, 국토와 환경을 파괴하는 개발주의의 지속, 냉전적 대결주의의 부활 등이 선진화라는 담론이 구현한 세상의 모습인 것이다.

주

1. 출처는 이코노미스트 인텔리전스 유닛(EIU)이며, 이코노미스트, 『이코노미스트 2011 세계경제대전망』, 현대경제연구원 편역(한국경제신문 한경BP, 2010)에서 인용해 재구성했다.
2. 신장섭, 『한국경제, 패러다임을 바꿔라』(청림출판, 2008), 152쪽.
3. 임혁백, "참여정부평가와 17대 대선"(2008), www.goodforum.org
4. 김세중, 「5·16혁명론: 혁명이론과 5·16」, 『박정희와 그의 시대를 돌아본다』, 명지대학교 국제한국학연구소 세미나(2009), 52~53쪽.
5. J. Siegle, M. Weinstein, and M. Halperin, "Why Democracies Excel," *Foreign Affairs* (Sep./Oct. 2004).
6. 박정희, 『국가와 민족과 나』(학문사, 1963).
7. 고원, 「박정희 정권 시기 농촌 새마을운동과 '근대적 국민 만들기'」, ≪경제와사회≫, 통권 제69호(2006).
8. 고원, 『한국의 경제개혁과 국가』(한국학술정보, 2005), 63쪽.
9. 김인걸 외, 『한국현대사강의』(돌베개, 1998), 309쪽.
10. 이에 대해서는 Alice H. Amsden, *Asia's Next Giant: South Korea and Late Industrialization* (Oxford·New York·Toronto: Oxford University Press, 1989), p.222; 이정우, 「개발독재와 빈부격차」, 『개발독재와 박정희시대』(창비, 2003); 주학중, 『한국의 소득분배와 결정요인』(한국개발연구원, 1982)을 참조할 것.
11. 그레고리 헨더슨, 『소용돌이의 한국정치』, 박행웅·이종삼 옮김(한울, 2000), 290쪽.
12. 실질임금의 급격한 상승은 정치적 요인만이 작용한 것은 아니었다. 중화학공업화의 대대적 추진으로 기능인력에 대한 수요가 급속히 팽창한 것도 이 시기에 실질임금이 빠르게 상승한 이유였다. 그러나 민주노조운동의 성장, 신규노조의 급속한 증가 등은 실질임금 상승의 원인이 경제적 요인에 의해서만이 아닌, 정치적 요인에 의해서도 주요하게 이루어졌음을 보여주는 것이다. 그림은 당시 후발농업국들의 비농업부문 실질임금상승을 비교한 것이다. Alice H. Amsden, *Asia's Next Giant: South Korea and Late Industrialization*, p.217 자료를 토대로 구성.

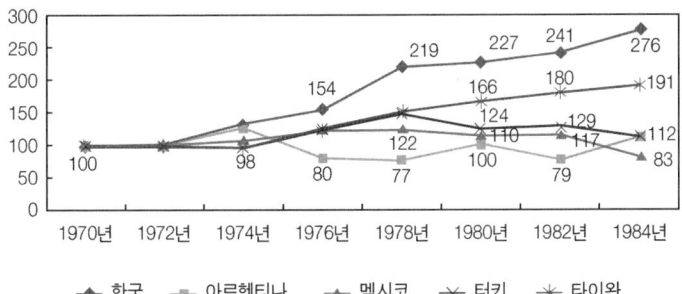

그림 주 1) 기준=100. 소비자물가지수에 의해 디플레이트됨.
그림 주 2) 한국의 경우는 제조업부문의 실질임금.

13 그것은 박정희 정권의 리더십의 한계이기도 했다. 박정희 정권의 리더십은 마키아벨리의 『군주론』에 나오는 체사레 보르지아에 비견될 만했다. 체사레 보르지아는 무력이나 교활함으로 사람들에게 외경심을 불러일으키고, 자신에게 손해를 입힐 것으로 예상되는 자들을 제압해 섬멸시키고, 과거의 제도를 새로운 제도로 교체했던 군주였다. 그러나 그는 매우 탁월한 권력기술을 지녔음에도 교황선출에서 실수를 저질렀을 때 시민적 기반이 부재해 순식간에 최후 몰락을 맞이했다. 체사레 보르지아처럼 박정희의 권력기술이 갖는 한계 역시 분명했다. 농촌새마을운동을 예로 들어보면, 박정희는 농촌사회를 근대화시키고, 농민들을 근대적으로 훈육된 국민으로 재창조해냄으로써 대대적인 탈농인구가 도시근로에 빠르게 적응할 수 있게 했다. 그러나 그의 리더십은 새마을운동의 급속한 쇠락과 농촌사회의 피폐화가 잘 보여주듯이 오히려 농촌사회의 자발적 발전 동력을 억압하고 왜소화·도구화시키고 말았다. 그는 새마을운동에 대해서 이익집단으로서의 운동적 발전도 허용하지 않을 만큼 자율성을 부여하는 데 인색했다. 그래서 농촌새마을운동은 농민들의 창의적 에너지를 이끌어내고 농민들의 사회적·경제적 지위를 개선해나갈 수 있는 지도층의 형성으로 이어지지도 못했다. 농민들의 동의는 '추종하고 따라간 것'에 지나지 않았으며, 그가 정치적 어려움에 처하자 그를 보위하는 기반이 되어주지 못했다.

14 유경준·최바울,「중산층의 정의와 추정」,≪KDI 재정·사회정책동향≫, 제2권 1호(2008), 89쪽.

15 임혁백,「박정희 시대 경제발전과 근대화의 해석: 권위주의적 발전론은 민주적 발전론에 비교우위가 있는가?」,『5·16쿠데타 50주년 학술회의자료집』(2011).

16 유종일,「신자유주의, 세계화, 한국경제」,『신자유주의 대안론』(창비, 2009), 69~71쪽.

17 박세일,『대한민국 선진화전략』(21세기북스, 2006), 105~108쪽.
18 같은 책, 113쪽.

제2장
한국은 어떻게 수렁에 빠지기 시작했는가

1. 역동성이 사라진 한국 사회

    산업화와 민주화를 연속적으로 성공시키며 세계의 기적을 창출한 한국은 어느 때 부터인가 거대한 질곡 속으로 빠져들기 시작했다. 역동성을 트레이드마크로 삼던 한국이 사지가 굳어가는 중병에 걸려 가라앉는 징후가 여기저기서 나타나기 시작했다. 오늘날 한국 사회가 직면하는 위기의 핵심은 사회 전반에 걸쳐 역동성이 급속히 감퇴하고 있다는 것이다.

    혹자는 한국은 여전히 역동적이고, 너무 역동적이어서 문제라고 말할지 모른다. 끊임없이 새로운 트렌드가 출몰하고, 생존의 각개전투가 처절하게 벌어지고 좌충우돌하는 이 사회는 너무 역동적이지 않느냐고 말이다. 틀린 말이 아니다. 그러나 겉으로는 '다이내믹 코리아'처럼 보이지만, 그 이면에는 사회의 분주한 속도에 치어 시대 흐름과 생애 단계를 조절하는 데 실패한 죽은 시체들로 즐비하고 그 옆에는 아직 죽지는 않았지만 어둠 속에서 사회 변화를 저주하고 경계하는 공포와 절망의 눈빛들이 가득하다.

    먼저 계급·계층 간 사회적 이동가능성이 현저히 봉쇄되어 학력, 부, 권력의 대물림이 가속화되고 있다. 사람들은 실직할 우려가 없는 안정적인 직장만을 선호하고, 대학입학도 그에 맞춰 평생 실직할 우려가 없는 의대나 법대를 가기 위해 치열한 경쟁을 벌인다. 새롭고 창의적인 분야에 과감하게 도전하는 미래투자의 정신이 사라지고, 다른 사람에 비해 상대적으로 안정된 직장을 갖고 있는 사람들은 자신의 기득권 영역을 지키기 위해 필사적으로 장벽 높이기를 시도한다. 그에 따라 고용구조가 노쇠화로 치닫고 청년들은 제대로 된 사회진출도 못하고 거리를 떠돈다. 이 같은 현상은 기업가들의 행태라고 해서 크게 다르지 않다. 과감한 투자와 고용창출을 주도하는 기업가 정신도 쇠퇴하고 있다. 단적으로 1991~1997년에 설비투자율은 11.1%에 달했으나, 1998~2008년에는 2.5%로 급락했다. 사회의 역동성이 떨어지면서 나타나는 가장 심각한 문제 중 하나는 저출산 문제이다. '세계보건통계 2009'에 따르면 한국의 여성 1인당 평균 출산율은 1.2명으로 193개국 중 최하위를 기록하고 있다. 불확실한 미래로 인해 출산의향이 있어도 출산해서 자녀를 양육할 엄두를 못 내는 것이다. 이렇게 한국 사회는 미래에 대한 두려움과 불안 때문에 진취적이고 과감한 도전, 창의적 모험과 투자를 기피하고 있는 것이다.

이렇게 사회 전반의 역동성이 감퇴한 결과 한국에는 무슨 일이 벌어지고 있는가? 우선 접근하기 쉬운 지표로 보면 잠재성장률이 지속적으로 하락하고 있다. 대한상공회의소가 발표한 「잠재성장률 제고를 위한 정책과제 보고서」에 따르면, 한국의 잠재성장률은 1986~1990년 10.1%, 1991~1995년 7.5%, 1996~2000년 5.4%, 2001~2005년 5.1%, 2006~2009년 3.0%로 나타났다. 그 결과로 한국의 GDP는 2009년 기준 세계 15위로 내려앉았고, 1인당 국민소득(GNI)은 54위로 계속 뒤로 밀리고 있다. 그와 함께 국민은 가난뱅이가 되어 간다. 종신고용의 붕괴와 고용 없는 성장으로 인해 중산층의 붕괴가 진행되고 2009년 말 기준 취업준비자, 구직단념자 등을 포함한 사실상의 실업률은 330

만 명을 넘어서고 있다. 한국개발연구원이 2009년 전국 가구의 가처분소득을 기준으로 분석했을 때, 한국의 중산층은 1996년 68.5%였던 것이 2000년 61.9%, 2006년 58.5%, 2009년 56.7%까지 떨어졌다. 13년 사이에 11.8%포인트가 줄어든 것이다. 이 중 3.9%는 상류층으로 올라갔지만 7.9%는 빈곤층으로 주저앉았다. 근로빈곤층으로 분류되는 비율은 2004년 17%에서 2009년 25.6%로 급증했는데, OECD 국가 중에서 가장 높은 수치이다. 국제노동기구에 따르면 우리나라의 실질임금상승률은 2000~2005년 4.4%, 2006년 3.4%, 2007년 -1.8%, 2008년 -1.5%, 2009년 -3.3%로 주요 국가들 가운데 실질임금하락 속도가 가장 빠른 나라로 기록되었다. 개인들의 부채구조 역시 위험수준에 급속히 다가가고 있다. 금융감독원의 자료에 의하면 2010년 6월 말 기준으로 '빚 폭탄'을 안고 있는 주의, 위험 등급자가 경제활동 인구 3~4명 중 1명꼴인 것으로 나타났다.[1]

 한국 사회에서 역동성의 감퇴는 사회양극화와 맞물려 나타나고 있다. 지금 한국 사회에는 거의 불가역적 수준의 양극화가 심각하게 진행되고 있다. 양극화는 소득의 양극화뿐만 아니라 소비, 산업 등 모든 방면에서 전개되고 있다. 양극화의 실상에 대해서는 여기서 따로 제시하지 않고, 다만 양극화가 다수의 대중을 극심한 불안과 공포의 도가니로 몰아넣어 창의적 모험과 도전보다는 안전과 현상유지를 선호하는 사회심리를 확산시키고 있다는 점을 강조하기로 한다. 그뿐 아니라 건강하고 생산적인 경쟁 규칙을 왜곡하고 집단적 위력과 편법을 통해 자기이익을 보전하려는 행태를 강렬하게 유발한다. 또한 경제적으로도 양극화는 저출산 현상을 가속화 시키고 내수기반을 취약하게 만들어 산업생산을 축소시키는 악순환구조를 정착시키고 있다.

 무엇보다 우리는 지금 헌법질서가 붕괴되고 있다는 사실에 주목하지 않으면 안 된다. 헌법질서의 붕괴라고 말하면, 사람들은 대부분 박정희의 5·16 쿠데타나 유신체제, 전두환 신군부세력의 12·12 쿠데타나 5·17 쿠데타를 금방 떠올릴 것이다. 여기서 말하는 헌법질서의 붕괴란 헌법에 규정되어 있는 국민의 최소한의 기본적 권리가 사실상 사문화되어간다는 뜻이다. 가령 예를 들어 비정규직 근로자가 절반을 넘어서는 현실에서 우리가 근로의 권리(헌법 제32조 1항)를 가지고 있다고 말할 수 없다. 집값이 현재 시점에서 고정된다고 가정하고 연봉 5,000만 원인 직장인이 매월 87만 원씩을 저축한다고 했을 때, 서울의 아파트를 사는 데 58년이 걸리고 강남의 아파트를 사는 데 89년이 걸린다면, 이를 보고 "국가가 모든 국민의 쾌적한 주거생활을 위해 노력"(헌법 제35조 3항)하고 있다고 할 수 없다. 얼마 전 한국은행 금융경제연구원이 발표한 바에 따르면, 외환위기 전인 1990~1997년 임시직 근로자 비율은 연평균 28.6%였으나 1998~2009년에는 33.3%로 늘고 주택 매매가격 상승률은 같은 기간 연평균 2.2%에서 3.3%로 높아졌는데, 같은 기간 결혼율(15세 이상 인구 1,000명당 결혼 건수)은 연평균 10.8건에서 6.8건으로 줄었다고 한다. 임시직 비율이 1%포인트 상승하면 결혼은 330건 줄고 결혼율은 0.23~0.40건 하락했으며, 결혼은 전세가격이 1% 상승하면 100건 감소했다는 것이다. 이렇게 우리 사회에서 사람들을 기초적 재생산의 권리마저 위협받으며 살아가는 것이다.

그렇다면 20세기 세계 역사에서 최대의 기적을 일궈낸 한국에 왜 이런 일이 벌어지는가? 한국은 20세기 후반부를 통해 산업화와 민주화를 성공시키며 중진국을 거쳐 선진국에 진입했지만, 그 다음에 부딪친 거대한 문명의 파고에 신속하게 대처하고 새로운 전환을 준비하면서 많은 시간을 허비해버리고 말았다. 구체적으로 한국은 크게 세 가지 과제의 해결에 실패했다. 첫째, 개발국가의 유산을 제대로 청산하지 못했고, 둘째, 신자유주의 세계화의 물결에 지혜롭게 대응하지 못했으며, 셋째, 미래사회의 트렌드에 과감히 도전하고 실험해보는 일을 주저해왔다.

2. 개발국가 유산의 지속: 재벌개혁의 실패

민주화 이전 재벌체제의 형성과 성장

한국은 민주화 이후 지금까지 불공정, 특혜, 반칙, 자의적 지배 등 개발국가 시대의 유산을 해소하는 데 성공하지 못했다. 특히 개발국가의 대표적 산물인 재벌체제 개혁에 실패했다. 민주화 이후 한국에서는 정치적 민주화에서 더 나아가 경제민주화로 나아가기 위한 노력들이 줄기차게 전개되어왔다. 그러나 그 같은 노력은 낡은 기득권세력의 반발과 저항으로 번번이 왜곡되고 좌절되었다. 정경유착을 해소하고 경제구조의 투명성을 높이는 데 어느 정도 성과가 있었으나 공정한 시장경제질서를 굳건하게 구축하는 데 큰 진전을 보지 못했던 것이다.

박정희 정권 시기의 경제체제는 본질적으로 독재정권의 비호 아래 관료집단이 주도하고 재벌이 따라가는 특권체제였다. 그것은 세계적으로 유례없는 소수 재벌 중심의 성장체제였다. 또한 노동자의 저임금과 농민의 저곡가를 바탕으로 기업의 급속한 자본축적을 가능케 하는 체제였다. 노동자들의 희생으로 부실기업을 구제하고자 노동운동을 강력히 억압했는데, 1971년에는 「국가보위에 관한 특별조치법」을 제정해 단체교섭권과 단체행동권을 제한했고, 1972년 유신헌법을 통해서는 노동삼권을 법률적으로 유보했으며, 1973년에는 노동관계법을 개정해 노사협의회 활동 외에 노조활동을 사실상 못 하게 했다.[2] 1973년 중화학공업화를 선언한 후부터 재벌기업에 대한 지원은 더욱 가속화되었는데, 정부는 「국민투자기금법」을 제정해 금융저축을 중화학공업 투자에 몽땅 집중 배분했다. 그 결과 중화학대기업과 수출기업들은 이 시기에 급성장을 거듭했다. 이 시기 재벌로의 경제력 집중의 실상을 살펴보면, 1973~

1978년의 경제성장률은 9.9%, 제조업 전체의 성장률은 17.2%였던 데 반해 5대 재벌기업의 성장률은 31.6%, 6~10대 기업 및 11~20대 기업의 성장률은 각각 24.2%와 21.2%에 달했다. 이렇게 해서 한국 사회에는 재벌이라는 소수의 집단이 국가경제 전체를 쥐고 흔드는 특권적 경제체제가 확립되기 시작했다.

노동자와 농민의 희생에 입각한 박정희 정권의 불균형 성장체제는 1970년대 말 내재된 문제점을 더는 버티지 못해 붕괴되었다. 그러나 그것은 박정희 정권의 계승자인 전두환 신군부정권에 의해 다시 재건되었다. 전두환 신군부정권은 민주화운동과 함께 노동운동의 싹을 철저히 잘라냈다. 그 결과 노동조합 조직률은 1979년 16.7%에서 1982년 12.3%로 하락했고, 임금인상은 노동생산성에 훨씬 못 미치는 수준으로 억제되었다. 이렇게 전두환 정권은 박정희 정권의 개발독재체제를 계속 연장시키면서, 다른 한편으로는 전임자의 성장일변도 경제정책을 경제안정화와 경제자유화 정책으로 조금씩 수정해나갔다. 그 결과로 나온 정책이 바로 무역자유화와 금융자유화였다. 그러나 그 같은 정책이 재벌 대기업 중심의 경제체제를 수정한 것은 아니었다. 무역자유화의 경우 전체 산업의 자유화 비율이 80.4%에 이른 반면, 대기업 독과점품목의 자유화 비율은 40.8%에 머물렀다. 이런 과정을 통해 재벌 대기업들은 1980년대 초에도 급성장을 거듭할 수 있었다.[3]

민주화 이후 재벌개혁의 실패

1960년대 초 재벌 대기업들은 박정희 정권에 의한 산업화의 하위 파트너였지만, 1980년대 이후부터 급성장을 통해 국가의 통제에서 벗어나 점차 자립화된 권력으로 성장하고 있었다. 역설적이게도 민주화 이후 재벌집단은 국가의 통제를 더 멀리 벗어나게 되었다. 민주화로 인해 국가의 통제력이 약화된 틈을 탄 재벌집단들은 국가의 간섭 배제와 더 많은 특혜 제공을 노골적으로 요구했다.

노태우 정부는 초기에는 민주화 열기를 의식해 온건한 정책을 펼쳤으나 1990년 3당 합당을 기점으로 강력한 노동탄압과 재벌 대기업 편중정책으로 기울었다. 이때부터 재벌 대기업으로의 경제력 집중은 급속히 심화되기 시작했다. 경제력 집중으로 인해 재벌 대기업들의 영업실적과 재무구조 악화 속도가 빨라지기 시작했다. 이에 노태우 정부는 문제의 심각성을 깨닫고 뒤늦게 업종전문화정책을 추진했으나 재벌의 강력한 반발에 밀려 좌절되었다. 재벌 대기업들은 오히려 비주력업종 쪽으로 문어발식 사업 확장을 해나갔다. 이제 재벌들은 민주화의 분위기를 타고 공공연하게 국가의 정책을 사보타주하고, 압박하기 시작했다. 민주화와 국가의 권위주의적 통제 약화, 노동탄압으로 인한 세력균형의 붕괴, 재벌의 강화라는 요인들은 급격한 경제력 집중을 낳고 경제구조를 부실하게 만들어나갔다.

1990년대 초반 이후 한국 경제는 재벌의 문어발식 다각화, 만성적 중복과잉투자, 기업의 수익성 악화, 국제경쟁력 저하로 위기감이 확산되어갔다. 이런 상황 속에서 김영삼 정부가 등장해 총체적 국가개혁을 선언하고 '신경제'라고 이름 붙인 경제개혁 의제를 제시했다. 그런데 김영삼 정부의 '신경제' 플랜 속에서 미묘하지만 지향점이 다른 두 가지 경제정책노선이 서로 갈등과 경쟁을 일으키게 되었다. 하나는 재벌개혁, 금융 및 부동산실명제 등으로 대변되는 경제민주화를 지향하는 정책들이었고, 다른 하나는 농산물시장을 외국에 개방하는 이른바 우루과이라운드(UR) 수용과 1994년 11월 '세계화'를 선언하면서 시작된 상품 및 자본시장 개방, 규제완화, 민영화, 노동시장 유연화와 같은 신자유주의 정책들이었다. 양자의 정책들은 개혁이라는 이름 아래 교집합으로 묶였지만, 그 성격이 서로 상이할 뿐만 아니라 적대적이기까지 했다.

김영삼 정부는 정권 초기에는 경제민주화에 상대적 방점을 두다가 얼마 못 가 1994년 말부터는 상품 및 자본시장 개방, 규제완화, 민영화, 노동시장 유연화 같은 신자유주의 정책을 전면적으로 추진하기 시작했다. 그런데 김영삼 정부가 신자유주의 정책을 강화하자 애초 의도했던 것과는 전혀 다른 효과가 나타났다. 시장을 강화하면 정경유착, 과잉중복투자 같은 개발경제체제의 문제점을 해소할 수 있을 것이라는 게 신자유주의의 논리였지만, 실제로는 재벌 대기업들의 과잉중복투자와 대마불사주의는 더욱 극심해졌다. 그것은 곧바로 1997년 말 외환위기로 이어졌다.

외환위기라는 국가적 대재앙의 와중에서 출범한 김대중 정부에게 주어진 과제는 왜곡된 정치경제적 질서를 정상화시키라는 것이었다. 김대중 정부는 당선과 동시에 이런 국민적 요구를 "민주주의와 시장경제의 병행 발전"이라는 슬로건으로 집약했다. 여기에 '생산적 복지'라는 정책지표가 보태져 3대 이념으로 정립되었다. 김대중 정부에서 이루어진 경제개혁은 명암을 동시에 갖고 있지만 한국 경제의 성장을 지속하는 힘이 되었다. 김대중 정부는 정경유착, 관치금융, 재벌체제를 수술해 책임성·투명성·효율성을 높였으며, 기업의 과다한 부채경영과 금융기관의 건전성을 해치는 관행을 바로잡는 데 기여했다. 또한 개발독재에서 사용하던 방식의 산업정책을 민주적으로 개조해 복원함으로써 벤처기업을 육성했다. 정부조직개편을 단행해 국가의 투명성을 높이고, 민주노총, 전교조 등을 합법화시킴과 함께 노사정위원회라는 사회적 협의기구를 도입함으로써 사회세력균형을 강화하고자 했다.

그럼에도 김대중 정부는 개발독재의 유산인 재벌개혁 의제를 우선순위 설정에서 후순위로 배치하고 타이밍도 너무 뒤늦게 제시했다. 김대중 정부는 외환위기 초기 기업의 대량 도산과 실업사태가 속출하자 이에 위기감을 느끼고 IMF의 양해를 얻어 금리를 인하하고 재정 지출을 확대하는 등 경기부양으로 선회했다. 그 결과로 경기가 호전되어 증시가 회복되고 실업난이 완화되는 등 긍정적 효과가 있었다. 그런데 경기회복의 성과물이 재벌 대기업에게 집중되고 구조개혁을 지연시키거나 미봉책으로 하는 등의 현상이 광범위하게 나타났다. 재벌 대기업들의 증자로 1999년 30대 재벌의 계열사 지분이 증가해 소유주와 일족의 지분은 하락했지만 내부지분율이 1998년 44.5%에서 1999년 4월 기준 50.5%로 크게 증대되었다.[4] 그 비결이 바로 계열사 간 순환출자라는 것이었는데, 이를 통해 재벌체제는 강력하게 회생했고 경제력 집중은 크게 심화되었다.[5]

이 때문에 김대중 정부는 1999년 8월 15일 광복절 경축사를 통해 강도 높은 재벌개혁을 천명하고, 기존의 재벌개혁 5대 원칙을 보완해 순환출자 및 부당내부거래억제, 금융지배차단, 변칙상속방지라는 3대 원칙을 추가해 소위 '5＝3원칙'이라는 것을 제시하기에 이르렀다. 하지만 이에 대해 재벌집단은 즉각적인 반발로 응수했고, 여기에 보수정치세력과 보수언론이 가세해 재벌개혁 선언을 '재벌해체'로 해석하면서 색깔론으로 공격했다. 이 같은 저항에 직면해 김대중 정부는 사실상 재벌개혁을 철회하는 태도를 취했다. 재벌개혁의 핵심이라 할 수 있는 경제력 집중과 기업지배구조의 문제는 여전히 금단의 영역으로 남게 되었다. 재벌에 의한 제2금융권 지배구조개선, 순환출자·부당내부거래차단, 부의 변칙상속 및 증여금지, 집중투표제 및 집단소송제와 같은 황제족벌경영의 폐해를 방지할 수 있는 제도개선은 전혀 이루어지지 못했다.

노무현 정부의 등장은 지역주의 정치, 권위주의적 위계질서로 특징되는 기성질서에 대한 도전, 참여를 통한 변화와 개혁의 욕구가 분출된 결과였다. 그와 같은 정치적 자산은 경제개혁 추진에서도 김대중 정부가 물려준 한계를 딛고 개혁 의제를 전진시킬 수 있는 중요한 기반이었다.[6] 노무현 정부는 어려운 여건에서도 건실한 경제성장을 지속하기 위한 다방면의 노력을 기울였다. 재벌개혁이나 금융개혁과 관련해서는 상속·증여세 포괄주의나 집단소송제를 실시해 시장 질서를 바로잡는 데 기여했다.[7]

그러나 노무현 정부는 경제정책에서 많은 오류를 범했다. 정부 초기에 추진했던 정책 중 가장 중요한 것은 왜곡된 시장 질서를 바로잡고자 했던 '시장개혁 3개년계획'이었다. 그러나 그것은 구두선으로 끝나고 말았다. 노무현 정부는 초기부터 구조개혁의 시야를 놓쳐버린 채 재벌과 보수언론이 유포한 경제위기론에 압도되어 카드사 살리기 대책에 앞장섰다. 정권 말기에는 출자총액제한제도의 방어에서 재벌집단에게 거의 항복했으며, 지주회사 규제도 완화해 재벌체제의 강화를 막지 못했다. 노무현 정부는 낡은 개발독재 방식의 정책이라 할 만한 수출대기업 중심의 지원정책을 고수했는데, 일종의 변형된 경기부양책인 고환율정책이 대표적 사례였다. 정부는 2004년 한 해 동안 고환율을 유지하기 위해 외평채와 통안채에 최소 8조 원의 비용과 손실금을 지불해야 했는데, 일각의 계산에 의하면 국내은행들과의 스왑에 소요된 비용이나 달러 가치 하락에 따른 외환보유액 가치하락분 등을 포함하면 무려 40조 원의 손실을 감수한 것이었다.[8] 특히 부동산정책에서 강력하고 일관된 정책을 펼치지 못하고 결국 2006년 부동산 대폭등을 초래했다. 이 사태로 마치 온 나라가 투기세력에게 넘어간 형국이 되었으며, 난장판이 되어버린 여론시장에 편승해 토건세력의 대부인 이명박 정부가 들어서는 결정적 계기를 제공했다.[9]

이명박 정부는 집권 기간 내내 낡은 특권체제 강화를 스스로의 존립과 완벽하게 일치시킨 정권이었다. 집권 공약으로 '747'을 내건 것이나 집권 후 스스럼없이 '비즈니스 프렌들리'를 외치고, 초기 내각을 '강부자'·'고소영'으로 채웠던 것은 이명박 정부가 태생적으로 특권세력의 정권임을 나타내는 것이었다. 특히 촛불집회로 국민적 지지도가 추락한 이후에는 모든 국정운영을 특권세력의 이익을 증진시키는 것에 노골적으로 초점을 맞추었는데, 이는 어설프게 포괄적인 국민의 지지를 구하기보다는 기득권세력의 확실한 지지를 결집하는 것이 정권의 존립에 유리하다는 판단에 의한 것이었다.

이명박 정부는 특권체제를 유지하고 강화하는 정책을 강력하게 추진했다. 우선 재벌 중심의 성장정책을 더욱 세게 밀어붙였다. 출자총액제한제도 폐지, 지주회사관련 규제 폐지(부채비율 200% 제한 및 비계열회사 주식 5% 이상 보유 금지 폐지), 상호출자 및 채무보증제한 기업집단 지정기준의 상향 조정, 불공정거래 행위에 대한 직권조사 및 현장조사 통제, 동의명령제 도입, 금산분리 완화 등 재벌관련 규제를 적극적으로 완화했다.[10] 게다가 미국 정부에게 고환율로 낙인찍힐 정도로 과격한 고환율 정책과 한국은행의 독립성을 무시하고 강요한 저금리 정책 등 무지막지한 경기부양을 통해 재벌 대기업을 전폭적으로 지원했다. 또 '일자리 창출을 위한 경제 재도약 세제'라는 이름으로 소득세, 법인세, 종합부동산세, 양도소득세, 상속증여세 등 전 방위에 걸쳐 감세를 단행해 재벌과 부자를 지원했다.

그 결과로 이명박 정부 들어서 재벌기업은 급격하게 덩치를 키울 수 있었다. 이는 노무현 정부(2003~2007년)와 이명박 정부(2008~2010년)에서 재벌 관련 실태를 비교해보기만 해도 알 수 있다. 곽정수가 공정거래위원회의 자료를 토대로 명목GDP 대비 재벌군별 자산, 매출액, 순이익 비중과 계열사 수 추이를 분석한 바에 따르면, 노무현 정부 기간에 비해 이명박 정부 기간 중에 재벌의 경제력 집중 심화가 훨씬 가속화되었다.[11] 일례로 20대 재벌의 자산 증가율이 노무현 정부 기간에는 13.6%였으나 이명박 정부 기간에는 18.5%로 높아졌고, 연평균 매출액 증가율도 노무현 정부 기간에 7.2%에 그쳤으나 이명박 정부 기간에는 18.0%로 껑충 뛰었다. 그 같은 양상은 연평균 순이익 증가율과 계열사 수 증가율에서도 첨예하게 드러나는데, 삼성의 연평균 순이익 증가율은 노무현 정부 기간에는 3.7%에 그쳤으나 이명박 정부 기간에는 34.1%로 10배 가까이 높아졌고, 삼성의 연평균 계열사 수 증가율도 참여정부 기간에는 -1.3%로 오히려 감소세를 나타냈으나 이명박 정부 기간에는 10.7%를 기록했다.

　이명박 정부는 개발독재의 유산인 토건경제를 부활시키기 위해 안간힘을 썼다. 신도시 개발, 그린벨트 해제, 택지개발지구 지정권의 지자체 이양 등 주택공급 확대정책과 재건축·재개발 관련 규제완화 등 건설경기 부양을 위해 모든 노력을 다했다. 또한 전 세계적으로 부동산 거품이 꺼지고 있는 상황에서 종합부동산세 폐지, DTI규제 완화, 투기과열지구 해제 등 무려 19차례에 걸친 규제완화로 부동산경기를 떠받치기 위해 사력을 다했다. 그 결과로 한국은 토건경제에 의한 과도한 거품이 지속되면서 거품 붕괴의 위험한 폭탄을 안고 가게 되었다.

3. 신자유주의 세계화에 대한 대응 실패

김영삼·김대중 정부에서의 신자유주의 도입과 실패 요인

　한국은 세계화와 신자유주의의 물결에 대한 대응과 극복에 실패했다. 세계화와 신자유주의에 잘못 대응해 승자독식의 치열한 경쟁 속으로 빨려 들어갔고 사회양극화가 본격적으로 시작되었다. 세계화를 잘 활용하기 위해서는 신자유주의의 독소적 요소를 잘 통제해야 했음에도 그것을 제어할 수 있는 사회적 조절 장치를 갖추지 못한 채 상품·자본시장개방, 규제완화, 민영화, 노동유연화 같은 신자유주의 정책들을 전면적으로 도입했다.

　한국에 신자유주의가 본격적으로 도입된 계기는 김영삼 정부의 세계화정책이었다. 김영삼 정부는 1994년 말 세계화를 선언하면서 상품 및 자본시장 개방, 규제완화, 민영화, 노동시장 유연화 같은 신자유주의 정책들을 전면적으로 추진하기 시작했다. 이와 함께 기업들도 '세계경영', '세계기업전략' 등의 구호를 외치며 새로운 경영전략을 도입하기 시작했다. 그런데 세계화라는 이름 아래 추진한 각종 신자유주의정책들은 즉각적으로 많은 부작용을 일으키기 시작했다. 특히 재벌기업들에 의한 과잉중복투자 문제가 심각했는데, 자금 조달의 대부분이 외화차입에 의해 이루어졌다. 1994년 하반기부터 1996년 말까지 2년 동안에 무려 519억 달러의 외국자본이 은행대출을 통해 한국에 유입되었다. 이는 단기외채 및 총외채가 급증한 원인이 되었고, 1997년 말 외환위기의 직접적 원인이 되었다.

1997년의 외환위기는 재벌 대기업의 무분별한 사업 확장 구조와 신자유주의 세계화에 의한 무분별한 개방 및 자본자유화가 결합되어 초래된 것이었다. 그런데 외환위기 직후 원인을 규명하는 과정에서 지배적인 다수의 시각은 한국 경제의 정실자본주의, 정경유착 등 개발독재체제의 실패라는 데서 그 원인을 찾았다. 그리고 이런 진단에 입각해 한국의 경제구조를 개선하는 급속한 개혁조치가 단행되었다. 무분별하고 급진적인 신자유주의정책의 도입이 외환위기의 발생에 치명적 영향을 끼쳤다는 사실은 거의 은폐되었다. 오히려 신자유주의야말로 경제적 구렁텅이에 빠진 한국을 구원해줄 축복이라고 추앙되었다.

외환위기의 와중에서 정권을 잡은 김대중 정부는 취약한 경제구조를 개선하기 위한 조치를 취하기 시작했다. 김대중 정부는 역대 정권 중 가장 민주적인 정부였음에도 IMF의 강력한 통제를 받아야 했고, IMF가 요구하는 신자유주의 정책들을 대거 수용했다. 한국정부가 IMF와 합의한 경제정책의 기본 방향은 강력한 긴축통화정책과 대폭적인 금융구조조정의 추진, 정치적인 간섭에서 자유로운 시장 중심의 경제의사결정 확립, 자본계정 자유화의 가속, 무역자유화, 투명하고 시의적절한 경제자료의 공개 등이었다. 그중에서도 핵심은 거시안정화정책과 구조개혁정책이었는데, 거시안정화정책은 높은 이자율 유지 및 예산적자 축소 등 각종 수요억제정책으로 구성되어 있으며, 구조개혁정책은 미국식 자본주의를 교과서로 삼아 시장기능을 인위적으로 강제하거나, 향후에 시장기능을 지속적으로 유지하는 데 기반이 되는 각종 제도를 이식하는 데 목표를 두고 있었다.

김대중 정부가 IMF의 요구를 수용한 것은 상당 정도 불가피했다. 신자유주의에 비판적인 사람들은 당시의 절박한 상황을 일견 인정하면서도 근본적으로는 IMF 프로그램을 그대로 수용한 것이 불행의 씨앗이었다고 본다. 예를 들어 신장섭 싱가포르 대학교 교수는 차라리 채무상환유예(moratorium)를 선언하는 것이 나았을 것이라고 말한다. 러시아, 브라질은 아예 채무불이행(default)의 전력까지 있지만 국제금융시장에서 퇴출되지 않았다는 것이다.[12] 그러나 이런 주장은 현실성이 없고 검증 불가능한 가정을 이야기한 것에 지나지 않는다. 당시 모라토리엄 선언으로 국제적 신뢰가 더 추락하면 한국 경제 자체가 아예 붕괴되어버릴 것이라는 공포감 때문에 정치적으로 불가능했다. 실제로 멕시코는 1982년 외채위기를 맞아 채무불이행을 선언하고 나서 10년 동안 극심한 경제난을 겪었다. 멕시코는 이때의 교훈으로 1994~1995년 외환위기를 맞았을 때에는 IMF의 전제 조건을 과감하게 수용했다. 또 브라질의 경우도 디폴트 전력이 있지만 중도좌파인 룰라 정부가 들어서면서 IMF의 요구 사항을 성실히 이행하겠다고 수시로 약속했고, 또 다른 정책을 희생시키면서까지 그렇게 했다. 채무 불이행으로 인해 받게 될 기회비용이 너무 클 것이기 때문이었다. 따라서 김대중 정부가 IMF의 요구를 수용한 것은 상당 부분 불가피한 선택이었다.

그럼에도 김대중 정부는 신자유주의의 독소를 약화시키지 못하거나 그것을 적극적으로 추구하는 우를 범하기도 했다. 김대중 정부가 범한 가장 결정적 실수는 1998년 2월 사용자들의 대규모 정리해고와 파견인력 활용을 허용하는 노동법 개정을 단행한 것이었다. 김대중 정부는 미국의 지원을 끌어내기 위해 IMF가 본래 요구한 사항에 덧붙여 추가조치를 실시하겠다고 먼저 솔선해 제안했는데, 그중 하나가 바로 정리해고제를 수용한다는 것이었다. 그래서 정리해고제 도입을 계기로 비정규직이 엄청나게 양산되기 시작했는데, 1997년 45.9%에서 2000년 52.4%로 급증하게 되었다.[13] 정리해고제는 노동시장 전반에 걸쳐 골고루 적용되지 않았고, 주로 미조직 노동자들에게 집중해 이루어졌다. 결과적으로 정리해고제의 도입은 김대중 정부와 노동세력 사이의 관계만 악화시키고, 노동시장의 엄청난 불균형과 이원화를 심화시키는 결과만을 초래했다. 따라서 정리해고제의 도입이 필요했다 하더라도 그것은 노사정 사이의 충분한 토론과 합의, 조직대표성을 갖는 집단만이 아니라 광범위한 이해집단들의 요구 반영, 위험요소의 제거를 위한 신중하고 단계적인 접근이 필요했다. 그러나 김대중 정부는 이런 조건들을 고려하지 않고 무리하게 노동진영을 압박해 노사정 합의를 이끌어내고자 했다.

김대중 정부가 신자유주의를 수용하는 과정에서 범한 또 하나의 치명적 실수는 외국자본에 대한 무차별한 개방이었다. 김대중 정부는 외국자본의 역할에 대한 과도한 기대를 넘어 환상을 가졌던 부분이 많았다. 먼저 외환자산이 절대적으로 부족했고 대외신인도 회복이 절박한 과제였던 당시의 객관적 상황 속에서 외국자본의 압력 수용은 그 자체로 불가피하고 반드시 필요하다고 인식되었다. 여기까지는 그럴 수도 있었다. 그런데 김대중 정부는 단순히 외국자본의 압력을 수동적으로 받아들이는 데서 한 걸음 더 나아가 이를 능동적으로 수용하고, 심지어는 이데올로기적 수준으로까지 격상시켰다. 외국자본을 끌어들여 그 압력으로 개발독재시대의 경제구조를 개혁할 수 있으리라 생각했는데, 외국자본이 요구하는 시장개혁은 한국 경제가 선진 경제로 도약하는 지름길이라고 인식했다. "이제 세계는 식민지 시대가 아니기 때문에 외국자본은 많이 들어올수록 좋다"고 했고, "경제 개방은 무한경쟁을 촉진하여 1997년 말 외환위기 발생의 근본 원인이 되었던 부정부패·정경유착·관치금융 등 우리경제의 구조적 문제점이 자라날 수 있는 토양을 근본적으로 바꿀 수 있다"고도 했다.[14] 외환위기의 긴박한 상황을 벗어난 후에도 "대외신인도의 추락은 곧 제2의 경제위기"라는 등식의 담론을 재생산해 지속적으로 설파했다.

김대중 정부는 외국자본에 대한 개방을 매우 급진적으로 추진했으며, 그 결과 은행, 주식 등 금융시장의 많은 부분을 외국자본이 점유하고, 또한 경영권까지 쥐게 되었다. 하지만 결과적으로 외국자본에 기대했던 개혁의 결과는 나타나지 않았다. 오히려 금융이 가계대출 등 단기적 수익을 내는 사업에만 치중하고 산업의 중개기능을 도외시함으로써 중소기업들의 설비투자가 위축되고 산업경쟁력이 저하되었다. 외국자본의 무분별한 유입은 재벌체제의 개혁에 기여하기보다는 그것과 융합해 거대한 기득권세력으로 자리 잡는 데 일조하기도 했다.

노무현 정부의 신자유주의 대응 실패

외환위기 수습 과정에서 발생한 신자유주의의 폐해는 노무현 정부 들어 본격적으로 나타나기 시작했다. 노동시장의 이중성이 심화되고, 근로빈곤층이 양산되면서 사회양극화 현상이 뚜렷하게 나타나기 시작했다. 또한 산업 간 연계 고리가 끊어지면서 산업의 각 부문 사이에 양극화가 심화되었다. 자동화, IT화, 아웃소싱 등으로 경제구조의 글로벌화와 개방의 조건을 십분 이용한 대기업과 그렇지 못한 중소기업 사이의 협상력 격차가 커짐으로써 중소기업이 창출한 부가가치가 대기업에 이전되고, 대기업의 비용부담이 중소기업에 전가되는 왜곡된 가치배분구조가 나타나게 되었다. 또한 외환위기 이후 금융기관들이 기업대출을 기피하고 가계대출에 치중하는 등 금융 중개 기능이 왜곡되는 현상이 나타난 것도 중소기업에 타격을 주었다. 이런 이유 때문에 중소기업의 수익성은 악화되었고 투자여력도 고갈되어 중소기업의 경영구조가 저임금 위주로 고착되었다. 이 때문에 중국 및 동남아국가들과의 경쟁에서 견디지 못한 중소기업은 공장을 폐쇄하거나 설비를 이전해야 했고, 이에 따라 수십 만 개의 일자리가 사라지기도 했다. 그리고 이는 중소기업 노동자들의 고용과 가계 상황의 악화로 이어지고, 다시 내수기반의 약화로 이어졌다. 2002년부터는 금융기관의 기형적 가계대출과 카드남발로 신용불량자가 수백만 명 양산되었는데, 이는 내수기반 산업을 결정적으로 약화시키는 계기가 되었고, 수출 중심 산업과의 격차가 현격하게 벌어지게 되었다.

이처럼 외환위기 수습과정에서 신자유주의에 대한 잘못된 대처로 인해 산업들 사이의 연계 고리가 끊어지고 사회 전반의 양극화가 심화되었음에도 노무현 정부는 안일한 자세로 대처했다. 노무현 정부는 임기 말년까지 양극화 극복이라는 의제를 본격적으로 상정하지 않았다. 노동시장 양극화 문제에서도 노무현 정부는 이를 노-노 갈등으로 해석하고 대기업 노동운동의 책임으로 전가하면서 이 문제 해결을 사실상 방치해왔다. 노무현 정부가 뒤늦게 제출한 비정규직법안은 비정규직 남용과 차별을 관료의 감시 강화를 통해 해결해보겠다는 발상에 기초한다는 점에서 의지와 실효성이 불분명한 것이었다. 오히려 노무현 정부는 신자유주의국가에서 전형적으로 채택하는 법인세 인하, 특소세 인하 등을 시행했고, 출자총액제한, 지주회사규제 완화 등을 시행했다. 해외펀드에 외환은행을 매각한 것도 신자유주의에 지나치게 치우친 행동이었다. 더욱이 정권 말기에는 무리하게 한미 FTA를 추진함으로써 전통적 지지 세력과 커다란 불화를 겪었다. 무엇보다 한미 FTA를 추진하면서 반대파의 비판에 대해 '개방이냐 쇄국이냐' 하는 식으로 매도하면서 타협과 절충의 여지를 막아버린 것은 치명적인 실수였다.

이명박 정부의 노골적 신자유주의 정책

이명박 정부는 집권 기간 내내 노골적이고 무분별하게 미국식 신자유주의를 확대 추진했다. 그 같은 정책의 가장 대표적인 사례는 부자감세였다. 친기업 정책을 통해 투자를 증대하고 일자리를 늘린다는 명목으로 이명박 정부는 부자들에게 총 90조 원 이상의 감세를 해주었다. 일례로 법인세의 경우 2009년 기준 상위 10대 재벌기업이 임시투자세액공제와 연구개발세액 공제로만 돌려받은 돈이 전체 감면액의 절반인 48.6%에 달할 정도였다.[15] 그런 정책으로 인해 국가부채가 급속히 늘어나는 등 재정건전성이 크게 악화되었다.

세계 금융위기 이후 국제적 추세가 금융관련 규제를 강화하는 마당에 이명박 정부는 거꾸로 금융규제를 완화하는 조치를 잇달아 취해왔다. 틈만 나면 인천공항, 철도공사, 한국전력 등 알짜배기 공기업 민영화를 끊임없이 추진하는 것도 신자유주의 규제 완화의 예이다. 또 이명박 정부는 신자유주의의 대표적 정책인 한미 FTA를 졸속으로 밀어붙였다. 한미 FTA는 단순히 무역자유화의 의미를 넘어서 한국의 법과 제도를 상당 부분 미국의 법과 제도에 맞추는 것을 의미하기 때문에 신중한 접근이 필요한 대상이다.[16] 특히 투자자국가소송제(ISD)는 국가주권을 침해하는 독소조항이라는 논란이 국제적으로 끊이지 않고 있음에도 최소한의 국민적 공론과 사회적 합의의 과정도 없이 밀실에서 위험한 협정을 타결하고 이를 국회에서 밀어붙였다. 이처럼 이명박 정부가 사회적 합의 절차를 무시하고 추진한 각종 신자유주의 정책으로 한국은 양극화가 더욱 가속화되었을 뿐만 아니라 신자유주의가 저무는 시대에 신자유주의를 추종하는 시대의 미아가 되었다.

4. 지체된 미래사회로의 준비

창조적 인간, 환상사회의 도래

지금 세계는 지식정보화와 세계화를 바탕으로 문명의 혁명적 변화를 지속해나가고 있다. 전문가들은 지식정보화와 세계화가 지금까지 이루어왔던 것보다 훨씬 더 크고 많은 변화가 앞으로 다가올 미래에 일어날 것이라고 말한다. 오늘날 사회학자나 미래학자들은 최근 100년 동안의 변화가 과거 1만 년 동안의 변화와 맞먹고, 나아가 향후 20년 동안의 변화는 지난 100년 동안의 변화와 맞먹을 것이라고 전망한다.[17]

전문가들은 미래사회의 변화를 표현하기 위해 '환상사회(fantastic society)'[18]라는 용어를 사용하기도 한다. 환상사회는 환상적 기술을 기반으로 한 사회변화에 의해서 이루어진다. 이 시기에는 네트워킹 컴퓨터, 네트워킹 로봇을 통해 인간 의식과 감성이 기계와 네트워킹되고, 가상현실·NT·BT·ST 등의 1차 기술혁명이 시작되어 인류 역사상 최고로 환상적 삶의 환경, 꿈같은 생활환경이 만들어진다는 것이다. 인간을 괴롭혔던 질병들이 정복되고, 양자역학 기술의 발달로 인간이 물질세계를 완벽하게 지배하는 사회가 시작된다. 그 같은 사회가 도래하면서 나타나는 가장 핵심적 특징은 고도의 불확실성이다. 따라서 미래사회에서 지속적 생존과 번영의 관건은 바로 불확실성을 통제하는 것이 된다. 그런데 미래사회는 과학기술의 발달이라는 조건에 의해서만 결정되지 않는다. 그것은 철학적 지평의 혁명을 통해서 열리는 세계이다. 미래사회에서는 물질적인 기본 욕구가 상당부분 채워질 수 있는 기틀이 마련되고 꿈과 가치를 갈망하는 삶의 시대로 진입하기 때문에 그 속의 철학적 코드를 읽어내는 작업이 보다 중요해지게 된다.

미래사회를 특징짓는 철학적 키워드는 '창조적 인간'이다. 전문가들은 미래에는 무한대의 이기심과 경쟁을 통해 획득되고 시장 가격으로 환산되는 이득의 크기가 아니라, 타인들과의 경쟁과 협력에 입각한 네트워크가 가치 창조를 주도하게 될 것이라고 말한다. 여기서는 더욱 더 많은 사람들이 단순한 이득의 극대화보다는 자신의 꿈을 이루어가는 삶을 우선적으로 추구하게 된다. 이런 사회에서는 사람다운 사람이 실용적인 사람보다 우선이 된다. 미래의 산업은 집단지성을 조직할 수 있는 감성능력, 소통능력, 리더십 그리고 수준 높은 창조성에 기반을 둔다.[19] 바로 여기에서 개인에게 요구되는 중요한 능력이 바로 '공감능력'인데, 공감이란 다른 사람이 겪는 기쁨이나 고통의 정서적 상태로 들어가 그것을 자신의 기쁨과 고통인 것처럼 느끼는 것을 말한다. 공감 개념이 근래에 사람들의 의식과 사회개발에 미치는 의미와 영향에 대한 관심은 크게 증대되고 있다. 그것은 산업사회가 제조업에서 서비스업으로 진화하고, 사람들의 가치관이 물질에 대한 욕구에서 '삶의 질' 쪽으로 바뀌기 시작하면서 사람들의 관계 또한 느슨한 협력적 결속으로 바뀌게 된 현상을 반영한 것이다.

지금 세계는 미래를 선점하기 위한 치열한 경쟁에 이미 돌입했다. 그중에서 미국의 경우를 보면, 미국은 흔들리는 국제적 위상과 자존심을 회복하기 위해 미래 비즈니스 산업에 야심찬 도전을 시작했다. 그 결과 미국은 스마트폰, 페이스북, 트위터 등 소셜미디어 산업에서 선두로 테이프를 끊었다. 그것은 비단 기술발전의 영역에 국한되는 것이 아니라 가상과 현실의 구분을 파괴하는 창조력과 상상력의 극단을 실험하는 차원으로 이해해야 할 것이다. 이와 관련해 경원대학교 홍종학 교수는 최근 ≪프레시안≫에 쓴 칼럼에서 중요한 화두를 소개하고 있다.

> 클린턴 행정부 당시 로버트 라이시 노동부 장관과 함께 일했던 다니엘 핑크(Daniel Pink)는 이른바 동기3.0이라는 용어를 제안하며, 창조성을 발휘하도록 하는 동기는 단순한 작업을 효율적으로 하도록 하는 동기와는 다르다고 주장한다. 우리는 통상적으로 보상이 많으면 많을수록 더 일을 잘한다고 생각한다. 그러나 핑크는 각종 심리학의 결과를 인용하여 금전적 보상은 오히려 창조적 작업을 방해할 수 있음을 밝히고 있다. 그보다는 호기심과 도전정신을 유발하여 얼마나 주어진 과제에 흥미를 느끼는가가 창조성을 발휘하게 한다는 사실을 확인하고 있다. 이것이 바로 미국이 중국과의 경쟁에서 이기기 위해 개발하고 있는 최대의 무기다. …… 인간을 경제적 동물이 아니라 창조적 동물로 바라보는 새로운 시각이 미래를 지배할 것이라는 예고이기도 하다. 경제적 동물로서의 인간을 다루는 동기2.0을 가장 잘 이용해 세계 최대의 부국으로 자리 잡은 미국에서 동기2.0을 능가하는 새로운 기법에 대해 고민하고 있음을 주목해야 한다.

지체되는 미래

문명의 변화와 함께 창조적 경제 실험이 지구촌 곳곳에서 모색 실험되고 있다. 그런데 한국 사회는 완전히 새로운 문명의 도래에 직면해 미래를 준비하고 만들어가는 데 머뭇거려왔다. 먼저 미래의 준비에서 가장 중요한 영역인 교육 부문에서 그랬다. 한국에서 교육은 창조적 집단지성을 육성하기보다는 지나친 경쟁문화 속에서 후세대의 영혼을 피폐하게 만들어왔다. 서로 협력하면서 가치를 창조해내고, 그 속에서 자신의 능력을 끌어올리는 법을 가르치지 못했다. 경쟁과 석차 없이도 학생들을 고급두뇌로 만들어내는 핀란드와 프랑스의 교육이 어떻게 가능할 수 있는지 상상해볼 엄두조차 내지 못했다. 민주정부에서도 인적 자원에 대한 투자를 늘리면서 학교 교육과 평생 교육의 효율성을 높이는 정책은 보조적 수준에 머물렀다. 인적 자원 개발 측면에서 일정한 공헌이 있었음에도 현실적 영향력은 미미했다.

우리 사회가 미래에 대한 창조적 도전에서 뒤처지고 있는 한 가지 사례는 다름 아닌 교육이다. 창의성이 나올 수 없는 입시위주의 중등교육은 그렇다 치더라도 대학교육 역시 미래 트렌드와 거꾸로 흘러왔다. 다른 선진국들이 미래 인재를 육성하기 위해 대학교육에서 인문학적 소양과 의사소통능력, 창의적 사고능력을 함양하는 데 주력해온 사이에 우리는 기업의 단기적 수익창출에 도움이 되는 실용학문 일변도로 치중해왔다. 기초학문을 담당하는 학과가 축소되거나 폐지되고 실용적 학과로 대체되어왔다. 인문학적 사고능력을 배양하는 것이 경제적 효율성과 수익 창출에 더 효과적이라는 사실이 밝혀지면서 뒤늦게 우리 대학들도 어느 정도 유턴을 하기 시작했지만 기본 정책 틀이 쉽게 바뀌지 않고 있다.

또 다른 하나는 세계 최고 수준의 저출산 고령화 현상이다. 이 현상은 이미 사회의 재앙 요인으로 등장하기 시작했다. 그런데 우리의 저출산 고령화 대책을 보면, 투입하는 예산도 연간 2조 원 수준으로 미미하지만, 대책의 방향이 지원과 보조 위주의 획일적이고 단선적 방식들 외에는 없다. 다가오는 저출산 고령화의 재앙을 극복하기 위해서는 1차적으로는 국가의 엄청난 노력과 예산이 수반되지 않으면 안 된다. 이를 국가나 공공기관이 전부 감당하기에는 현실의 제약이 많이 따른다.[20] 그래서 이런 딜레마를 해결하기 위해서 중장기적으로 창조적 대안이 모색되어야 한다. 다양한 커뮤니티의 형성을 촉진하고 그에 입각한 민관 협치를 활성화하는 것이 그것이다. 우리나라도 이미 1990년대부터 공동육아, 대안학교, 생활협동조합 같은 새로운 형태의 각종 커뮤니티가 활발하게 탄생하고 있다. 그런 자생적 모임들은 이제 성공한 모델들도 많이 생겨나 뿌리를 내려가고 있고 우리 사회의 중요한 공공영역으로 자리 잡아 가고 있다. 그런데 이 같은 흐름은 여전히 국가나 지방자치단체의 관심 바깥에 머물러 있다. 이들을 제도적으로 지원하고 협력할 수 있는 장치들은 거의 전무한 실정이다. 보육서비스 같은 경우에서도 이들 커뮤니티의 흐름을 일정한 재정적·제도적 지원과 결합시킬 수 있다면 상당한 파급력을 가져올 수 있으며, 저출산 문제의 해결에도 많은 기여를 할 수 있을 것이다. 하지만 우리는 지금까지 국가적으로 그 같은 창조적 실험들을 과감하게 시도해보지 못했다.

우리나라는 미래를 향한 과감한 모험을 기피하고 있다. 최근에 일본 후쿠시마 원전사태를 계기로 세계 각국은 원전 정책에 매우 과감한 변화를 꾀하고 있다. 이미 스위스와 함께 독일에서는 보수당 정부의 주도하에 원전포기를 결정했고, 하원에서 이를 압도적 찬성으로 통과시켰다. 이탈리아도 국민투표를 통해 90%대의 압도적 찬성으로 원전중단을 통과시켰다. 이 밖에 스웨덴·스페인·이스라엘 등도 앞으로의 원전 건설 계획을 백지화한 바 있다. 멕시코, 필리핀, 태국 등도 원전정책을 근본적으로 재검토하겠다고 밝히고 있다. 물론 여기에는 당연히 많은 불확실성과 위험이 따르고, 막대한 대체에너지의 개발이 현실적으로 가능한지 분명한 해답은 나와 있지 않다. 그래서 미국, 프랑스, 러시아 등은 여전히 원전유지정책을 고수하고 있다. 그럼에도 세계 각국에서 점점 더 많은 나라가 미래를 위해 원전포기에 따른 현재의 위험을 감수하면서 에너지 정책의 혁명적 변신에 동참하고 있다. 그런데 이런 시점에 우리는 원전 르네상스를 외치면서 미래에 대한 과감한 도전을 하기보다 단기적인 이익만을 쫓아 시대의 흐름을 거슬러 가고 있는 것이다.

　미래사회에 대한 준비는 낡은 특권질서를 신속하게 해체시키지 못하면서 더욱 지연되었다. 낡은 특권체제의 지속으로 인해 발목이 잡히면서 사회의 창의적 상상력과 에너지가 마음껏 분출되지 못하고 봉쇄되어왔기 때문이다. 낡은 특권체제의 이익을 보장해주기 위해 4대강에 막대한 국가자원을 쏟아부으면서도, 다른 한편에선 청년들이 등록금을 마련하지 못해 지적 훈련을 받지 못하고 거리를 방황하는 모습도 그러한 사례이다. 미래를 위한 창의성과 도전의식을 기르기 위해서는 특권체제를 과감하게 파괴해야 하는 것이다.

주

1 최윤식·배동철, 『아시아 부의 전쟁』(지식노마드, 2010), 72~109쪽.
2 김인걸 외, 『한국현대사강의』(돌베개, 1998), 331쪽.
3 전두환 정권은 경제정책을 전환하면서 부분적으로 재벌개혁도 추진했는데, 기업 공개(1984)와 재벌기업 간 상호출자의 점진적 축소(1987)를 시도했다. 그러나 이것 역시 재벌들의 완강한 저항에 부딪쳐 전혀 진척되지 못하고 말았다.
4 OECD, *Pushing Ahead with Reform in Korea: Labor Market and Social Safety Net Policies* (2000).
5 ≪한국일보≫, 1999년 12월 6일.
6 노무현 대통령의 당선 과정에서 매우 특징적인 현상 중 하나는 '서민'이라는 정치담론의 부활이다. "반칙과 특권 타파! 원칙과 상식이 지켜지는 나라!"를 외치고, "서민의 눈물을 닦아드리겠습니다!"라는 로고와 함께 기타 치며 눈물 흘리는 노무현 후보의 모습은 국민의 마음을 움직였으며, 결국 정치 주변부에 머물던 그를 대통령의 자리에 올려놓았다. 그런데 참으로 아이러니한 점은 노무현 정부의 이 같은 서민 담론이 다름 아닌 박정희의 서민 담론 이후 처음으로 다시 정치무대에 등장한 것이라는 점이다. 박정희는 쿠데타로 집권한 직후 당시 모든 기성세력을 낡은 봉건적 특권층으로 몰아붙이고 자신을 서민을 위한 평등한 세상의 대변자로 위치 지웠다. 야당인 한민당에 대해서도 "토착재벌과 대지주, 대기업가로 구성되어 반봉건적 수구성을 지니고 있는" 세력이라고 매도했다. 그에게 당시 한국 사회는 "아부와 사대에의 의존과 특수 특권의 노예" 상태에 처해 있는 "주지육림의 부패 특권사회"였다. 그는 이런 정치담론을 적극적으로 구사하며 한때 서민층의 열렬한 지지를 동원하는 데 큰 성공을 거두었다. 그리고 그는 서민층에게 '빈곤과 가난에서의 탈피'라는 욕구를 어느 정도 채워주었다. 그런데 노무현의 당선 과정에서 등장한 서민 담론은 그 구조가 박정희의 언술구조와 매우 비슷할 뿐만 아니라, 정치적 위력도 박정희 이후 정치가들의 서민 담론을 훨씬 능가한다.
7 김기원, 「김대중-노무현 정권은 시장만능주의인가」, 『신자유주의 대안론: 신자유주의 혹은 시장만능주의 넘어서기』(창비, 2009), 91쪽.
8 이는 정부가 수출업자에게 수출 1달러당 150원 이상의 보조금을 지원한 것에 해당하는 것이었다. 윤원배, 「선진경제로 가는 길」(2005), 열린정책연구원 심포지엄 자료집 참조.
9 노무현 정부가 개혁을 정상화하고 진전시키기는커녕 오히려 관료집단과 재계에 포위

되어 제대로 힘 한 번 써보지 못하고 좌초해버린 원인은 무엇일까? 우선 노무현 정부가 처한 환경적 제약조건이 컸다는 점은 분명하다. 김대중 정부 때와는 달리 보수 세력이 외환위기 때의 사분오열 상태에서 벗어나 진용을 정비하고 만반의 공격태세를 갖추고 있었고, 재벌집단 또한 구조조정을 일단락하고 사회적 영향력을 거의 완전히 회복했다. 이에 반해 민주개혁세력들은 정권 장악 이후에 이전의 치열함과 혁신 동력이 저감되어 있었다. 더 중요한 문제는 노무현 정부가 현존하는 민주개혁세력의 잠재력을 제대로 조직하고 동원하지 못했다는 사실에 있다. 거기에는 몇 가지 요인을 꼽을 수 있는데, 인위적이고 기계적인 당정분리로 인해 개혁전선에 노련하고 경험 많은 병력을 투입하지 못했다. 국정운영에서 개혁세력의 외연을 확장해 힘을 폭넓게 집결시키기보다 서클 방식으로 인적 집단을 충원한 것도 개혁 동력을 약화시키는 요인이었다. 바로 이런 요인이 복합적으로 작용해 민주정부는 더더욱 개혁 동력이 약화되고, 관료들의 힘을 통제할 수 없었으며, 재벌세력이 거대 지배자로 등장하는 것을 막아낼 수 없었다.

10 유종일,『유종일의 진보경제학』(모티브북, 2012), 287쪽.
11 곽정수,「재벌의 경제력 집중과 적하효과의 실종」,≪계간 광장≫, 11호(2011), 100~102쪽.
12 신장섭,『한국경제, 패러다임을 바꿔라』(청림출판, 2008), 246~249쪽.
13 재정경제부,『IMF위기를 넘어 다시 뛰는 한국경제』(2001), 46쪽.
14 대한민국정부,『국민과 함께 내일을 연다: 국민의 정부 경제 청사진』(1998), 211쪽.
15 ≪한겨레≫, 2012년 2월 7일.
16 유종일,『유종일의 진보경제학』, 296쪽.
17 최윤식·배동철,『아시아 부의 전쟁』, 18쪽.
18 같은 책, 400~402쪽.
19 같은 책, 384~385쪽.
20 국가의 재정을 늘리는 데 엄연한 현실의 제약들이 많이 따른다. 전 세계적으로 재정위기가 진행되고 있고 우리 역시도 그로부터 자유롭지 못하다. 또 법인세나 소득세 감세를 철회하는 것은 어느 정도 가능하지만, 세계화된 조건에서 다른 거의 모든 나라가 법인세, 소득세 인하 경쟁을 벌이는 상황에서 급증하는 복지 요구에 상응하는 만큼으로 법인세, 소득세를 인상하는 것도 제약이 있다.

제 3 장
특권과두체제의 형성과 국가의 사유화

1. 한국 사회의 성격과 특권과두체제

특권과두체제의 개념

한국은 국민의 힘으로 권위주의 독재체제를 타파하고 민주화를 이루어냈다. 그리하여 1인 독재자를 중심으로 국가가 정치·경제·사회·문화 등 모든 영역에 개입해 할당, 지도, 강요하는 방식으로 끌고 가던 사회지배구조도 민주화를 기점으로 바뀌어나갔다. 하지만 권위주의체제에 의해 육성되고 성장해온 특권집단들은 민주화에도 불구하고 거의 손상되지 않은 채 살아남았다. 오히려 이 특권집단은 국가에 의해 지도받는 수동적 지배동맹의 일원의 위치에서 자립해, 국가를 포위해 자신의 이익 추구의 도구로 삼는 능동적 지배자로 성장했다. 이들은 재벌, 글로벌 금융자본과 금융엘리트, 정치 엘리트, 엘리트 관료, 수구언론, 전문가 엘리트들로서 거대한 특권과 이익을 매개로 수평적·수직적인 네트워크로 연결되어 과두들에 의한 폐쇄적 지배동맹을 형성해왔다. 여기서는 이를 '특권과두체제'라고 부르고자 한다.[1]

한국의 특권과두체제는 국가를 포위해 사유화하고, 이를 통해 사회를 포식자처럼 약탈하고 있다는 점에서 질적 수준이 낮은 지배형태이다. 어느 사회를 막론하고 가장 완결적이고 안정적인 지배는 '헤게모니적 지배'라고 일컫는 지배형태이다. 헤게모니란 우리말로 흔히 '패권', '주도권', '지배', '지도력' 등으로 번역된다. 하지만 그것은 단순한 '힘의 추구'를 넘어서는 개념이다. 그람시(Antonio Gramsci)에 의하면, 헤게모니란 강제력이나 물리적인 폭력에 근거한 지배만이 아니라 어떤 지배 블록이 광범위한 대중의 지지와 동의를 획득하면서 행사할 수 있는 경제적·정치적·지적·도덕적인 지도력을 의미한다. 그 같은 지배력은 한 사회의 지배 집단이 자신들만의 좁은 이해관계를 넘어서 광범위한 대중의 이해관계를 자신들의 이해관계와 접합시켜 대중의 동의를 획득하고 사회 전체의 유기적 집단의지를 만들어낼 때 비로소 달성된다. 그런데 사회 지배층이 장기적 지배이익을 고려하지 못하고 근시안적 이익에만 집착해 과도한 탐욕을 표출하면 사회의 원활한 혈액순환과 근육운동이 경화되고 궁극적으로는 자신의 지배·축적 기반마저 탕진하게 된다. 그리고 사회 전반에 극단적 증오와 분노, 갈등과 투쟁이 만연해 국가 전체가 몰락의 길을 걷게 된다.

헤게모니적 지배형태는 사회의 통치에 참여하는 여러 집단이 국가를 통해 결합될 때 달성될 수 있다. 국가의 존재 이유는 공동체 전체의 일반의지를 응집하고 보편이익을 구현하는 데 있다. 국가는 단순한 정치권력이 아니고, 사회적 강자들만을 위한 도구도 아니다. 물론 그렇다고 해서 국가가 계급이나 이익세력을 초월해 순수하게 중립적인 존재라는 뜻은 아니다. 어떤 국가적 질서라도 그 속에는 지배적인 집단과 비지배적인 집단들로 나뉘어 있다. 그럼에도 사회 내부의 지배적 집단과 비지배적 집단 사이에는 현존하는 공동체를 유지하는 데 필요한 타협과 동의의 공적 절차가 존재하며, 이것의 기능은 주로 국가에 의해 수행되는 것이다. 따라서 국가는 여러 집단의 이해관계를 조절하고, 일탈적 행위에 대해서는 지배자와 비지배자를 막론하고 공평하게 제재할 수 있어야 한다. 그런데 이런 기능을 국가가 제대로 수행하지 못하고, 특정집단의 이익논리만을 대변하고 집행하는 역할을 하게 될 때 사회는 특권과 약탈이 횡행하게 되어 몹시 불안정한 상태가 되는 것이다. 국가가 공적 기능을 수행하는 자율성을 잃고, 그 대신에 사회의 강자들이 담합해 이익배분의 기준을 정하는 식으로 사회를 운영해나가는 시스템을 일컬어 과두지배체제라고 부르는 것이다.

역사적으로 과두지배체제는 본질적 성격상 약탈사회의 체제이다. 과두제(oligarchy)라는 개념은 권력이 소수 엘리트에 의해 장악되고 사리사욕 또는 부의 축적이 1차적 목적이 되는 정치체제이다. 플라톤은 과두제를 철인정치가 타락한 형태로 보면서 법률이 준수되지 않는 불공정한 체제라고 말했다. 아리스토텔레스는 과두제를 소수의 부자들이 국가의 관직을 맡는 정치체제로 파악해 금권정치(plutocracy)와 비슷한 의미로 사용했다. 힐퍼딩은 거대한 금융자본이 카르텔, 트러스트로 독점화한 산업자본과 결합해 한 나라의 경제와 정치를 지배하는 금융과두지배가 나타나고 있다고 주장했다. 20세기 초반 미국의 금융 황제 J.P.모건이나 독일의 6대 은행이 금융과두제의 예로 제시된다.

사상가들은 과두제라는 개념을 타락한 정치체제의 한 형태로 보면서 국가 몰락의 한 지표로 보았다. 일찍이 키케로와 마키아벨리가 로마의 힘이라고 불렀던 '노블리스 오블리주'와 '시민적 덕성'을 기반으로 "역사상 세계 최대의 제국"을 건설한 고대 로마공화국의 몰락은 과두지배체제의 본질이 무엇인가를 명징하게 보여주는 사례이다. 고대 로마의 몰락은 귀족과 평민의 분열·대립, 귀족의 탐욕과 시민적 덕성의 부패가 맞물린 결과였다. 그리고 그 같은 사회적 분위기를 이용해 패권을 장악하려는 대중선동정치가의 등장과 과두지배체제 형성의 결과였다. 또한 그것은 사회경제적 기초와 연관되어 있었는데, 전쟁과 정복에 의한 노예의 증가와 라티푼디움(대농장경영)의 확산, 그에 따른 자영농의 몰락, 일정 규모 이상의 토지사유를 금지하는 법의 사문화, 귀족들의 정복으로 획득한 점유지의 사유화, 실업과 불안정 고용의 증대, 도시빈민의 불만 고조, 혼란과 소요, 무지와 방종, 시기심과 변덕의 결과였다. 특히 귀족들은 그들의 권리가 침해된다고 느낄 때 계급적 특권을 보호하기 위해 전통 관례나 법적 절차를 무시하는 행위를 서슴지 않았으며, 때로는 헌정중단, 암살, 집단살해의 음모를 꾸미기도 했다.

근대에 들어 아르헨티나는 과두지배체제로 인해 선진국 문턱에서 좌절한 사례이다. 지금까지 많은 우파 지식인들은 아르헨티나의 추락 원인을 페론주의로 불리는 대중영합주의에서 찾아 왔다. 강성 노조집단이 경제개혁에 저항하고 포퓰리스트 정부가 이에 영합하는 분배정책을 남발한 결과라는 것이다. 이는 전혀 근거 없는 낭설이 아니다. 그러나 그 같은 원인은 파생적인 것이고 좀 더 근본적이고 거시구조적인 원인은 역시 아르헨티나 과두제 계급의 퇴행적 성격에 있었다.[2] 아르헨티나는 20세기 초에 1인당 GDP가 세계에서 여덟 번째로 높았고, 발행채권도 세계에서 가장 안전한 자산으로 분류될 만큼 유망한 국가였다. 이에 더해 정치적 안정성도 영국만큼 높다고 평가받고 있었다. 그런데 아르헨티나는 경제발전으로 인한 농지 확장과 지가 상승분을 국가가 생산적으로 활용하지 못하고 기존의 지주 과두제 세력에게 고스란히 넘겨주었다. 이 점은 캐나다나 호주와 크게 다른 점이었는데, 두 나라는 지가 상승분을 국가가 흡수해 발전의 인프라를 구축하는 데 사용했던 것이다.[3] 아르헨티나 과두제 세력들은 국가와 유착해 토지 투기로 큰돈을 벌었고, 영국 제국주의 자본과 결탁해 생산을 확대해갔다. 제국주의 - 과두제 동맹은 이후 1930년대까지 탄탄대로를 달렸다. 1930년대 이후 수입대체산업화의 바람이 불 때에도 과두제 세력들은 국가에 기생해 새로운 산업과 금융 분야에서 자신의 지배력을 넓혀나갔다.[4] 그러나 경제의 기반인 토지가 소수에게 집중되면서 양극화가 극심해졌고, 이 때문에 1920년대 말 세계대공황이 닥쳐왔을 때 수백만 명의 소작농이 실업자로 전락하면서 일자리를 구하러 도시로 몰려들었다. 이후 아르헨티나는 중산층이 몰락하고 사회가 급격히 불안정해지면서 결국 경제는 근 50년 이상을 붕괴로 치달리게 되었다.[5]

조선의 몰락 과정에서도 특권과두체제의 현상이 광범위하게 나타났다. 17세기 후반 두 차례의 전란을 겪고 국가의 행정력이 약화되면서 농민들이 몰락하고 소수에게 땅이 집중되는 현상이 나타났다. 왕실과 소수의 양반 관료들이 여러 가지 수법으로 토지를 독점하면서 자기 땅을 경작하는 자들이 조세를 내고 국가의 역을 골고루 분담한다는 전제 위에 서 있던 조선 사회는 뿌리부터 흔들렸다. 그래서 조세, 신분제, 토지제도의 개혁에 대한 논의와 요구가 제기되었으나 권력은 기성질서를 배타적으로 고수하는 노론 주류세력들에게 장악되어 있었다. 영조와 정조라는 개혁군주가 출현해 왕권을 강화하고 붕당 간의 균형을 도모하는 정치를 펴기도 했으나, 정조 사후 붕당 사이의 균형은 순식간에 무너지고 말았다. 왕의 가까운 친척들이 정치 운영을 독점하는 세도정치의 시대가 이어지면서 부패와 수탈이 만연하게 되었다. 도시상업과 농업 생산력의 발달로 부를 축적하기 시작한 신흥부자들은 집중적인 약탈의 대상이 됨으로써 사회 발전은 왜곡되고 정체되었다. 19세기 초반부터 민란이 온 나라를 휩쓸기 시작했다. 국가는 소수 특권집단의 손아귀 안에서 농단되고, 관리들의 부패와 탐욕이 온 나라에 퍼졌으며, 토지를 잃고 들판으로 밀려난 백성들의 반란으로 조선 사회는 갈기갈기 찢겨나가고 있었다.

한국 사회의 가장 본질적 문제로서 특권과두체제

오늘날 한국 사회의 가장 본질적 문제의 핵심은 바로 일반 이익을 구현하고 사회를 응집하는 국가의 공적 기능이 민주화 이후에 현저하게 약화되었다는 점이다. 국가는 자율성을 상실하고 사회의 강자들에 의해 포위당해 특권집단들의 이익을 보장해주는 도구로 전락해왔다. 국가가 권위주의적 방식으로 사회를 응집시키던 체제가 사라진 자리를 새로운 국가가 메우지 못한 것이다. 그 대신에 민주화 이후 국가가 약화되자 국가를 자신의 이익추구의 도구로 삼으려는 시도들이 사회의 여러 집단들에 의해 끊임없이 지속되어왔다. 이는 보수정부, 진보정부에 상관없이 계속 이어져온 문제였다.

민주화를 전후한 시기까지도 특권적 이익을 요구하고 어떤 경우에는 국가의 권위에까지 공공연하게 조직적 저항을 시도한 집단은 재벌집단에 그쳤다. 민주화 이후 개방의 분위기 속에서 재벌들이 자신의 재력을 이용해 언론사를 창립하는 등 사회적 영향력의 확장을 시도했으나, 네트워킹의 범위나 강도는 아직 제한적이었다. 하지만 민주정부의 개혁시도들을 경험하면서, 그들은 국가권력이 권위주의 시대처럼 자신들의 이익을 항상적이고 일관되게 보호해주지 않는다는 것을 깨달았고, 이에 대비할 수 있는 자구적 장치를 본격적으로 갖추어나갔다. 그리하여 지배네트워크의 범위는 수구언론과 국가 내부의 행정·사법 엘리트관료들까지 확장되었다. 마침내는 학문의 상업화와 지원시스템을 매개로 대학과 연구소를 지배의 그물망 속으로 엮어 넣었다. 또한 외환위기를 겪으면서 국제금융자본이라는 새로운 거대세력이 압박해 들어왔으나 이들은 초기의 긴장관계를 공생관계로 전환시키는 데 성공했다. 이렇게 볼 때 한국 사회의 지배구조로서 특권적 과두지배동맹체제는 권위주의 시대에 형성된 낡은 개발국가 시스템과 신자유주의의 요소들이 뒤섞여 만들어진, 민주화 이후의 새로운 지배체제를 표현하는 개념이다. 그러므로 특권적 과두지배동맹 체제는 신자유주의나 개발주의, 권위주의를 포함하는 보다 넓고 상위의 개념으로서 한국 사회의 본질적 문제를 설명해줄 수 있는 것이다.

김대중 정부와 노무현 정부에서는 각종 개혁조치를 통해 국가의 자율성을 회복하고 민주적 권위를 세워보고자 했다. 김대중 정부에서는 외환위기로 과두세력들이 약화된 틈을 타 이들의 기반을 약화시키고 재구성하려는 다양한 시도가 이루어졌다. IMF 외환위기 직후 정부조직의 개혁을 통해 균열된 국가기구와 정책수단을 정비했으며, 사회적 세력균형의 장치를 만들고자 노사정위원회라는 사회적 합의기구를 발족하기도 했다. 또 심지어 전략적 오류로 판명나기는 했으나 국제금융자본의 힘을 빌려 재벌체제를 개혁하려 시도했다. 노무현 정부는 정치개혁을 통해 권위주의적 사회질서를 말끔히 청산해 견제와 균형, 대화와 설득, 그리고 합의의 제도 질서로 대체하려 했다. 그 일환으로 노무현 정부는 검찰·경찰·국세청·국정원 등 이른바 국가권력기구와 공안기구의 독립성을 보장했고, 권력기관과 사정기관을 통한 언론탄압을 최대한 자제했다. 행정도시 이전과 지방분권, 국가균형발전 같은 정책을 추구함으로써 지역적 탈권위화를 추진했다. 경제정책에서도 국가의 개입을 통한 인위적 경기부양정책을 최대한 자제함으로써 관치경제의 관행을 해소하고자 했다.[6] 그러나 국가질서를 개조해보려던 민주정부의 시도들은 대부분 실패로 끝났다. 민주정부의 시기를 거치면서 특권과두지배동맹은 더욱 복잡하고 넓어졌으며 견고해졌다.

먼저 민주정부에서 검찰, 경찰, 국세청, 국정원 등 이른바 권력기관들은 민주정부의 실세들과 결탁해 그들의 민원을 해결해주는 방식으로 자신의 권력을 유지해나갔다. 김대중 정부에서 일어난 각종 게이트 사건들이 그런 사례였다. 그리고 노무현 정부에서도 상황은 크게 바뀌지 않았다. 이들은 단지 외관

상으로만 중립화되었을 뿐 권위주의하에서 뿌리 깊게 박혀온 관행과 구조는 여전히 개혁되지 않은 채 지속되었다. 오히려 권력기관의 엘리트관료들은 정권과의 유착 대신에 특권과두세력들과의 유착을 강화함으로써 그들의 갈증을 채우는 쪽으로 나아갔다. 둘째, 민주정부에서 추진된 대기업과 재벌세력에 대한 규제완화와 각종 지원정책은 경제력의 집중을 낳고, 경제력의 집중은 국가에 대한 재벌세력의 힘의 우위를 만들었으며, 자산격차와 소득불균형의 정당화 및 규범화는 보수성향의 상위층을 특권세력화했다.[7] 셋째, 노무현 정부가 탈권위라는 방향 아래 언론시장의 통제회피만을 단순하게 추구함으로써 시장지배력이 강한 보수언론이 사회의 이념과 국민의식구조의 흐름을 강하게 좌우하는 위치로 올라서게 한 것도 특권과두체제를 강화시킨 요인이었다.[8] 그리하여 마침내 이명박 정부의 등장으로 정치권력 - 언론권력 - 경제권력의 삼위일체에 의한 특권과두체제는 완성단계로 발전해왔다.

2. 특권과두집단

재벌공화국

무엇보다도 특권과두지배체제의 구조에서 핵심에 서 있는 세력은 역시 재벌집단이다. 5대 재벌집단, 그중에서도 1, 2위 재벌은 이미 시장에서도 견제할 수 없고, 시장이 아닌 제도 및 법의 결정과정이나 집행과정에서도 견제할 수 없으며, 노조 같은 대항세력에 의해서도 견제할 수 없는 권력이 되어버렸다. 그래서 재벌의 사익추구를 공적 영역 속으로 끌어들여 사회적으로 조절 규제할 수 있는 메커니즘이 작동하지 않게 되었다.

한국에서 재벌체제는 시장경제의 기준으로 살펴보면 정상적인 자본이라고 볼 수 없다. 삼성전자를 예로 들어보면 사실 이건희 회장은 최대 주주가 아니다. 오히려 2011년 기준 국민연금이 5%의 지분으로 최대주주이고 이건희 회장의 지분은 3.38%에 지나지 않는다. 그럼에도 이건희 회장이 삼성전자의 제왕적 주인 행세를 할 수 있는 것은 다른 계열사들의 순환출자로 내부지분율을 높여놓았기 때문인데, 사실상 경제학의 영역 바깥에 있는 문제로 재벌들의 지배가 가능한 것은 국가의 제도와 법률이 그들로 하여금 소유 지분 이상으로 힘을 쓸 수 있도록 해주고 있기 때문이다. 결국 재벌의 문제는 비정상적 시장, 즉 본질적으로 권력의 문제인 것이다.

재벌총수 일족은 적은 지분으로 수십 개 계열사의 경영을 지배하면서 탈세, 탈법증여, 부당내부거래, 편법적 경영권 승계를 자행한다. 삼성그룹의 이건희 회장은 4조 5,000억 원에 이르는 차명재산을 보유했지만 상속세를 단 한 푼도 내지 않았다. 『프라이더』의 저자인 선대인에 의하면, 이건희 회장의 아들 이재용은 수조 원대의 재산을 형성하는 과정에서 16억 원을 달랑 세금으로 냈을 뿐이다. 자본금 12억 원으로 설립된 현대차그룹 계열사 글로비스는 시가총액 6조 원으로 급성장했고, 정몽구 회장의 아들 정의선은 30억 원을 투자해서 무려 2조 원을 벌었다.⁹ 그럼에도 삼성 에버랜드 전환사채 저가발행 사건의 처리 과정에서 보았듯이, 검찰이나 법원은 면죄부에 가까운 판결을 하고 또 그것도 모자라 대통령은 특별사면을 해주었다.

재벌 총수들이 손쉽게 부를 축적하고 이를 자식들에게 대물림하는 편법이 바로 내부거래라는 것이다. 이는 재벌 총수의 자녀가 비상장사를 세우거나 주식을 매입한 뒤, 계열사를 동원해 그 회사의 매출을 키워줘 거액의 배당을 받거나 비상장사를 상장해 손쉽게 부를 축적하는 수법이다. 재벌닷컴이 2011년 4월 4일 자산순위 30대 그룹 가운데 재벌 총수 자녀가 대주주로 있는 20개 비상장사의 실적을 분석한 결과, 지난해 총매출 7조 4,229억 원 가운데 내부거래가 3조 4,249억 원으로 절반에 가까운 46%였는데, 이는 30대 그룹 전체 계열사의 평균 내부거래 비율인 28.2%를 훨씬 웃도는 것이었다. 일례로 2002년 10월 설립된 현대 엠코의 사례를 살펴보면, 설립 첫해 매출 94억 원에서 시작한 이 회사는 2010년 1조 2,416억 원을 기록했는데 그 대부분은 계열사와의 내부거래에서 나왔다. 내부거래 비중은 2002년에는 100%, 2007년 94%, 2010년 57%였다.

이렇게 해서 성장한 회사 지분의 막대한 부분이 총수 일가에게 건네졌음은 불문가지이다. 경제개혁연구소가 내놓은 「회사 기회 유용과 지원성 거래를 통한 지배주주 일가의 부의 증식에 관한 보고서」에 보면, 29개 재벌기업의 총수 일가 190명이 내부 매출 비중이 큰 계열사 지분 가치를 늘리는 방식으로 챙긴 이익은 무려 9조 9,588억 원에 달한다고 나와 있다. 그런데 이들이 해당 계열사의 지분을 획득하기 위해 투자한 종자돈은 1조 3,195억 원으로, 수익률이 755%에 이른다. 그리고 이를 개인별로 보면, 정의선 현대자동차 부회장은 446억 원을 투자해 2조 1,837억 원을 벌었고, 최태원 SK그룹 회장은 101억 원을 투자해 2조 440억 원의 이익을 챙겼다. 정몽구 현대자동차 회장은 181억 원을 투자해 1조 4,927억 원을 벌었으며, 이 밖에 이준용 대림산업 명예회장이 245억 원을 넣어 5,521억 원을 벌었다.[10]

이처럼 어마어마한 정도로 빠르고 거대한 부의 축적이 결코 합법적이고 정상적인 방법을 통해서 이루어질 수 없다. 그것은 일반주주, 근로자, 소비자, 지역사회 등 여러 이해관계자의 공유자산인 회사의 부를 약탈하는 반시장적 행위를 통해서 가능했다.[11] 나아가 그것은 단순히 경제력을 통해서가 아닌, 국가권력을 장악해 그것을 도구로 자신에게 유리한 형태의 게임의 룰을 짤 수 있었기 때문에 가능했다.

재벌은 행정부나 사법부의 관료들에 대한 가공할 만한 관리시스템을 갖추고 국가권력을 무력화시키고 있다. 2005년 발생한 삼성 X파일 사건은 재벌이 법과 권력을 주무르기 위해 정·관·언론계를 향해 얼마나 조직적이고 광범위한 로비를 전개하는지 적나라하게 드러난다. 그럼에도 검찰은 삼성 X파일에 나타난 혐의를 조사하기는커녕 도리어 그것을 폭로한 이상호 MBC기자와 노회찬 전 의원 둘만을 기소했다. 2007년에 터진 김용철 전 삼성법무팀장의 삼성비자금폭로사건은 한마디로 점입가경이다. 김용철에 의하면, 삼성은 계열사마다 비자금 액수를 할당해 반도체 라인, 타워팰리스 공사 등에서 이중장부를 이용한 분식회계를 통해 조직적으로 비자금을 조성했으며, 또 삼성중공업에서는 없는 배를 띄워놓은 것처럼 조작해 분식회계를 저질렀다는 것이다.[12] 이런 막대한 비자금이 필요한 이유는 결국 국가권력을 자신의 수족으로 만들기 위해서다.

재벌들이 정부 관료들을 포섭하는 방식은 일반인의 상상을 초월할 만큼 치밀하고 조직적이다. 노무현 정부 행정자치부 장관을 지낸 허성관은 다음과 같이 말하고 있다.

> 재벌은 권력을 자신의 도구로 만들기 위해서 관료들 중에서 장차 차관이나 장관을 할 정도로 똑똑하다는 말이 나오면 사무관 때부터 관리에 들어갑니다. 그러다 보니 모든 정책결정이 자연스럽게 재벌들에게 유리하게 돌아갈 수밖에 없는 것입니다.[13]

또 재벌들은 막강한 금권을 무기로 관료뿐 아니라 정치·언론·전문가들까지 자기 철옹성 안에 단단히 포섭한다. 노무현 정부 국무총리를 지낸 이해찬은 재벌을 중심으로 한 한국 사회의 유착구조에 대해 다음과 같이 말하고 있다.

우리 사회는 재벌과 언론·관료·경제학자들이 유착되어 있습니다. 재벌은 언론에 대해서는 광고로 영향력을 행사하고, 관료들에게는 학맥으로 로비를 하고 일부는 퇴직 후의 사후 보장을 해주면서 얽혀 있습니다. 국회에 대해서도 로비를 많이 합니다. 어떤 법안이 하나 나오면 굉장히 조직적으로 대응합니다. 특히 공정거래나 금융관련 법과 제도를 만드는 정무위나 재경위 같은 경우에는 하나의 재벌이 아니라 여러 재벌과, 전경련이 이중으로 로비를 합니다.[14]

이처럼 조직적인 정·관계로비를 통해서 재벌들은 국가의 정책을 자기 의사대로 조종해 국가로부터 막대한 특혜와 지원을 얻어낸다.

재벌의 힘이 커진 것은 과도한 경제력 집중과 나쁜 지배구조에서 비롯된다. 지나치게 과도하게 경제력이 집중된 데다 재벌 총수와 그 일족이 적은 지분을 가지고도 황제처럼 군림할 수 있게 허용하는 제도와 법률 때문에 재벌은 힘이 더욱 세질 수 있었다. 바로 이런 구조 때문에 재벌들은 전문경영인들에게 경영권을 맡기지 않고 대물림하려고 갖은 방법을 다 동원한다.

국제금융투기자본과 금융 마피아들

특권과두체제의 중요한 한 축을 담당하는 집단이 바로 국제금융자본이다. 원래 국제금융자본은 외국에서 들어온 자본을 지칭하나 지금은 국내자본 역시 국제금융자본과 많이 동화되었기 때문에 그 사이의 구분은 크게 의미가 없어졌다. 국제금융자본은 1997년 외환위기 이전에는 재벌과 국내금융자본의 하위 파트너 역할에 머물러왔으나 외환위기 이후 한국 사회 과두지배동맹의 주축으로 급속히 성장했다. 국제금융자본은 크게 재무적 투자자와 전략적 투자로 구분할 수 있는데, 전자가 단기적 자본차익을 노리고 들어오는 투자자로서 헤지펀드나 사모펀드(PEF), 뮤추얼펀드 등을 일컫는 용어라면, 전략적 투자자란 은행 등 금융기관이 시너지 목적으로 투자하는 장기투자자를 일컫는 용어이다.[15]

국제금융투기자본의 폐해를 가장 극적으로 보여주는 사례는 론스타 사건이었다. 론스타 사건은 투기자본, 로펌, 관료 사이의 삼각동맹이 자신의 이익추구를 위해 어떻게 작동했는지를 보여주는 사례이다. 론스타 사건의 핵심 내용은 외환은행이 론스타의 불법로비를 통해 불법으로 매각되었다는 것이다. 은행법은 금융기관이나 금융지주회사가 아닐 경우 금융기관의 대주주가 될 수 없도록 제한하고 있는데, 사모펀드인 론스타는 애초부터 자격이 안 되었다. 다만 은행법 시행령에 나와 있는 부실금융기관 정리 등 특별한 사유가 있을 경우 예외를 인정하도록 되어 있는데, 금융감독위원회가 이 조항을 근거로 외환은행 매각을 승인해준 것이다. 하지만 외환은행은 부실금융 기관이 전혀 아니었다는 점에서 이런 예외 조항을 적용한 것은 의혹의 대상이 되었다.

국제금융투기자본에 의한 폐해는 론스타 사태만이 아니었다. 1999년 제일은행 매각, 2000년 한미은행 매각이 모두 은행법 예외 조항을 적용해 외국계 사모펀드에 정부 소유의 은행을 넘긴 사례였다. 제일은행의 경우 8조 4,000억 원이라는 공적자금을 투입해 가까스로 살려낸 은행의 경영권을 단돈 5,000억 원에 그것도 외국계 사모펀드에게 넘겨준 경우였다. 이들 은행의 매각 과정을 보면, 풋백 옵션과 드래그 얼롱이라는 해괴망측한 계약조건이 붙는가 하면,[16] 페이퍼 컴퍼니를 통해 자격조건을 분식하는 등 온갖 편법이 활용되었다. 여기서 공히 로펌인 김·장(Kim & Chang)은 법률자문을 맡았다. 그 밖에 외국자본에 의한 도덕적 해이의 사례가 상당수 적발되기도 했다. 가령 1999년 도이체방크 서울지점이 LG, 중앙, 아세아종금 등 국내 종금사들과 탈법적인 손익조정거래를 한 사실이나, 리젠트퍼시픽 그룹의 계열사인 리젠트종금이 600억 원을 불법대출해 대유리젠트증권 등의 주가조작에 사용한 혐의 등은 그 같은 대표적 사례였다.[17]

국제금융투기자본의 이해관계가 강력한 힘을 발휘하는 중요한 이유 중 하나는 그것이 재벌 대기업의 이해관계와 깊숙이 융합되었기 때문이다. 외환위기를 전후로 자본시장이 개방되고 국제금융자본이 밀려들어 오면서 기업은 주주가치 경영을 중시하게 되었다. 재벌기업은 자신의 기업 주가를 높이기 위해 주주들에게 더 많은 배당을 지급하게 되었다. 30대 재벌의 주식배당금 액수는 계속 늘어나 2008년의 배당금 규모는 1997년의 10배로 증가했다. 이 과정에서 외국인 투자자의 경우 주요 재벌 대기업의 주식지분에서 차지하는 비중이 외환위기 이후 급속히 증대했는데, 이들이 2005년부터 2009년까지 받아간 누적 배당액은 약 20.3조 원으로 전체 배당금의 약 40%가량을 차지했다. KT의 경우 외국인 지분은 의결권 주식의 63.9%를 차지하고 배당성향은 2002년 10%에서 2008년 50%로 늘어났다.[18]

주주가치 경영의 강화로 이익을 본 것은 외국인 투자자만이 아니라 재벌들도 자본소유자로서 막대한 금전적 축적을 이룰 수 있었다. 자본시장의 개방에 의한 국제금융자본의 유입은 기업의 경영권 방어를 둘러싸고 재벌과의 관계에서 갈등관계를 형성하기도 하지만 다른 한편에서는 이해관계가 서로 밀접하게 얽히면서 유착구조가 형성되었다. 실질적으로는 외국인 투자자들 대부분은 예외적인 경우를 제외하고는 재벌기업의 경영권에 그다지 관심이 없다. 그들은 경영권 교체로 회사가 흔들려 자신들의 투자 차익 실현이 위험해지는 것을 바라지 않기 때문에 재벌의 황제경영을 묵인한다.

그런데 이런 유착구조의 형성은 거기서 발생하는 비용을 노동자 등에게 전가시키는 효과를 낳는다. 기업들은 이익배당금이나 주가를 상승시키기 위해서 정리해고를 포함한 상시적 구조조정을 남발했고, 노동자들의 고용이 심각한 타격을 입게 되었다.[19] 재벌 대기업들은 국제금융자본의 경영권 도전을 명분으로 정부에 더 많은 특혜를 요구했고, 정부는 이들의 요구를 수용해 여러 규제들을 풀어주었다.

국제금융투기자본은 국내 금융산업 속으로 광범위하게 밀려들어 왔다. 외국인들은 KB지주, 신한지주, 하나지주 등 주요 상업은행 및 은행지주회사의 주요 주주로 부상했다. 그뿐 아니라 SC제일은행, 한국씨티은행, 외환은행 등은 외국인이 최대주주로서 직접 경영권을 행사하고 있다. 그래서 외국인 지분율이 2006년에는 64.8%에 이를 정도가 되었다. 외국인들의 주식 점유율이 높은 은행들은 기업대출을 현저히 줄이고, 주로 가계대출의 비중을 크게 늘렸다. 부동산 담보대출 등 땅 짚고 헤엄치기 장사에 주력하고, 중소기업이나 서민금융의 기능은 철저히 외면해온 것이다. 그 결과로 외환위기 이전 33~34%에 달하던 은행의 제조업 설비투자 재원 공급 비중은 2000년대 들어 10~11%까지 감소했다.[20]

정부 엘리트관료와 전문가집단

정부 엘리트관료들은 이제 더는 국가의 공적 업무에만 전념하는 존재가 아니다. 이들은 공공영역 속에서 자신의 지위를 이용해 사회의 강자 집단들과 거미줄 같은 연줄의 네트워크를 짜고 강력한 밀착관계를 형성하는 것을 인생의 숙원사업으로 삼고 살아가는 자들이다. 그들은 사회 강자집단에 대한 과도한 봐주기와 밀어주기의 대가로 퇴직 후 안정적 일자리와 수입원을 보장받는다. 또한 엘리트관료들 사이의 끈끈한 인맥을 바탕으로 밀어주고 끌어주기를 되풀이하면서 강력한 보호막을 친다. 이들은 정부요직을 독식하고 산하기관, 정부투자·출연기관, 민간 금융기관·기업의 각종 자리를 싹쓸이한다. 내외의 연고 집단끼리 짜고 서로의 청탁을 해결해주고 필요하면 국가정책까지도 변경한다.

고위 경제 관료들이 수행한 정책 결정은 거의 하나같이 재벌 대기업과 부자들을 위한 정책 일색이다. 2008년 금융위기를 명분으로 이명박 정부가 취한 고환율, 저금리에 의한 정책으로 재벌 대기업은 엄청난 이익을 누린 반면 고물가, 가계부채 급증으로 서민들의 고통은 가중되고 사회 양극화는 심화되었다. 감세 및 재정지출 확대정책은 부자들에게만 막대한 혜택을 집중시켰다. 또 이와 함께 금융위기에 대한 대책으로 추진된 부동산 경기 부양책은 실질적인 경제 활성화 효과는 거의 없이 부동산 투자자들의 세금 부담만 줄여주고 재정적자를 늘리는 데 기여했다.[21] 외환은행, 제일은행, 한미은행 매각 사건에서 본 것처럼 정부 관료들은 법에서 규정하는 사모펀드의 은행소유 금지를 세 번씩이나 어기면서 정부 소유의 은행을 세 번씩이나 팔아넘기려 했다는 점에서 무지와 무능력 그리고 도덕적 해이 또는 결탁을 극명하게 드러내주었다.[22]

어느 때부터 우리 사회에는 회전문(revolving door)이란 말이 유행했다. 회전문이란 정부 관료와 로펌, 회계법인, 금융권, 재벌 등이 인맥을 주고받으면서 서로 밀고 당기는 현상이다. 가령 재경부와 금감위, 금감원의 회전문은 거미줄처럼 촘촘히 뻗어 있다. 재경부 인맥은 산업은행, 수출입은행, 신용보증기금 등 공기업뿐만 아니라 증권회사, 보험회사, 신용정보회사의 주요 요직에 빈틈없이 깔려 있다. 그리고 이 회전문의 중심에는 로펌이 자리해 있는 경우가 많다. 국내 최대 로펌인 김·장 법률사무소에는 이헌재, 한덕수, 한승수 등 최고위 공직자 출신들이 고문으로 활동했고, 2006년 5월 말 현재 국세청, 재경부, 금감원, 산자부, 공정위 등의 고위공직자 출신이 65명이나 채용되어 포진해 있다. 이들이 로펌을 위해 봉사해 주고받는 수입금은 가히 엄청난 액수인데, 그것은 명백히 원래 부당하고 불법적이어서 성사가 될 수 없는 일들을 자신의 인맥을 통해 해결해주는 대가이다. 그리고 로펌에서 이들에게 공여하는 돈은 궁극적으로는 재벌이나 국제투기금융자본에게서 나오는 것이므로, 이들은 결국 법률자문이라는 명목으로 사익집단을 위해 봉사하는 로비스트인 것이다. 이러니 재벌기업들이 시장변화나 경기변동보다 권력이동에 더 민감한 반응을 보이는 것은 당연한 일인 것이다.

기업의 투명한 경영을 위해 1998년부터 도입된 사외 이사 제도는 관료 - 재벌의 공모 구조를 만들어내는 데 기여하고 있다. 지난 2003년 경제정의실천시민연합이 재벌개혁위원회의 6대 그룹(삼성, 현대, SK, LG, 현대자동차, 현대중공업) 54개 계열사 164명의 사외 이사를 대상으로 조사한 결과에 따르면 정무직 공무원, 정부 각 부처의 위원회 위원(자문·고문 포함), 전직 공무원 등이 76명으로 전체의 46.6%에 달해 사외 이사의 절반이 정부 관련 인사인 것으로 드러났다. 특히 금감원, 국세청, 공정거래위원회, 재경부, 한국은행 등 각종 금융 감독 기구의 전·현직 인사가 사외 이사를 맡은 경우는 33명에 이르렀다. 민주화 이후 참여라는 이름으로 전문가들이나 시민 단체들을 정책 결정 과정에 참여시켜 정책 산출의 효율성을 높이려는 관료 기술적 결정이 재벌 대기업의 이익을 보호하는 방향으로 왜곡되어온 것이다.[23]

최근 ≪한겨레≫가 보도한 기사는 재벌 대기업과 고위 관료들 사이의 공생 관계를 적나라하게 보여준다.[24] SK그룹은 국세청의 전직 고위 관료들에게 자문료의 명복으로 거액의 리베이트를 지급함으로써 이들을 관리해온 것이 드러났다. 한상률 전 국세청장에게는 3억여 원, 이희완 전 서울지방국세청 조사2국장에게는 30억여 원이 제공되었고, 허병익 전 국세청장 직무대행에게는 2억 4,000만 원을 주기로 자문계약을 맺은 것이다. 이 중 허병익 전 청장 직무대행은 퇴임 후 김·장 법률사무소에 취업한 경우이기도 하다. 신문 기사에 따르면

SK 관계자가 "다른 기업들도 다 세무공무원을 관리한다. 우리가 관리하던 사람들이 다른 사건에 연루돼 계좌추적을 당하는 바람에 이번 사건이 불거졌을 뿐"이라고 했다고 하니, 거대한 규모의 돈이 국세청 전·현직 고위 관료들에게 일상적으로 건네졌음을 짐작할 수 있다.

국가 정책엘리트들은 심지어 국가의 자산을 외국 투기자본에 팔아넘기는 행위도 서슴지 않는다. 김·장이라는 법무법인을 매개로 전개된 외환은행 매각은 국가 정책엘리트가 저지른 반국가적 행위의 결정판이었다. 의혹의 중심에는 금융감독위원회의 승인을 이끌어낸 전·현직 고위관료, 로펌, 금융권이 끈끈하게 맺고 있는 커넥션이 있었다. 외환은행 불법 매각을 둘러싼 논란의 중심에 이헌재 전 재경부 부총리가 있었는데, 그는 당시 김·장의 고문으로 활동 중이었다. 그리고 외환은행 매각을 결정하는 과정에 주도적으로 개입했던 정부 관료들은 이헌재 사단의 핵심 멤버들이었다. 김·장과 금감위의 관계를 추측하게 만드는 자료도 발견되었는데, 2000년 6월 금융감독위원회 내부보고서를 보면 금감위가 김·장의 법률 자문을 인용해 론스타에게 은행을 넘기는 근거자료로 사용하는 모습도 보인다.[25] 론스타 재판과정에서는 론스타와 김·장 사이에 로비대금을 흥정하는 이메일을 주고받는 정황도 포착된다.[26] 결국 론스타는 외환은행 인수를 위해 고위공직자 출신의 막강한 고문과 인력들이 즐비하게 포진해 있는 김·장을 법률대리인으로 선정했고, 김·장은 이들을 매개로 불법매각을 위한 로비를 전개했던 것이다.

공정한 법의 집행을 책임져야 하는 사법 관료들의 행태 또한 어느 누구 못지 않다. 경제개혁연대가 2000년 1월부터 2007년 6월까지 특정경제가중처벌법상의 배임·횡령 혐의로 기소된 기업인들에 대한 판결을 분석한 바에 따르면, 1심의 집행유예 선고 비율은 무려 83.9%로 형법상 일반 횡령·배임죄 41.9%에 비해 압도적으로 높은 것으로 나타났다. 얼마 전 대법원은 안기부 X파일에 나오는 삼성로비 떡값검사 명단을 공개한 죄목으로 기소당한 노회찬 전 의원에게 유죄를 인정하고 파기 환송했는데, 그 이유가 사건이 공개시점으로부터 8년이 지났기 때문에 비상한 공적 관심의 대상이 되지 않는다는 것이었다. 그러면서도 최근 법원은 건설업자로부터 접대를 받아 '스폰서 검사'로 불렸던 한승철 전 검사장에게는 무죄를 선고했는데, 검사가 기업과 유착한 사건은 직무 관련성과 청탁의 대가성이 없다는 등 온갖 논리를 동원해 면죄부를 준 것이다.

이명박 정부에 들어서 국가사유화의 흐름은 급물살을 탔다. 국가는 그 주인인 국민의 통제를 한참 벗어나 사유화된 억압기구로 전락했다. 국가정보원, 기무사 등에 의한 각종 불법적 민간인 사찰 등이 다반사로 이루어졌다. '대운하 반대교수모임' 교수 사찰, BBK 사건 담당 재판부 압력 시도, 시민·사회단체 후원기업 자료요구, 노동부 국정감사 사찰, KBS 후임 사장논의 등 언론정책관여, 종교대책회의 참여, 환경영화제 지원 중단 개입, 희망제작소 아름다운 가게 활동 개입, 조계사 경내 행사 취소 개입 등 국정원의 위헌·불법 활동은 그 손길이 미치지 않는 곳이 없을 정도였다. 기무사도 불법적인 민간사찰을 해온 것이 드러났다. 민주노동당이 증거로 입수한 기무사 소속의 군인 S 씨의 수첩에는 민주노동당 당직자를 포함해 민간인들을 광범위하게 사찰해온 내용이 세세하게 적혀 있었다. 급기야는 국무총리실의 공직윤리지원관실까지 민간인 사찰에 나섰는데, 공직윤리지원관실은 민간인의 이메일을 무단으로 열어보고 생업을 파탄시키는가 하면, 정부 부처 공무원들을 불법사찰하고 심지어는 여당 의원들에 대해서도 사찰해 약점을 잡으려 했다.

3. 한국 사회의 성격을 둘러싼 논쟁적인 문제

특권과두체제와 신자유주의의 관계

한국의 많은 진보주의자들은 한국 사회의 가장 본질적인 문제를 신자유주의라고 규정한다. '승자독식의 삭막한 경쟁지상주의' 혹은 '시장만능주의'로도 불리는 신자유주의야말로 오늘날 한국 사회에 극심한 민생불안과 양극화를 가져온 주범이라는 것이다. 그래서 많은 진보주의자들은 신자유주의를 반대하느냐 아니냐를 진보와 보수를 가르는 기준으로 삼으려고 한다. 가령 복지국가소사이어티를 이끌고 있는 이상이 교수는 "신자유주의야말로 우리 사회를 특징짓는 핵심 키워드다"라고 하면서, "지역주의와 각종 연고주의, 그리고 특권과 반칙 등 일반민주주의의 과제들이 신자유주의의 기본모순 위에 남아 있으나, 이는 신자유주의라는 문제의 본류에 비하면 지극히 부분적이며 비본질적인 것"이라고 주장한다.

그런데 이처럼 신자유주의를 한국 사회의 근원적 문제로 보는 관점들 사이에서도 신자유주의가 구체적으로 무엇인가라는 질문에 이르면 다 똑같지는 않다. 어떤 사람들은 신자유주의를 세계화 자체와 동일시하고, 또 어떤 사람들은 시장경제와 동일시하기도 한다. 하지만 신자유주의를 세계화나 시장경제 자체와 동일시하는 관점은 명백한 오류이다. 세계화란 사람, 물자, 지식, 기술, 문화 등이 국경을 넘어 세계적인 단일 장소에서 강하고 빠르게 상호 연결되고 상호 의존해가는 흐름을 뜻하는 개념이다. 세계화 현상은 1980년대 초반 이후 급속도로 전개되기 시작했는데, 그것의 직접적 계기는 미국의 레이건 정부가 새로운 국제패권질서 구상의 일환에서 비롯되었다. 즉 미국은 자국이 우위를 점하고 있는 금융과 서비스산업의 헤게모니체제를 확립하기 위해서 시장주의 논리를 앞세워 세계 각국에 개방을 촉구하며 압력을 행사할 때부터 가장 주요하게 촉발되었다. 그에 따라 국가 간 무역과 초국적기업의 활동이 비약적으로 증가했고, 세계금융시장의 거대화와 통합이 심화되는 한편, 이와 함께 국경을 뛰어넘는 정보·통신·방송의 흐름이 크게 확대되었다. 특히 이 과정에서 부상한 시장주의의 논리와 정책은 국내외적으로 사회적 강자의 이익에 주로 부합되었기 때문에 빈부격차를 심화시키는 기제로 작용했다. 이 때문에 좌파세력과 노동운동진영은 세계화를 자본의 논리를 대변하는 신자유주의라며 강하게 비판해왔다.

세계화가 본격적으로 이루어지게 된 계기가 미국의 패권 구상과 신자유주의의 논리가 가장 중요하게 작용했다는 지적은 타당하다. 그러나 세계화가 전적으로 신자유주의의 창조물인 것은 아니다. 세계화는 신자유주의와는 별도로 교통·정보·통신기술의 혁명에 기반을 두고 전개되어왔다. 예를 들어 소프트웨어, 컴퓨터, 디지털 미디어, 인터넷, 이동통신 등의 기술 발전은 20년도 채 안 되는 기간에 인류의 약 20%에 이르는 사람들의 중추신경 시스템이 하루 24시간 광속으로 연결될 수 있도록 만들었다. 혁명적인 신기술은 우리의 공간 및 시간에 대한 인식을 근본적으로 변화시켰다.[27] 이를 통해 우리는 세계적인 차원에서 인적·물적 자원의 네트워크를 조직함으로써 비약적인 생산성의 향상을 도모할 수 있게 되었다.

세계화는 세계적 범위에서 활동하는 자본만을 탄생시킨 것이 아니라, 범세계적 수준에서 활동하는 수많은 협동 조직들도 탄생시켰다. 예를 들어 금세기 초에 약 20개의 국제적 정부조직들과 180개의 초국가적 비정부조직(NGOs)이 있었으나, 20세기 말에 전자는 300여 개, 후자는 5,000여 개로 늘어났다. 이미 범세계적 관할이 이루어지고 범세계적 시민사회가 형성된 것이다.[28] 따라서 세계화와 신자유주의는 역사적으로 서로 깊게 융합되어 있지만 양자가 동일시될 수 있는 관계는 아니다. 『유러피언 드림(European Dream)』이라는 책의 저자 제레미 리프킨은 통신혁명을 바탕으로 생겨난 세계화된 네트워크 경제는 시장경제의 메커니즘과 근본적으로 성격이 다르다고 말한다. 시장은 판매자와 구매자가 짧은 시간에 만나 상품과 용역을 교환하고 헤어지지만, 네트워크 경제에서는 판매자와 구매자의 거래관계가 오랫동안 지속된다. 또 시장은 속성상 다른 사람의 이익을 희생시켜 자기 이익을 극대화하는 적대적인 공공장소이지만, 네트워크에서는 상호호혜와 신뢰가 필수적인 조건이 된다는 것이다.[29] 이렇게 세계화는 신자유주의보다 훨씬 넓은 개념인 것이다.

세계화가 신자유주의의 이데올로기와 융합되어 있음에도 매우 빠르게 확산될 수 있었던 원인을 미국이 갖고 있는 무소불위의 힘으로 돌릴 수는 없다. 만약에 그것이 단순히 미국과 일부 서방 국가들의 패권적 음모의 결과에 지나지 않는다면 아마 오래 지속되지 못하고 소멸했을 것이다. 세계의 급진좌파세력들이 반세계화투쟁을 극렬하게 벌여왔음에도, 지구상의 다수의 좌파 진보세력들이 세계화를 수용하고 신자유주의와 일정하게 타협해왔던 이유를 잘 살펴야 한다. 세계화는 미국을 비롯한 강대국들의 초국적 자본에 의한 지배력을 엄청나게 강화시키기도 했지만, 세계화의 과실이 한국, 대만, 홍콩, 싱가포르 등은 물론이고, 중국, 말레이시아, 인도네시아, 태국, 인도 등의 개발도상국들과 그 국민들에게도 막대하게 배분되었다는 사실을 상기할 필요가 있다.

다음으로 신자유주의를 시장경제 일반과 동일시하는 것도 오류이다. 오늘날 극단적 좌파가 아니라면 시장제도 자체를 통째로 거부하는 집단은 존재하지 않는다. 노벨경제학상 수상자인 센(Amartya Sen)이 말한 것처럼, "시장과 시장에 의존하는 생산 조건을 이용하지 않고서 상류사회 생활 이상의 광범위한 번영을 누린 경제는 역사상 존재하지 않는다. 시장 관계가 제공하는 교환 및 전문화의 기회를 폭넓게 사용하지 않고서 전반적인 경제번영을 누리기란 불가능하다는 결론을 어렵지 않게 내릴 수 있다".[30] 20세기에 들어서 시장에 대한 해석을 놓고 케인스와 하이에크가 갈라졌듯이, 문제는 어떤 시장을 추구하느냐에 따라 진보와 보수로 갈라진다는 사실이다. 오늘날 정치경제학자들은 시장경제의 발전모델을 여러 가지 유형으로 나누어 제시하고 있다. 예를 들어 홀(Peter Hall)과 소스키스(David Soskice) 같은 학자들은 자유시장경제와 조정적 시장경제로 구분하고 있고, 에빙하우스(Bernhard Ebbinghaus) 같은 이는 노르딕, 중유럽, 남유럽, 앵글로색슨 모델로 시장경제를 각각 유형화하고 있다. 그런데 이런 모델들은 시장경제를 공통의 기반으로 하지만 신자유주의와의 관계에서 편차가 다양하다. 이념적으로 북유럽 경제모델은 사민주의 모델에 가깝고, 앵글로 색슨 경제모델은 신자유주의 모델에 가깝다.

하지만 이것조차도 그렇게 일률적이지는 않다. 왜냐하면 신자유주의의 요소가 많이 들어왔다고 해서 반드시 사회양극화나 노동의 권리 파괴가 그에 비례해서 나타나지 않기 때문이다. 예를 들어 덴마크는 기업주가 노동자를 언제든지 해고할 수 있도록 해 '해고의 자유 천국'이라고까지 불리지만, 국가가 개인에게 노동시장이 요구하는 숙련과 지식을 새로 갖출 때까지 재교육을 해주고 안정적 수준의 실업수당을 제공하기 때문에 노동자들이 이를 쉽게 수용할 수 있어 산업혁신과 기업혁신이 세계 최고 수준이다. 또 임금격차는 다른 어느 나라에 비해서도 매우 작은 수준이다. 네덜란드의 경우 노동시장이 매우 유연화되어 있어 비정규직 비율이 유럽에서 제일 높은 수준인데도, 동일노동 동일임금의 원칙을 철저하게 견지함으로써 유럽에서 가장 평등한 소득분배 상태를 달성하고 있다. 또 브라질의 경우는 중도좌파인 노동당의 룰라가 집권해 인플레이션 억제와 고금리 유지를 골자로 한 워싱턴 및 IMF와의 합의사항을 준수 이행하고 기업 감세를 추진하는 등 신자유주의에 굴복했다는 비난을 듣기도 하지만, 1,000만 개 이상의 일자리를 창출하고 노동자들의 실질소득을 두

배로 늘렸으며 빈곤층의 규모를 획기적으로 줄였다.

이처럼 신자유주의의 경제적 수용에 비례해 사회양극화 같은 사회문제가 나타나지 않는 이유는 각 나라가 정치경제제도의 다양한 조절을 통해 신자유주의의 영향을 중화시키고, 나아가서는 신자유주의 세계화의 메커니즘을 역이용해 장점으로 만들었기 때문이다. 신자유주의는 시장의 원리를 사회 전반에 강화시키면서 동시에 시장을 규율하는 외적 제도들을 철폐하는 것, 즉 시장만능주의라고 정의할 수 있을 것이다. 그리고 이 시장만능주의는 확실히 노동과 사회약자에 대한 각종 보호 장치를 파괴해 양극화를 심화시키는 작용을 한다. 그러나 신자유주의가 모든 사회적 구성 요소의 상위에 서서 절대적 철의 법칙으로 군림하는 것은 아니며, 단지 하나의 경향으로 작동할 뿐이다. 우리는 신자유주의를 대표할 수 있는 정책으로 규제완화, 민영화, 개방, 작은 정부 등을 꼽는다. 하지만 그러한 정책들이 특정한 방향으로 고정된 하나의 효과를 갖는 것은 아니다. 가령 규제완화의 경우 사회의 가치 이동에 따라 그 해석적 함의가 다양하게 변화할 수 있다. 어느 상황에서는 봉건규제나 중상주의 규제가 지배적이었다가, 자본주의적 재산권의 자유를 보호하는 규제로 옮겨가고, 그러다가 재산권의 자유를 제약하는 규제, 이를테면 반독점규제로 옮겨가는 것이 그것이다. 따라서 규제란 노무현 전 대통령이 잘 간파했듯이 "사회적 권력 투쟁"[31]의 공간인 것이다.

이런 사실들은 신자유주의 이데올로기가 갖고 있는 내적 균열 가능성을 시사해준다. 신자유주의는 용어 자체에도 내재되어 있지만, 기본적으로 자유주의의 이념적·정치적 토양 위에서 발전해왔다는 사실을 상기할 필요가 있다. 신자유주의는 시장에 대한 믿음을 전제로 규제완화와 개방을 통해 기업 활동을 자유화하고 공기업을 민영화해 국가의 경제적 역할을 축소하는 것, 거시정책에서 인플레이션 통제를 우선시하는 통화정책과 건전재정주의를 내세운 재정정책, 그리고 복지 및 노동보호 정책을 축소함으로써 노동규율을 강화하는 것을 특징으로 한다. 그런데 이러한 신자유주의가 단순한 반동과 구별되는 점은 최소한의 견제와 균형, 기회균등, 법치라는 자유주의적 원리들을 반동적 목적과 결부시키는 방식에 있다. 이 같은 자유주의의 요소들은 케인스주의 및 복지국가의 실패가 비판의 초점이 되어 있는 조건에서는 견제와 균형을 복원한다는 명분 아래 사회의 여러 계급·계층을 신자유주의 프로젝트에 통합하면서 자본가와 특권계층의 이익을 강화하는 도구로 기능한다.

하지만 그런 만큼 동일한 자유주의의 요소가 어떤 조건에서는 독점과 특권 그리고 극단적 불균형의 시정을 요구하는 공간으로 전화되어나갈 수 있는 잠재성을 갖는다. 이는 신자유주의가 기본적으로 노동과 자본 및 국가들 사이의 역학관계의 산물이고, 제숍(Bob Jessop)이라는 학자의 표현을 빌리면 다양한 이질적 사회세력들이 참여해 치열하게 투쟁하는 전략-관계의 공간이라는 것을 의미한다.[32] 비교정치경제학의 관점에서 보았을 때, 세계적으로 신자유주의의 발현 양식이 매우 판이하게 나타나는 것도 이와 무관하지 않다. 예를 들어 신자유주의 유형 속에는 대처·레이건 같은 신보수주의, 블레어·클린턴·슈뢰더·룰라 같은 지유·진보주의, 페루 후지모리·아르헨티나 메넴 같은 반동적 급진주의의 다양한 형태가 존재한다. 그리고 그런 차이가 내포하는 정치적 의미는 결코 작지 않은데, 이것의 함의는 사회의 모든 문제를 신자유주의에 환원해서 보면 안 된다는 것이다.

사실 한국 사회는 다른 OECD 평균적 국가들과 비교해서도 비정규직 비율이 두 배 이상 많고, 사회양극화 진행 속도가 전례 없이 빠르게 진행되어왔다. 한국, 미국, 일본의 중소기업과 대기업 사업체 수의 변동 추이를 비교해볼 때, 신자유주의의 종주국인 미국은 대기업 사업체와 중소기업 사업체 수가 모두 증가했고 일본은 모두 감소했으며, 한국은 중소기업 사업체 수는 늘고 대기업

사업체 수는 대폭 줄었다. 또한 중소기업의 고용비중은 일본, 미국, 영국에서 꾸준히 유지되고 있는 반면 한국에서는 급속히 늘고 있다.[33] 이 같은 구조적 차이의 특성은 한국의 급속한 양극화 현상과 매우 밀접한 관련성을 갖는다. 그러나 그 원인이 신자유주의가 다른 나라들보다 더 급속히, 더 많이 들어왔기 때문은 아니다.

또 다른 예로 우리는 프랑스와 한국을 비교해볼 수도 있다. 프랑스는 노동조합조직률이 한국과 거의 비슷한 수준이지만 협약적용률이 90%나 된다.[34] 이는 힘 있는 조직노동이 전체 노동자의 요구를 대변하고 주도한다는 것을 의미한다. 한국처럼 조직노동이 자기 부문만의 이익을 배타적으로 대변하지 않는다는 것이다. 그래서 실제로 프랑스의 전반적인 임금격차는 한국과는 달리 아주 작다. 이런 차이는 꼭 신자유주의가 많고 적음에 따라서 오는 차이가 아니다. 프랑스 역시 1980년대 중반 이후로 사회당 정부 아래서 점진적인 신자유주의의 수용과 복지개혁 정책을 펼치다가, 우파 정부가 들어선 이후 신자유주의 개혁이 급물살을 타고 진행되었다. 그리고 우파 정부의 민영화 개혁 시도에 맞서 공공부문을 중심으로 조직노동자들의 격렬한 파업이 일어나곤 했다. 그 후 프랑스는 좌파 내각과 우파 정부가 번갈아 가며 집권했지만 큰 틀에서 신자유주의는 완급을 달리하면서 관철되어왔다. 그럼에도 프랑스에서는 노동시장 내부에서의 과도한 임금격차로 나타나지 않고, 신자유주의 파괴적 영향력이 치명적으로 작용하지도 않았던 것이다.

그러므로 한국 사회의 양극화 현상을 신자유주의의 폐단으로 환원해서 보는 것은 너무 단편적인 시각이다. 신자유주의가 사회양극화 경향을 촉진한다는 것은 분명한 사실이다. 신자유주의는 시장에서의 경쟁을 지상주의로 부르짖지만 실제로는 패자부활전을 완벽하게 제거해버림으로써 결과적으로는 승자들의 과점체제를 낳게 되는 양면적 얼굴을 갖고 있다. 그러나 한국 사회의 문제를 신자유주의로 뭉뚱그려서는 안 된다. 신자유주의를 수용한다고 해서 사회가 반드시 피폐될 수밖에 없는 것은 아니며, 오히려 더 중요한 변수는 신자유주의의 영향력을 조절하는 정치경제적 제도가 조직되어 있느냐, 그리고 이를 뒷받침하는 정치적 역학구조 — 이를테면 유권자의 투표성향 — 가 작용하고 있느냐 하는 문제인 것이다. 아마르티아 센은 "시장은 홀로 작동하지 않는다. 경제적 자원과 소유권의 분배를 포함해서 시장을 통제하는 조건들과 무관하게 존재하는 '시장의 결과'는 없다. 국가 내부적으로나 세계적으로 작동하는 정치적·사회적·경제적 제도에 결정적으로 의존한다"고 말한다. 이 말 속에는 신자유주의에 대한 대응 전략도 핵심 요소가 반세계화나 반신자유주의에 있지 않다는 점을 시사해준다.

좋은 경쟁은 건전하면서도 치열하다. 협력과 경쟁은 결코 이분법적인 대립관계에 있는 것이 아니다. 세계화와 개방은 고임금, 일자리, 부를 증대시키는 데 충분조건은 아니지만 필수불가결한 조건이다. 그런데 문제는 세계화와 개방의 요소들이 신자유주의와 많이 뒤섞여 있고, 이를 분리해서 어떤 부분은 받아들이고 다른 어떤 부분은 버리는 식으로 할 수가 없다는 것이다. 현실적으로 신자유주의에 대해서 어느 정도 유연한 태도를 취할 수밖에 없는 이유가 바로 이것이다. 보통 좌파에 속하는 많은 사람들은 일자리를 지키거나 임금 등을 보전하고, 사회적 약자를 빈곤의 늪에 빠지지 않도록 하기 위해서는 경쟁을 제한해야 한다는 전제로부터 시작한다. 그러나 경쟁을 제한하고 변화의 속도를 늦추는 것으로는 일자리가 없어지는 속도를 줄일 수 있을지는 모르지만 새로운 일자리를 창출하는 속도를 빠르게 할 수는 없다.

신자유주의의 극복은 반신자유주의에 있는 것이 아니라, 국가와 사회제도의 역할에 달려 있다. 신자유주의에 반신자유주의로 대응하는 것은 경제주의적 전략이다. 세계화 시대에 국내의 소득 불평등이 증가한 나라들과 그렇지 않은 나라들의 차이는 시사해주는 바가 많다. 전자에 해당하는 나라들은 미국·영국·일본·한국 등으로, 이 나라들은 전통적으로 작은 정부를 추구해왔거나 불평등 현상에 대해 적극적 개입을 회피해왔다는 공통점이 있다. 반면에 유럽의 복지국가들은 세계화 시대에도 여전히 불평등 심화 추세를 보이지 않고 있다. 이는 이 나라들이 반신자유주의를 했기 때문이 아니다. 그들은 오히려 수출 의존적이고 개방적인 경제를 추구해왔는데, 그럼에도 이 나라들이 상대적으로 지속적이고 안정적인 경제성장을 이루어낸 데는 국가가 적절한 역할 수행을 통해 대외적 환경 변화에 적극적으로 대응할 수 있었기 때문이다. 이는 시대적 추세와 맞물려 떨어진다. 세계적으로 유명한 경제학자 로드릭(Daniel Rodrik)은 세계화와 복지국가가 동전의 앞뒷면과 같은 것이라고 말한다. 그에 의하면, 국제적 경제통합이 증진된 것과 궤를 같이해 GDP 대비 정부예산의 규모는 지속적으로 커졌다는 것이다.[35]

공평국가론의 한국 사회 진단에 대한 검토

신자유주의라는 개념을 통해 한국 사회를 진단하는 관점과는 달리 공평 혹은 공정이라는 개념을 통해 한국 사회의 문제를 진단하는 사람들이 있다. 이들은 한국 사회의 문제의 근원과 관련해 신자유주의보다는 "개발국가와 분단 냉전의 유산"이라는 관점에서 접근한다. 가령 사회디자인연구소의 김대호는 "세간에 관료와 기업과 이익집단이 결탁한 마피아(재정경제부, 국토해양부, 교육부, 보건복지부, 국세청, 검찰 등)에 대한 전설이 떠도는 것은 관료가 쥐고 있는 유·무형의 규제권과 재정할당권이 지역, 산업, 기업, 개인의 명운을 결정적으로 좌지우지하기 때문"이라고 하면서, "관료나 국가에 대한 관심과 의심을 규제완화, 민영화, 개방화, 복지약화 등으로 좁혀버린 신자유주의 프레임은 한국 진보의 이념·정책적 혼미와 지적 나태의 기념비"라고 말한다. 그 같은 현상의 이면에 작동하는 본질적 문제의 핵심은 바로 "정당의 후진성, 선거법의 비합리성, 사법시스템의 후진성" 같은 후진성이라는 것이다. 따라서 한국은 "너무 많은 것을 자유 시장에 맡긴 사회"도, "승자독식·과식 사회"도 아닌, 불공정·반칙·변칙의 사회라는 것이다.[36]

이들은 노동시장 유연화에 대해서 제도와 정책의 문제가 아니라 기업들이 중장기적 생존을 장담할 수 없고, 결정적으로는 외환위기와 중국의 비상, 급속한 지식정보화 등에 의한 것이라고 말한다. 비정규직 문제도 외환위기 이후 새로이 제·개정된 노동관련 법·제도로 인해 폭증한 것이 아니라, 불확실성이 증가한 기업환경과 한국 특유의 노동 문화와 관련이 있다는 것이다. 비정규직이 첨예한 사회 문제가 되는 것도 신자유주의 탓이라기보다는 "공정한 경쟁과 공평한 상벌체계를 구현해야 할 공공적 존재들이 약하다 보니 보수와 진보 가릴 것 없이 모든 힘 있는 존재들이 자신의 기여, 부담, 의무에 비해 훨씬 많은 권리, 이익, 혜택을 누리려는 도적정치, 화전민정치의 행태"에서 비롯했다고 보는 것이다.[37] 그래서 경제 환경의 급속한 부침에 대한 대응으로부터 나타난 노동시장 유연화는 대체로 불가항력일 뿐만 아니라 국가의 생존과 발전의 불가결한 조건이기도 하다는 식으로 인식한다.

공평론자들의 이러한 진단은 신자유주의 프레임이 놓친 국가의 공적 역할에 대한 관심을 환기시킨다는 점에서 주목할 만한 요소를 갖고 있다. 또한 신자유주의 이전에 아직도 제대로 청산하지 못하고 사회 발전에 커다란 질곡이 되고 있는 개발주의의 유산을 거론하고 있다는 점에서도 의미가 있다. 하지만 이들의 논리 속에는 다음과 같은 몇 가지 중대한 결함이 내재되어 있다.

첫째, 신자유주의의 영향을 지나치게 과소평가하고 있다는 점이다. 공평론자들의 진단처럼 공정한 경쟁과 공평한 상벌체계의 부재라는 현상을 신자유주의와 완전히 분리해서 파악한다고 했을 때, 한국 사회의 불공정·불공평 현상을 설명할 수 있는 요인은 대개 개발국가와 분단 냉전의 유산일 것이다. 그런데 그 같은 요인은 족히 50년 이상 지속되어온 문제이다. 그렇다면 외환위기를 전후로 해서 비정규직 등의 문제가 급속히 대두한 현상을 어떻게 해석해야 하는가라는 의문이 들지 않을 수 없다. 단순히 지구적 경제 환경이 변화되어 오랫동안 존재해온 불공평 시스템이 지금까지와는 전혀 다른 방식으로 작동하기 시작했다고 말하는 것은 설명력이 약한 논리이다. 지구적 경제 환경의 변화는 결코 단순한 외적 환경인 것만은 아니다. 단순히 불확실성이 증대한 수준의 문제만도 아니다.

지구적 경제 환경의 변화란 초유의 거대한 경쟁 압력과 그에 따른 일자리의 불안정, 빈부격차의 심화 같은 신자유주의의 문제이다. 신자유주의가 세계적 현상이고 정도의 차이는 있을지언정 지구상 곳곳에서 고용불안과 양극화를 유발하고 있다는 것을 부인할 수는 없다. 신자유주의는 세계 어느 곳에서나 소수 대기업과 상위층의 독점구조 강화, 비정규직 양산과 노조의 약화, 대기업의 아웃소싱과 보수적 투자에 의한 고용 없는 성장, 금융시장에서의 자산격차 확대 등 경제와 사회의 양극화를 촉진하는 공통적 경향을 내재해왔다.[38] 한국 사회 역시 신자유주의의 거센 물결에서 결코 예외가 아니다. 최근 인건비와 세금이 싸고, 노동 통제가 용이한 필리핀으로 생산설비를 이전하면서 국내 공장을 폐쇄하고 정리해고를 단행해 사회적 논란이 된 한진중공업사태도 신자유주의에서 파생한 문제이다.

그런데도 이를 공평론자들처럼 기업환경의 변화로 수용해야 한다는 쪽으로 주장하는 것은 옳지 않다. 물론 노동자들이 배수진을 치고 죽기 살기로 투쟁하는 것이 꼭 좋은 전략이라고 얘기할 수는 없겠지만, 다른 한편으로 만약 공평론자들의 주장대로 한다면 자본은 경영혁신을 통해서 생산을 고도화하고 고용을 유지하기 위한 기업 차원의 노력을 전혀 기울이지 않고 오직 특권지대를 찾아 생산설비를 이전하는 쪽으로 나아갈 것이며, 이는 국가경제 전체적으로도 불행한 일이 될 것이다. 마찬가지로 외환위기의 와중에서 도입된 비정규직 관련 법제들도 결과적으로 노사 간 역관계의 균형이 깨지면서 자본이 혁신보다는 노동자에게 비용을 전가하는 쪽으로 나아가게 만들어 국가경제 전체의 순환구조를 왜곡시켰다. 따라서 우리 사회의 비정규직 문제가 신자유주의 문제와 별개라는 식으로 말하는 공평론자들의 논리는 선뜻 이해하기 어려운 데가 많은 것이다.

둘째로 공평론자들은 신자유주의에 의한 과잉경쟁의 폐해를 역설하는 주장에 맞서기 위해 한국 사회에는 과잉경쟁의 문제만이 아니라 과소경쟁의 문제가 존재하는데, 후자가 오히려 더 심각한 문제라고 말한다. 그러나 한국 사회에서 과잉경쟁과 과소경쟁의 영역을 지나치게 기계적으로 분리해서 보려는 시도는 잘못된 접근이다. 신자유주의가 시장만능 경쟁지상주의의 이데올로기라고 해서 과잉경쟁의 메커니즘만 있다고 생각해서는 안 된다. 신자유주의는 만인 대 만인의 투쟁이라는 무한경쟁을 지향하고 결코 공정한 협력과 경쟁을 지향하는 것이 아니기 때문에 그 결과는 항상 과점 내지 독점을 지향하도록 되어 있다. 신자유주의의 대표적 정책의 하나인 감세정책의 원래 의도는 기업이 무제한적 자유를 누리도록 하자는 것이 아니라 정부라는 괴물을 억제하자는 것이었음에도 실제로는 시장의 건전한 작동에 필수적인 정책을 집행할 정부의 능력을 잠식함으로써 오히려 열린 무역과 활력 넘치는 시장, 건전한 경쟁을 저해한다.[39] 그런 점에서 신자유주의에서 과잉경쟁과 과소경쟁은 동전의 양면인 것이다.

바로 이런 신자유주의의 양면성은 보호와 특혜의 집중을 핵심으로 하는 개발국가의 유산과 상통하고 융합할 수 있게 된다. 물론 양자 사이에 긴장구조가 전혀 없는 것은 아니다. 신자유주의의 논리를 내세운 초국적 자본은 얼마 전까지 동아시아 개발국가 체제를 정실자본주의라고 꾸준히 공격해왔다. 그러나 양자는 어느 단계에서는 긴장보다는 이해의 공생관계를 구축하게 되는데, 한국에서도 이제는 신자유주의 문제와 개발국가 문제를 엄격하게 분리해서 보는 것이 무의미해졌다. 이 둘은 갑을관계가 불분명할 정도로 철저하게 유착되고 상호 융합되었다.

셋째, 공평론자들은 공정한 경쟁과 공평한 상벌체계를 구현해야 할 공공적 국가의 문제를 중요하게 지적하고 있지만 이를 심층적으로 분석할 장치는 결여되어 있다. 공평론자들은 신자유주의는 전 세계적 현상인데 왜 한국만 유별나게 빠르게 격차가 커졌냐고 묻는다. 그리고 그것은 신자유주의의 문제가 아니라 한국 사회의 독특한 후진성 탓이라고 주장한다. 그렇다면 과연 한국 사회의 독특한 후진성이란 것이 무엇일까? 그들은 불공정한 경쟁과 불공평한 상벌체계라고 말한다. 그렇다면 그것이 발생하게 된 근원적 원인은 무엇일까? 그러나 공평론은 이 지점에서 이 이상 깊이 파고들어가지 않는다. 국가의 공공적 기능이 어떻게 해서 허물어지게 되었는지, 민주화와 세계화 이전과 이후의 국가는 어떻게 달라졌는지, 그것이 특권, 특혜, 반칙 현상, 나아가 사회양극화의 급속한 심화 현상과는 어떤 관계가 있는지에 대해서 피상적 결과만을 주목할 뿐, 근원적 요인에 대한 심층적인 분석을 가하지 않는다.

공평론자들은 한국 사회의 독특한 후진성이 개발국가와 분단냉전의 유산에서 비롯되었다고 말하는 듯하다. 그러나 한국 사회의 불공정·불공평은 개발국가의 현상이라고만 볼 수 없다. 여기에는 기존 개발국가의 문제에 더해 민주화와 세계화 이후 국가와 자본의 역관계가 변동하면서 생긴 새로운 현상이 복합되어 있다. 민주화와 세계화 이전에 국가는 점차 약화되어왔지만 적어도 자본에 대해 힘의 우위를 유지하고 있었다. 그러나 민주화 이후 국가는 자본에 대해 강압적 관치 개입을 지속하기 힘들어졌고, 세계화를 받아들이면서 국가의 정책수단은 더욱 제약되었다. 그 대신에 경제력 집중으로 몸집이 커진 재벌 대기업들이 국내외 금융자본, 보수적 언론자본, 전문가 엘리트들과 유착해 국가를 역으로 포위하고 압박하는 현상이 심화했다. 급기야는 국가의 정치·관료엘리트집단까지 새로운 지배동맹의 일원으로 끌어들여 국가를 사익의 도구로 전락시켰다. 바로 이런 요인이 한국 사회에서 일자리와 양극화 문제를 유별나게 심화시켰다. 그런데 공평론자들은 특권지배집단에 의한 국가의 포획 문제를 정확하게 지적하지 않는다. 그 대신에 국가의 공공적 기능이 약해지면서 생긴 결과론적 현상에 주로 집중해 보수와 진보 모두를 가리지 않고 무차별 질타한다.

넷째, 공평론자들은 이상과 같은 인식 논리에 입각해 사회 문제의 해결 대안을 제시하다보니 극단적이고 편중적인 대안이 나오게 된다. 이들이 집중하는 사회 문제의 해결 방법은 과잉경쟁보다는 과소경쟁에 의한 과도한 격차를 해소하는 것이다. 신자유주의 반대론자들의 대안 전략이 과잉경쟁을 제한해서 양극화를 해소하는 것이라면, 공평론자들의 대안 전략은 반대로 과소경쟁 영역에 존재하는 과잉보호의 규제를 제거하고 시장과 경쟁을 촉진하는 것이다.

그러다 보니 공평론자들의 주장은 종종 신자유주의 예찬론으로 흐르는 경향이 있다. 노동에 대한 정리해고나 재벌에 대한 규제완화에 대해서 침묵하거나 긍정하는 태도를 취하게 된다. 예를 들어 공평론자의 범주에 넣어도 될 것 같은 최용식 21세기경제연구소 소장과 같은 사람은 심지어 1990년대 경제난을 겪었던 나라들 중에서 누가 더 강력한 신자유주의를 펼쳤느냐에 따라서 경제적 성과의 우수성이 결정되었다고 말하기도 한다. 이런 연장선상에서 나타나는 더 심각한 문제는 공평국가론이 타도의 대상으로 삼는 도적정치, 화전민 정치의 과녁이 재벌이나 보수 관료와 같은 특권층이 아니라 대기업과 공공부문의 정규직 근로자들이라는 것이다. 그래서 결과적으로는 이들은 자신의 주장의 지향성을 진보주의라고 말하지만 사실상 수구언론의 주장을 재현하는 것일 뿐이라는 것이다.

주

1 그들은 자리를 옮겨가며 서로 밀어주고 당겨주는 방식으로 이권을 공유·배분하면서 끈끈한 카르텔을 형성하고 있다. '삼성공화국', '현대차공화국', '검찰공화국'이니 하는 유행어들은 그것을 대중적 담론형태로 가장 잘 표현해주는 용어라고 할 수 있다.
2 이성형, 『라틴아메리카: 영원한 위기의 경제』(역사비평사, 2002), 17쪽.
3 같은 책, 16쪽.
4 같은 책, 17쪽.
5 윌리엄 번스타인, 『부의 탄생』, 김현구 옮김(시아출판사, 2005), 473~474쪽.
6 그런 점에서 노무현 정부는 국가질서를 민주적이고 자유주의적으로 개조하려고 했던 실질적인 최초의 진보정부였다.
7 이근, 「이명박 정부와 신자유주의」, 『신자유주의 대안론: 신자유주의 혹은 시장만능주의 넘어서기』(창비, 2009), 149쪽.
8 같은 책, 149쪽.
9 장상환, "재벌지배사회, 어떻게 할 것인가", ≪경향신문≫, 2011년 1월 14일.
10 ≪한겨레≫, 2011년 6월 30일.
11 "재벌가 자녀들의 땅 짚고 경영하기", ≪한겨레21≫, 856호, 2011년 4월 18일.
12 이에 대해 삼성은 비자금과 분식회계의 존재를 부인했고, 차명계좌는 구조조정본부 시절 동료의 부탁으로 만든 것이며, 검찰과 법원에 대한 로비도 근거 없다고 말하고 있다. 또 제시된 문건의 내용도 단지 검토하는 차원이었으며, 기업 법무실에서 수사를 방해하거나 위증 교사한 적 없고, 에버랜드 재판 담당 판사에 30억 원을 가져다주라고 했다는 지시도 사실관계가 맞지 않다고 주장했다.
13 "한국은 재벌공화국인가", ≪프레시안≫, 2011.5.6.
14 같은 글.
15 장화식, 「투기자본-로펌-관료의 삼각동맹」, ≪시민과세계≫, 12호(2007 하반기), 63쪽.
16 풋백옵션이란 매각 이후 3년 동안 발생하는 모든 부실여신에 대해 정부가 손실을 보전해주는 것이고, 드래그 얼롱이란 최대주주가 일정 지분 이상을 매각할 때 매입자가 요구할 경우 2대나 3대 주주까지 동일한 조건으로 팔아야 하는 계약을 말한다.
17 박태견, "해외자본 '한국점령' 명세서", ≪신동아≫, 6월호(1999).
18 배당성향은 당기순이익에 대한 현금배당액의 비율로 배당지급률, 사외분배율이라고도 한다. 이 비율은 배당금 지급능력을 나타내는 지표로, 높으면 높을수록 배당금 지

급비율이 크다는 것을 나타낸다.
19 지주형, 『한국 신자유주의의 기원과 형성』(책세상, 2011), 354쪽.
20 조영철, 『금융세계화와 한국경제의 진로: 민주적 시장경제의 길』(후마니타스, 2007), 312쪽.
21 정대영, 『한국경제의 미필적 고의』(한울, 2011), 201쪽.
22 이정환, 「론스타 사태를 해부한다」, 『세계화시대 한국 자본주의: 진단과 대안』(한울, 2010), 514쪽.
23 김순영, 「민주화와 재벌중심의 경제체제」, ≪계간 광장≫, 11호(2011), 125~126쪽.
24 ≪한겨레≫, 2011년 6월 30일.
25 이정환, 「론스타 사태를 해부한다」, 505쪽.
26 장화식, 「투기자본 - 로펌 - 관료의 삼각동맹」, 64쪽.
27 제레미 리프킨, 『유러피언 드림』, 이원기 옮김(민음사, 2005), 235~236쪽.
28 앤서니 기든스(Anthony Giddens), 『제3의 길』, 한상진·박찬욱 옮김(생각의나무, 1998), 208쪽.
29 제레미 리프킨, 『유러피언 드림』, 237~250쪽.
30 아마리티아 센, 『정체성과 폭력』, 이상환·김지현 옮김(바이북스, 2009), 222~224쪽.
31 노무현, 『진보의 미래』(동녘, 2009), 187쪽.
32 Bob Jessop, *State Theory: Putting Capitalist States in their Place* (Cambridge: Polity Press, 1990), pp. 198~199.
33 남기업, 『공정국가』(개마고원, 2010), 132~134쪽.
34 프랑스처럼 노동조합 조직률이 낮은데 협약적용률이 높은 국가군으로는 네덜란드, 스페인, 독일, 호주 등을 들 수 있겠다. 우리나라처럼 조직률과 협약적용률이 모두 낮은 국가군으로는 미국, 일본, 터키 등이 있다.
35 이정우, 「세계화·불평등과 복지국가」, 『이기는 진보』(한국미래발전연구원, 2010), 101~103쪽.
36 김대호, 「진보의 철학, 가치, 비전은 유효한가?」, 『한국 사회의 '정의'를 묻는다』. 백원우 국회의원실 주최 토론회 자료집(2011.1.11).
37 김대호, "공공부문 비정규직 해법 이게 맞나?", 사회디자인연구소 홈페이지(2011.6.16).
38 이근, 「이명박 정부와 신자유주의」, 『신자유주의 대안론』(창비, 2009), 143쪽.
39 진 스펄링, 『성장친화적 진보: 함께 번영하는 경제전략』, 홍종학 옮김(미들하우스, 2009), 49쪽.

제 2 부

한국 사회의 문제를 해결할 대안은 무엇인가

제4장 한국 사회가 지향해야 할 가치
제5장 새로운 국가 비전과 사회시장경제
제6장 사회시장경제의 주요 정책 의제와 전략

제 4 장
한국 사회가 지향해야 할 가치

1. 왜 헌법의 가치인가

새롭게 써야 하는 대한민국 헌법의 역사

무릇 한 사회가 직면하고 있는 문제를 해결하고 일정한 목표를 향해 나아가고자 할 때는 공동체로서 지향해야 할 기본적 가치관이 있어야 한다. 그래서 어떤 사회는 기회, 책임, 공동체를 핵심 가치로 내걸기도 하고, 다른 어떤 사회는 평등, 생태, 연대를 내걸기도 한다. 하지만 이런 가치들은 과연 얼마나 실질적으로 한국 사회에서 역사적 맥락과 구체성을 갖고 작동할 수 있을까? 사실 기회와 책임이라는 담론은 우리나라에서는 매우 추상적인 개념이지만 미국 사회에서는 매우 구체적이고 실천적인 개념이다. 거기에는 미국 사회의 오랜 역사적 실천을 통해 끊임없이 의미가 부여되고 사회적 힘 관계가 응축되어 들어갔기 때문이다. 마찬가지로 평등, 연대, 생태라는 개념도 서구 유럽 사회의 독특한 정치적 지형 속에서 오랜 역사적 실천을 통해 확립된 담론이다. 그렇다면 한국 사회에서 역사적 실천을 통해 담론으로 정립될 만한 가치로는 무엇이 있을까?

바로 헌법의 가치이다. 지금까지 한국에서 헌법이라는 용어는 수구냉전주의자들의 전유물처럼 인식되어왔다. 진보주의자가 헌법을 거론하면 좀 이상한 사람 취급을 받았던 것이 사실이다. 헌법이 마치 반공독재 혹은 기득권 질서를 수호하는 명분거리로 여겨졌기 때문이다. 과연 실제로 헌법은 기득권 질서를 수호하는 데 이바지하는 문서일까? 결코 그렇지 않다. 그 이유는 역사를 돌이켜 보면 매우 단순하고 선명하게 드러난다. 1960년의 4·19 혁명, 1970년대의 반유신독재투쟁, 1980년 광주민중항쟁, 그리고 1987년 6월 민주항쟁의 외침 가운데 어김없이 헌법 혹은 헌정질서의 수호라는 명분이 자리하고 있었다. 거기에서 보수세력과 독재자들은 헌법의 가치를 전복하고자 시도했으며, 진보적 민주세력들은 헌법의 가치를 수호하기 위해 그에 맞서 싸웠다. 그리고 그 같은 역사적 실천은 1987년 6월 항쟁 이후 20년이 흐른 2008년 촛불집회의 현장에서 다시 한 번 힘차게 부활했다. 바로 "대한민국은 민주공화국이다!"라는 구호가 그것이다.

그렇다면 도대체 왜 한국의 진보적 민주세력은 헌법의 가치를 수호하고자 했을까? 거기에 무슨 깊은 역사적 기원이라도 있는 것일까? 지금까지 대다수의 학자들은 자유와 평등, 인권과 평화의 정신 위에 민주주의를 표방한 대한민국 헌법이 일제 패망 후 미국의 압도적 영향 속에서 이식되었다고 말해왔다. 진보적 정치인인 유시민도 자신이 쓴 책에서 대한민국 헌법을 "충분한 대가를 지불하지 않고 손에 넣은 일종의 '후불제 헌법'이었고, 그 후불제 헌법이 규정한 민주주의 역시 나중에라도 반드시 값을 치러야 하는 '후불제 민주주의'"라고 규정했다. 그러나 그 같은 인식은 대한민국 헌법이 근대국가를 건설하는 오랜 과정에서 많은 피와 땀을 지불하고 비로소 손에 넣을 수 있었던 우리 공동체의 귀중한 계약이라는 사실을 간과하고 있다.

대한민국 헌법의 기원은 적어도 100여 년 이상을 거슬러 올라가야 한다. 정치학자 박명림에 의하면 한국에서 근대적 헌정체제를 탄생시키기 위한 헌법혁명은 3단계를 거쳤다.[1] 첫째는 1895년 홍범14조와 1899년 대한국국제이고, 둘째는 1919년 임시정부헌법이며, 셋째는 1948년 대한민국 헌법이다. 첫 번째 단계에서 홍범14조와 대한국국제는 비록 청나라의 종주권을 부인하며 자주독립국임을 내외에 공포하고 근대개혁 과제를 성문화한 의미가 있으나 일본의 간섭과 의도하에 작성된 데다 봉건적 군주체제를 지연시키려는 반동적 의도가 내포되어 있어서 헌정체제 범주 안에 넣기에는 무리가 따라 보인다. 그 대신 우리는 한말 동학운동과 독립협회·만민공동회 같은 개화·개혁운동에 주목할 필요가 있다. 동학운동은 조선사회의 낡고 썩은 정치체제와 외세의 압박이 빚어낸 정치·경제적 압제에 항거하는 대규모 농민반란으로 비록 외세와 정부군에 무참히 진압 당했지만 한국 최초의 진정한 근대적 개혁의 길을 터주는 계기가 되었으며, 여기서부터 바야흐로 상업적·산업적 노력이 시작되었고 대중에 대한 봉건적 제약들이 철폐되기 시작했던 기점이었다.[2]

근대를 향한 조선사회의 노력은 1890년대 말 독립협회와 만민공동회 사건을 통해 조금 더 근대적인 형태를 띠고 나타났다. 지식인들을 중심으로 결성된 독립협회는 1890년대 말 입헌군주제의 도입을 하나의 운동으로 추진했다. 이와 함께 국민의 개명진보를 위한 계몽활동, 자주독립과 국가이익의 수호, 민권수호운동 등을 수행했다. 특히 1898년 독립협회가 주도해서 열린 만민공동회는 1~2만 명(당시 서울인구 17만 명)이 모여 최장 19일간 장작불을 피워놓고 철야투쟁을 벌였는데, 여기에서 사람들은 활발한 정치토론과 함께 개혁정부 수립과 의회 설립을 대중투쟁의 형태로 본격 전개했다. 만민공동회는 "한국 최초의 근대적 시민사회"의 출현이자 "최초의 근대적 정치집회"라고 말할 수 있는 사건이었다.[3]

새로운 근대국가를 건설하기 위한 열망은 일제강점 상황에서도 3·1 운동이라는 거대한 대중정치운동의 폭발로 이어졌다. 1924년 총독부에서 발행한 자료에 의하면, 3·1 운동에는 참가인원이 136만여 명, 사망이 6,670명, 체포가 1만 9,000여 명에 달했다. 미국 정치학자 그레고리 핸더슨에 의하면, 3·1 운동에서 한국인들은 "처음으로 하나의 이념 아래 단결했고 권력경쟁으로 흩어지지 않았으며", "회의, 추종, 원자화, 부패와 같은 것들에 물들지 않은 순수하고 이상적이며 희생적인 힘"을 보여주었다. 3·1 운동은 "강한 의지를 가진 여러 계급 출신들이 독립운동 과정에서 신분의 상하를 구별하지 않고 공통의 열성과 기회균등을 느꼈으며", "근대화 과정에서 나타나는 새로운 인재, 새로운 이념, 새로운 형식을 만들어낸 위대한 사건이었다.[4]

대한민국 헌법은 대중정치운동의 산물

3·1 운동은 그 직후 수립된 대한민국 임시정부와 임시정부헌법에 커다란 영향을 끼쳤다. 3·1 운동의 정신에 따라 수립된 대한민국 임시정부는 한국 최초의 근대 공화주의 정체였다. 그것은 "대한민국은 민주공화제"로 하고, "주권은 대한인민 전체"에 있다고 선포했다. 이는 그 후 몇 번의 개정을 통해서도 변하지 않고 계승되었으며, 1948년 제헌헌법에 그대로 이어졌다.[5]

민주공화제를 골간으로 하는 임시정부는 무엇보다 이념과 정파를 초월해 거국적인 형태로 건설되었다는 점에서 의미가 깊었다. 1919년 3·1 운동 이후 국내외 거의 모든 세력이 상하이에 집결해 통합임시정부를 구성했으며, 여기에는 민족주의자, 공화주의자, 자유민주주의자, 무정부주의자, 사회주의자를 모두 포괄했다. 그런 만큼 임시정부헌법은 상당히 과감한 정책강령들을 담고 있었다. 임시정부헌법은 민주공화국, 국민주권, 기본권 보장, 권력분립 등 민주적 기본원칙들을 수용했고, 기본권과 관련해 '균등의 원칙'을 중시했으며, 토지와 대형 생산기관을 국유로 한다는 것을 천명했다. 이는 오늘날 우리 헌법에 표현되어 있는 혼합경제, 경제민주화, 사회적 시장경제의 원천이 되었다.

3·1운동에서 파생된 민족독립운동의 물줄기는 그 후에도 국내외에서 끊임없이 이어져 해방 공간에서 대중정치운동으로 표출되었다. 남한에서 최종적으로 주도권을 잡은 세력은 극우적 반공주의자들이었다. 좌익세력은 물론이고 중도세력, 민족주의적 우파세력들 모두가 제거된 가운데 반공국가연합 형태의 정부가 수립되었다. 그러나 이런 변화가 있었음에도 헌정체제의 근본적 성격이 바뀐 것은 아니었다. 대한민국 임시정부에서 발원하는 헌정체제의 가치는 대중사회 속에서 지속되었다. 대중은 각종 선거에서 극우세력의 압도적 우위 속에서도 중도 진보적 세력들을 무소속의 형태로 국회에 입성시켰다.[6] 또한 지배세력이 반공을 명분으로 민주주의와 사회적 권리를 심하게 억누를 때 대중은 거세게 저항했다.

대한민국의 헌법에는 단순히 미국식 자유민주주의의 이념과 가치만 있는 것이 아니라 의회민주주의, 시민적 민주주의, 사회적 민주주의 등 다양한 요소가 공존하고 있다. 해방 후 대한민국정부의 수립은 좌우 이념대결과 전쟁이라는 상황적 요인으로 인해 비록 극우반공민주주의국가라는 형태로 출발했지만, 다수 대중의 끈질긴 노력에 의해 반공과 민주주의가 점차 분리되었을 뿐만 아니라 민주주의의 내용도 자유민주주의에서 사회민주주의에 이르는 다양한 스펙트럼을 담아내는 정상국가(normal state)로 발돋움할 수 있었던 것이다.[7]

2. 헌법이 지향하는 이념

미국식 자유민주주의와 유럽식 사회민주주의의 혼합형

우리는 보통 사회공동체 구성원 사이에 합의된 권리관계의 질서를 헌정체제라고 하며, 그것을 하나의 계약문서로 표현한 것을 헌법이라고 부른다. 헌법은 일반적으로 국가의 체제 방향에 관해 사회계약을 체결한 결과로 나타나며, 그것은 시민들에게 부여된 근본적 권리를 존중하고, 다수의 권력을 제한하고, 정치적·사회적·시민적 평등을 직접 혹은 간접적으로 표현한다. 나아가서 그것은 사회가 지향해야 할 미래의 정치적 강령에 대한 정당성의 판별기준이 되기도 하고, 사회적 공존과 평화를 유지하기 위해 설계된 정초 협약으로서의 성격을 갖는다.

물론 헌법은 사회구성원의 의지 위에 초월적으로 부여되고 군림하는 존재는 아니지만 사회공동체를 구성하는 수많은 개인, 집단 사이의 경쟁과 협력이 지속적으로 투입되고 응축되어 만들어진 사회적 상호작용의 산물이다. 국가는 투쟁과 타협, 그리고 세력관계의 산물이라는 것이다. 그런 만큼 헌법은 영원불변으로 고정되어 있는 실체가 아니라, 사회적 상호작용에 의해 끊임없이 진화하고 발전하는 존재이다.

헌법을 통해 맺은 사회계약은 시민적·정치적 권리의 평등과 그것을 최소한으로 실현하기 위해 필요한 사회적·경제적 권리의 요건을 규정하고 있지만, 완벽한 평등을 실현하도록 규정하고 있지는 않다. 국가 속에서 지배계급과 다수 대중의 힘은 불균등하게 작용하며, 헌법은 그 같은 불균등을 일정한 범위 내에서 상호 인정하고 공존할 수 있도록 규정하고 있다. 하지만 그 같은 불균등 역시 고정되어 있는 질서가 아니라 국민의 자유로운 의사에 입각한 사회적 상호작용을 통해 끊임없이 부정해나갈 수 있는 권리를 인정하는 것이 민주헌법의 요건이다. 이것이야말로 "대한민국은 민주공화국"이라고 말할 수 있는 가장 핵심적 근거인 것이다. 그래서 철학자 김상봉 교수는 이렇게 말한다. "'불완전한 국가'를 국민주권의 힘으로 끊임없이 부정하고 극복하려 한 사건들이야말로 대한민국의 참된 헌법정신이다."

대한민국 헌법은 민주공화국의 이념을 바탕으로 시민들이 상호 간에 평등하게 누릴 수 있는 기본적 권리들을 표시하고 있다. 기본권은 삶의 다양한 영역에서 국민에게 기본적으로 보장해야 할 기본적 자유와 권리를 지칭한다. 그것은 근본적으로 인간으로서의 존엄과 가치를 갖고 행복을 추구할 권리에 바탕을 두고 생겨난다. 헌법은 바로 그 같은 기본적 권리들을 평등권, 자유권, 참정권, 청구권, 사회권으로 나누어 명기하고 있다. 하지만 대체로는 기본권을 좀 더 크게 자유권적 기본권과 사회적 기본권으로 나누어볼 수 있다.

먼저 자유권적 기본권은 신체의 자유, 거주의 자유, 직업선택의 자유, 주거의 자유, 사생활의 비밀과 자유, 양심의 자유, 종교의 자유, 언론·출판·집회·결사의 자유, 통신의 자유, 학문과 예술의 자유 등을 들 수 있다. 이런 자유들은 주로 시민적·정치적 권리의 평등에 관한 것으로 사회적 지위의 고하에 상관없이 절대적으로 동등하게 보장되어야 한다는 점에서 가장 1차적이고 근본적인 권리라고 할 수 있다. 이에 비해 사회적 기본권은 균등하게 교육받을 권리, 근로의 권리, 근로자의 단결권·단체교섭권·단체행동권, 환경권, 복지수급권, 양성평등권, 인간다운 생활을 할 권리 등이 포함된다. 이러한 권리들은 국민이 인간다운 생활을 확보하기 위해 필요한 일정한 국가적 급부와 배려를 요구할 수 있는 헌법상의 권리를 말하며, 동시에 자유권적 기본권의 동등한 실현을 뒷받침하는 사회경제적 조건에 관한 규정이다.

그런데 기본권의 보장과 관련해 국가가 어떤 방법과 체제를 선택하는가는 중요한 문제이다. 특히 현실적이고 사법적으로 곧바로 주장해 실현할 수 있는 자유권적 기본권에 비해 입법으로 구체화되고 재정적으로 뒷받침되었을 때 비로소 실현되는 사회적 기본권은 그 국가가 지향하는 체제 원리의 성격에 의해 크게 좌우된다.[8] 가령 같은 의회민주주의 국가이지만 자유방임적 시장경제를 지향하는 미국과 질서자유주의에 입각한 사회국가를 지향하는 독일은 사회적 기본권에 대한 정치적 태도에서 커다란 차이가 있다. 예를 들어 독일은 헌법에 사회권을 명시하고 있지만, 미국의 헌법은 복지권의 존재와 중요성을 과소평가해 사회적 시민권을 입헌적 권리로 규정하지 않는다. 미국은 헌법제정 때는 물론이고 19세기 중반 유럽에서 사회적 권리가 여러 형태로 헌법과 법률에 등장하기 시작한 이후에도 수정헌법 어디에도 사회적 권리를 명시적으로 규정하지 않았다.[9]

우리 헌법은 자유권적 기본권과 함께 사회적 기본권을 명시하고 있다. 헌법은 국민의 권리와 의무에 관해 제31조부터 제36조에 이르는 조항에서 모든 국민이 누려야 하는 사회적 기본권을 폭넓게 규정하고 있다. 그 주요 내용을 살펴보면, "능력에 따라 균등하게 교육을 받을 권리"(제31조), "근로의 권리" "근로자의 고용의 증진과 적정임금의 보장"(제32조), "자주적인 단결권·단체교섭권 및 단체행동권"(제33조), "인간다운 생활을 할 권리" "사회보장·사회복지의 증진"(제34조), "건강하고 쾌적한 환경에서 생활할 권리", "쾌적한 주거생활"(제35조), "보건에 관한 국가의 보호"(제36조) 등이 명시되어 있다.

또 헌법은 자유권과 사회권의 폭넓은 발전을 위해 경제영역에서 시장경제를 토대로 하면서도 국가가 적절한 개입을 통해 공공의 이익을 달성해야 한다고 명시적으로 규정하고 있다. 역사적으로 볼 때, 임시정부헌법에서는 사회주의적 성격이 강한 혼합경제를 지향했고, 제헌헌법에서는 시장과 계획의 결합을 통해 균등경제를 실현하려는 의지를 담고 있었다. 제헌헌법은 전문에서

"정치·경제·사회·문화의 모든 영역에서 각인의 기회를 균등히 하고 능력을 최고도로 발휘케 하며 각인의 책임과 의무를 완수케 하여 안으로는 국민생활의 균등한 향상을 기한다"고 천명했다. 제헌헌법의 제84조 역시 "대한민국의 경제 질서는 모든 국민에게 생활의 기본적 수요를 충족할 수 있게 하는 사회정의의 실현과 균형 있는 국민경제의 발전을 기함을 기본으로 삼는다. 각인의 경제상 자유는 이 한계 내에서 보장된다"고 명시했다.[10]

그 같은 지향은 오늘날의 헌법에도 그대로 계승 유지되고 있다. 현행 헌법 119조는 "개인과 기업의 경제상의 자유와 창의를 존중"하면서도, "국가는 균형 있는 국민경제의 성장 및 안정과 적정한 소득의 분배를 유지하고, 시장의 지배와 경제력의 남용을 방지하며, 경제주체간의 조화를 통한 경제의 민주화를 위하여 경제에 관한 규제와 조정을 할 수 있다"고 말하고 있다. 그 외에도 헌법은 "지역 간의 균형 있는 발전", "중소기업의 보호육성"(제123조), "소비자 보호"(제124조) 등 경제영역에서 국가가 경제정책을 통해 달성해야 할 책임을 구체적으로 기술하고 있다.

이 같은 헌법상의 규정은 사회권의 실현, 이에 대한 국가의 책임 수준과 관련해 매우 중요한 의미를 갖는다. 그것은 우리의 경제체제가 자유시장경제에서 더 나아가 경제민주화, 사회국가의 요소까지 폭넓게 담아내야 한다는 것을 시사한다. 이는 한국이 앞으로 유럽식 발전모델과 미국식 발전모델 중 어느 쪽을 지향해야 하는지와 관련해서도 중요한 지표가 된다. 여기에서 우리가 도출할 수 있는 잠정적 결론은 적어도 현행 헌법의 정신을 토대로 해서 볼 때, 사회권의 실현 수준이 사회민주주의와 계급적 평등을 지향하는 유럽 국가들에 미치지는 못할지언정 미국과 같은 자유방임적 시장경제모델을 채택하고 있는 나라들의 그것보다는 훨씬 강력해야 한다는 것이다.

법 앞의 만인평등 사상과 강한민주주의

우리 헌법이 지향하는 중요한 하나의 정신은 기본적 권리를 보호하고 실현하는 수단으로서 '법의 지배'라는 이념이다. 이는 어떤 개인이나 집단도 법보다 우위에 존재해서는 안 된다는 것이다. 나아가 그것은 '법 앞의 평등'이라는 개념과 연결되는데, 모든 사람들은 법 앞에 평등하게 구속되어야 한다는 것을 의미한다. 이것은 고대 아테네의 지도자 데모스테네스가 말했듯이, 자신의 자유를 보장하기 위해서는 그들 자신이 만든 법에 복종해야 한다는 믿음과 연결되어 있으며, 따라서 그것은 민주주의의 핵심 원리인 '자기 지배' 혹은 '자치'의 이념과도 상통하는 것이다.

그런 점에서 법의 지배는 '법치' 일반과는 약간 차원이 다른 개념이다. 법치에는 '법의 지배(rule of law)'라는 개념뿐만 아니라, '법에 의한 지배(rule by law)'라는 개념도 포함되기 때문이다. 법의 지배가 법에 의해서 확립된 한계 내에서의 통치의 제도적 제한이라는 것을 강조한다면, 법에 의한 지배라는 개념은 그와는 달리 통치·통제 도구로서의 법의 속성에 중심을 둔다. 전자는 입헌주의 및 민주주의와 연결되지만, 후자는 과두제 및 권위주의와 쉽게 연결된다.[11] 봉건권력을 타파하고 국가권력이 개인의 자유를 침해하지 못하도록 한 시민혁명의 결과로 등장한 입헌주의체제가 '법의 지배'에 가까운 것이라면, 고대 중국의 한비자, 이사 등이 말하는 법치나 독재자들이 외치는 "법질서 수호"같은 말들은 '법에 의한 지배'에 가까운 개념이다. 그러므로 우리가 지향해야 하는 바는 '법의 지배' 혹은 '민주적 법치주의'가 되어야 하는 것이다. 그것은 시민들에게 부여된 근본적 권리를 존중하고, 다수의 권력을 제한하며, 정치적·사회적·시민적 평등을 실현하고자 하는 민주적 헌정주의의 이념에 부합한다. 우리 헌법 제11조는 "모든 국민은 법 앞에 평등하다"고 선언하고 있는데, 법 앞의 평등이란 바로 헌법적 평등이라는 의미로 이해되어야 한다.

    요약하자면 우리 헌법의 가치는 인간의 존엄과 가치에 바탕을 두고 사회구성원들의 자유롭고 평등한 시민적·정치적 권리와 인간다운 생활을 보장하는 것에 있다. 그 같은 목표는 '법의 지배'라는 통치방식을 통해 이루어지는데, 법의 지배는 사회적 강자나 다수에 의한 임의적이고 자의적인 권력 행사를 제한함으로써 실현된다. 그럼으로써 비로소 법의 지배라는 개념은 각자의 힘이 불균등한 가운데서도 서로 인정하고 공존할 수 있는 공화주의의 사상과 통하게 된다.

    그런데 헌법의 근본적 이념과 그것을 실현하는 수단으로서 법 앞의 만인평등이라는 사상은 민주주의라는 지반이 없이는 제대로 작동할 수 없다. 민주주의는 법의 지배보다 상위의 개념이다. 민주주의 없이 법의 지배만으로도 어느 정도 공공성을 유지하고 시민들의 권리를 보장할 수는 있다. 고대 로마공화국이나 14~16세기 이탈리아의 베네치아와 피렌체 등에서 이루어진 도시공화정이 그런 역사적 사례이다. 로마공화국이나 이탈리아 도시공화정에도 민주주의의 요소가 전혀 없지는 않았지만, 거기에서는 공화정이 유지되는 동안에도 과두나 유력 가문에 의한 영향력이 강하게 작용했다. 그런 만큼 그 공화정들은 항상 불안정했고 다수 시민들의 권리는 자주 위태로운 상황에 빠지게 되었다.

    역사적으로 공화주의와 법의 지배라는 이념을 보다 완전하게 만들어준 것은 다름 아닌 민주주의였다. 민주주의에 대한 지향은 우리 헌법 제1조 2항에 가장 간명하게 표현되어 있다. "대한민국의 주권은 국민에게 있고, 모든 권력은 국민으로부터 나온다." 바로 민주주의는 국민주권의 사상을 근본적 기반으로 삼는다. 그리고 국민주권을 실천하는 것을 자치라고 부르는데, 자치란 선거 등을 통한 정치권력의 구성과 참여, 시민불복종과 저항권 같은 주권의 직접적 행사로 이해된다. 민주주의는 다수의 보통 사람들이 정치적 의사결정에 동등하게 참여함으로써 스스로의 의지와 권익 실현에 기여할 수 있을 때 비로소 완성된다. 그래서 국민 스스로가 지속적 참여를 통해 자신의 주권을 실천해나갈 때, 설령 사회 속에 다양한 불균등이 존재하는 것은 불가피할지라도 그것이 다른 사람의 권리를 부정하고 박탈하지 못하도록 끊임없이 억제하는 작용을 하게 된다. 보통 시민들의 광범위한 참여야말로 법의 지배를 공고히 실현하고 시민적·정치적 권리의 평등을 보존하는 가장 근본적인 동력인 것이다. 그래서 민주주의란 미국의 정치철학자 롤스(John Rawls)가 말하는 "자유롭고 평등한 개인들 간의 공정한 협력체계"라는 이상을 구현하는 것과도 같은 것이다.

그런데 시민의 참여를 통해서 법의 지배를 공고히 하고 자유롭고 평등한 개인들 간의 공정한 협력체계를 이룩하는 일은 기본적으로 '절차적' 성격을 갖는다. 그것은 시민적·정치적 권리의 평등을 나타내며, 동시에 그 같은 평등한 권리를 실현하는 데 필수적이라고 판단되는 사회경제적 권리를 규정한다. 여기서 사회경제적 권리가 절차인 이유는 무엇보다도 그것이 시민적·정치적 권리의 평등을 실현하는 것을 상위의 목적으로 하기 때문이다. 또 하나의 이유는 사회경제적 권리의 기본적 보장을 어느 수준에서 어떻게 할 것이냐가 사회구성원들 간의 상호작용의 과정과 절차를 거쳐서 도달한 계약에 의해서 결정되기 때문이다. 그런 점에서 민주주의는 롤스가 말하는 '정의로운 절차'라는 개념과 상통하고, 근대적 입헌주의(헌법)야말로 정의로운 절차를 구현한 계약에 해당하는 셈이다.

정의로운 절차로서의 민주주의는 정치적 독재 권력의 타파를 핵심으로 하는 '선거민주주의'를 뛰어넘는다. 선거민주주의 또한 "정부의 통치행위에 대한 대중의 통제"라는 민주주의의 본원적 의미를 실현하는 기제라는 점에서 의미가 결코 작지는 않다. 그러나 그것은 대체로 순수하게 절차에 관한 권리만을 규정한다는 점에서 가치중립적이며, 적어도 개념적으로는 그렇게 해서 선출된 정부의 통치 결과에 대해서 어떤 (사법적·경제적) 책임도 묻지 않는다는 점에서 최소적(minimal)이다. 그런데 선거라는 제도는 첫째, 슘페터가 간파했듯이 국민이 자신의 대리인을 선출하고 통제하는 의미일 수도 있겠지만 거꾸로 자신의 선한 지배자＝주인을 뽑는 행위가 될 수도 있다는 점, 둘째, 정보의 비대칭성으로 인해서 발생하는 주인 - 대리인 관계의 역전 가능성 등 '선거의 역설'에 자주 봉착하게 된다. 바로 이 때문에 순수절차로서의 가치중립성이 실제로는 다수 대중의 요구를 정책입법 과정에서 반영시키지 못하는 일들이 자주 발생하게 되는 것이다.

하지만 정의로운 절차로서의 민주주의는 주권자인 보통 시민들의 각성과 참여를 기반으로 법의 지배를 통해 공공성을 강화하고, 자유롭고 평등한 개인들 간에 체결된 사회계약으로서의 헌법적 권리를 실현한다. 그래서 입헌민주주의(constitutional democracy)라는 용어로도 불리는데, 그것은 본질적으로 절차적 민주주의를 초월하지는 않지만 사회경제적 기본권에 대한 보장을 담고 있다는 점에서 실질적 민주주의에 가깝게 다가간다. 그래서 우리는 이런 민주주의를 순수하게 절차에 관한 규칙만을 규정하고 있는 민주주의와 대비해 '강한 민주주의(strong democracy)'라고 부르기도 한다.

87년 체제와 경제민주화

지금 우리 사회를 둘러싸고 벌어진 다양한 이슈, 즉 미국산 쇠고기 수입개방, 용산참사, 전세가 폭등, 구제역 사태, 뉴타운 문제, 무상급식, 부산저축은행사태 등을 관통하는 하나의 화두가 있다면 그것은 "사회공동체 구성원들의 삶에 국가란 무엇인가"라는 문제일 것이다. 1,000만 명이 넘는 비정규직과 근로빈곤의 만연, 신분을 따라 대물림되는 교육현실, 정상적 소득으로 구입할 수 없는 주택, 과도한 경제력 집중 현상은 헌법에 보장된 기본권 파괴와 직결되어 있는 문제이다. 특히 헌법 119조 2항에 표현되어 있는 경제민주화에 관한 조항과 제32조, 제33조의 노동권, 제31조, 제34조, 제35조의 사회적 기본권에 관한 조항에 관련된 문제들이다. 그리고 그것의 실현 여부는 헌법의 가치와 민주적 법치주의를 실현할 수 있는 "반듯하고 정의로운 국가"를 세울 수 있느냐에 달려 있다.

헌법의 가치를 실현하는 일은 결코 작지 않은 일이다. 그것은 자유주의 부르주아 노선이거나 의회민주주의 노선일 뿐인 것은 아니다. 우리 헌법은 앞서 설명한 것처럼 사회민주주의보다는 오른쪽에 있지만, 의회민주주의나 자유민주주의보다는 확실히 왼쪽에 있다. 그러므로 오늘날 우리 사회의 당면한 핵심 문제들에 대한 설명과 해답은 헌법적 가치의 테두리 속에서도 충분히 모색이 가능하다.

그런데 어떤 사람들은 헌법을 해석하면서 경제민주화 조항이나 노동권, 사회권, 재산권 규정에 사회민주주의 이념이 담겨 있다고 주장하기도 한다. 우리 헌법의 가치를 진보적으로 재해석하고자 하는 시도는 바람직하다. 우리 헌법 속에는 분명히 사회민주주의의 요소가 담겨 있다. 하지만 동시에 헌법 속에는 자유민주주의, 의회민주주의 이념 등도 함께 담겨 있다. 그러므로 헌법에 명기되어 있는 경제민주화, 노동권, 사회권, 재산권 등에 관한 규정을 어느 한쪽으로만 특권화하는 것은 옳지 않은 일이다. 그것은 좌파든 우파든, 진보든 보수든 반체제주의자가 아니라면 모두가 함께 공유할 수 있는 이념이다.

경제민주화는 기본적으로 소위 '87년 체제'의 역사적 과제이기도 했다. 87년 체제는 1987년에 6월에 일어난 민주항쟁으로 개막되었으며, 그것은 보수적이고 반동적인 군부독재세력들에 의해 훼손된 헌정질서를 복원하는 것으로부터 시작되었다. 그래서 일반적으로 많은 사람들이 87년 체제가 정치민주화에 국한되어 있는 것처럼 얘기해왔다. 반면에 87년 체제는 경제민주화를 이룩하기에는 근본적으로 한계를 가지고 있다는 식으로 이야기되어왔다.

그러나 결코 이는 사실과 다르다. 87년 체제는 정치민주화와 함께 경제민주화를 동시에 달성하고자 했다. 정치민주화는 곧 개발독재에 의해 왜곡된 경제구조를 바로잡고 그 그늘에서 소외된 사람들을 돌보는 경제민주화의 과제에도 긴밀하게 연결되어 있었다. 경제민주화는 87년 체제가 안고 있는 역사적 과제였다. 단적으로 87년 체제는 독재를 물리치는 6월 민주항쟁과 노동권을 실현하는 7~8월 노동자대투쟁을 양대 축으로 삼아 개막되었다. 87년 체제가 열리고 나서 한국 사회는 정치민주화와 경제민주화 양방향으로 빠르게 변화해 나갔다. 비록 87년 대통령 선거에서 김영삼-김대중의 단일화 실패로 군부정권의 후예가 정권을 장악했지만, 정치적·경제적 민주화의 흐름을 막지는 못했다.

그러나 87년 체제는 민주화의 흐름을 뒤집으려는 세력들의 집요한 도전을 반복적으로 맞았다. 87년 체제는 정치적 독재를 청산하고 선거민주주의를 불가역적으로 진전시켰다. 그럼에도 87년 체제는 정치적으로 불완전했고 빈번한 왜곡을 경험해야 했다. 무엇보다 1987년 민주화 이행 과정에서 김대중, 김영삼으로 대표되는 두 민주세력이 분열함으로써 군사독재의 후예가 다시 정권을 잡는 불행한 사건이 일어났다. 또 1990년 벽두에는 민주화세력의 일부가 군부정권 세력과 밀실합당을 감행한 이른바 '3당 합당' 사건이 일어났다. 이 사건으로 민주주의는 급격히 흔들렸고, 정치적·경제적 후퇴가 광범위하게 진행되었다. 정치적·경제적 민주개혁은 수구세력과 재벌세력의 합작에 의해 초기부터 좌절되고 말았다. 그 후 신자유주의 세계화가 무차별적으로 이루어졌다. 재벌기업과 금융기관들은 이를 이용해 몸집 불리기 경쟁을 치열하게 벌였다. 무분별한 투자위험은 거의 무시되었고 시장의 도덕적 해이가 판을 쳤다. 마침내 견제 받지 않은 시장질서는 폴라니(Karl Polany)의 표현대로 한국 사회를 "통째로 맷돌에 넣고 갈아 분쇄"했으며 외환위기를 맞고 말았다.

1997년 말 수평적 정권교체를 통해 민주정부의 시대가 열렸다. 민주정부는 노동권을 강화하는 등 민주주의를 확대하는 여러 가지 정치적 조치를 취했으며, 경제적으로도 생산적 복지 체계를 도입하고 공정한 시장질서의 확립을 위해 제반 제도적 개혁 노력을 기울였다. 그러나 민주정부는 10년에 걸쳐 집권하기는 했지만 경제민주화의 과제를 실현하기에는 크게 역부족이었다. 오히려 외환위기 수습 과정에서 이루어진 신자유주의 도입과 특권집단에 의한 카르텔 강화로 인해 한국 사회는 양극화가 더욱 빠르고 급속하게 진행되었다.

민주정부에서 일어난 경제민주화에의 역행은 근본적으로 정치 문제에 맞닿아 있었다. 그것은 본질적으로 87년 체제의 취약성에서 비롯된 것이었다. 그 취약성이란 핵심적으로 87년 민주화의 제도화 과정이 주로 정치엘리트들 간의 협상과 타협에 의해 이루어지고 시민적 정치운동의 동력이 온전히 내재화되지 못함으로써 사회 저변의 다양한 이해와 요구를 정치적으로 대변하지 못하게 되었다는 데 있었다. 그럼으로써 사회적 시민권(social right)을 발전시키는 데 커다란 지체가 일어나 민주주의 심화가 제대로 이루어지지 못했다. 87년 체제에 내재한 이 같은 결함은 1990년대 초반 이후 거세게 밀려온 세계화 물결의 도전에 제대로 대응하지 못하게 만들었다. 그 결과로 한국 사회는 기업, 노동, 빈부 간 양극화가 세계에서 가장 빠른 속도로 진행되었고, 헌법에 규정된 기본권으로부터 배제된 층들이 광범위하게 양산되었다. 따라서 오늘날 한국 사회가 직면해 있는 여러 사회경제적 과제를 해결하는 일은 87년 체제가 내포하는 역사적 과제를 완성하는 길임과 동시에 87년 체제의 정치적 한계를 넘어서는 일과 밀접하게 결합되어 있는 것이다.

3. '정의', '평등', '민주주의'라는 가치

　　87년 체제는 정치적 민주주의와 경제적 신자유주의가 뒤섞이면서 역사의 진보와 퇴행을 동시에 겪은 시대였다. 이제 새로운 체제는 그 같은 복잡하고 모순적인 사회구조를 극복해 사람을 존중하고, 삶의 질을 중시하고, 사회통합 원리가 중심이 되는 새로운 국가발전모델을 만들 것을 요구하고 있다. 그렇다면 새로운 체제에 우리가 담아야 할 가치는 무엇인가? 그것은 평화, 복지, 민생, 민주, 정의, 평등의 기본적 가치이다. 그중에서도 오늘날 우리 사회가 당면한 문제를 해결하기 위해 무엇보다 '정의', '평등', '민주주의'의 가치가 강조되어야 한다.

　　우선 '정의로운 사회'를 지향해야 한다. 어떤 사회가 정의롭지 못하면 다른 부분이 아무리 탁월하다 해도 그 사회는 좋은 사회가 될 수 없다. 군사력이 탁월하거나 생산성이 높다고 해도 그것이 정의롭지 못하면 좋은 사회가 아니다. 우리가 통상 선진국이라고 부르는 나라들은 경제력, 복지, 민주주의 이런 것들이 충족되었다는 의미를 갖고 있기도 하지만 무엇보다 사회 정의의 기준이 명확하다는 점이 결정적이다. 우리 사회는 지금까지 안보와 치안, 생산효율성 측면에서는 그런대로 좋은 사회의 축에 속했지만, 정의라는 관점에서 보면 좋은 사회라고 선뜻 대답할 수 없었던 것이 현실이다. 이제 우리 사회가 지금까지보다 더 높은 단계의 새로운 체제로 발전하기 위해서는 정의로운 사회를 지향해야 한다.

　　정의로운 사회란 롤스의 표현을 빌리면 "모든 사람이 어떤 명목으로도 유린될 수 없는 불가침성"을 갖는다는 전제 위에서, "자유롭고 평등한 사람들이 개인들 사이의 공정한 협력"이 이루어진 사회이다. 그런데 오늘날 우리 사회는 양극화가 극심해져 극도의 불공정과 불평등이 판치는 사회가 되어가고 있다.

특히 사회권의 영역에서 헌법이 보장하는 권리가 극소수 특정집단에게만 집중됨으로써 특권이 구조화된 사회가 되어가고 있다. '기본적 시민권의 위기', 바로 이것이야말로 우리 사회가 직면하고 있는 위기의 핵심이다. 사회구성원들이 공동체를 유지하면서 살아가고자 하는 가장 근원적인 바탕이 밑바닥에서부터 흔들리고 찢겨나가고 있는 것이다.

바로 여기서 우리 사회의 정의를 실현하는 가장 절박한 과제로서 평등의 문제가 대두한다. 사회정의를 실현하기 위해 우리는 "이 시대에 사회 불평등에 맞서 싸우는 것만큼 긴급하고 절박한 과제는 없다"고 단호하게 외쳐야 한다. 여기서 우리가 내걸어야 하는 평등이란 주로 공적과 공헌에 따라 권리를 분배하는 소극적 기회의 평등도 아니고, 노력과 기여에 상관없이 결과를 중시하는 계급적 평등도 아닌, 시민적·입헌적 권리의 평등을 말한다. 즉 민주적 평등주의를 지향해야 한다.

우리 사회에서 평등 기반을 강화하는 것은 공동체의 지속적 번영을 위한 필수적인 조건이기도 하다. 평등의 강화는 소극적인 기회의 평등을 실현할 뿐만 아니라, 사회적 약자에게 더 적극적인 삶의 기회를 보장한다는 점에서 확실히 진보적이지만 동시에 기득권세력에게도 책임·존경·품격 같은 문화적 자본까지를 더해 지속가능한 이익을 추구하도록 돕는다는 점에서 진정으로 공동체적인 것이다.

그런데 진보진영 정당들의 강령을 보면 평등에 대한 지향이 부재하거나 매우 추상화되어 있다. 가령 민주당의 강령을 보면, "민주, 자유, 복지, 평화, 환경을 당의 기본 가치로 삼아 중산층과 서민의 권익을 적극 대변"한다고 되어 있다. 뉴 민주당 플랜에는 기회, 정의, 공동체를 추구한다고 되어 있다. 최근 노동계 일부와 시민운동가들이 합류해 만든 민주통합당의 강령에도 평등 가치에 대한 적극적 태도가 부족한 것은 마찬가지이다. 한마디로 평등에 대한 적극적 지향이 빠져 있는 것이다. 반면에 진보정당들은 평등, 연대, 공공성의 가치를 중시하지만, 여기서의 평등이란 자본주의를 극복하는 수준의 추상적 지향에 머무르고 있다.

다음으로 민주주의는 새로운 사회를 조직하는 원리이다. 새로운 사회발전 모델은 민주주의를 상위의 원리로 해서 성립하는 시장경제체제이다. 민주주의의 두 축은 '시민의 참여'와 '공적인 국가'이다. 시장경제는 이 같은 민주적 제도들에 의해 견제와 균형이 확립되고 조절되는 바탕 위에 서 있어야 한다. 그것은 시민들의 참여에 기반을 두고 소비자, 시민단체, 전문가, 여론 등 시민사회세력이 사업자단체를 감시하고 견제함으로써 기업과 시장의 장점을 강화해나가는 것을 지향한다. 그리고 모든 시민의 동등한 권리를 실현하는 공적 정의를 확립하고, 나아가서는 대내외적 도전을 극복하기 위해 교육, 연구, 건강, 훈련, 그리고 수많은 필수 분야에 대한 사회적 지출과 투자를 책임지는 등 적극적으로 공공정책을 수행할 수 있는 국가를 창출해야 한다.

요컨대 우리는 오늘날 '노동', '복지'를 중심으로 한 사회적 시민권의 위기가 던져주는 제반 도전에 능동적으로 대응하기 위해서는 '정의', '평등', '민주주의'의 가치를 핵심적인 축으로 삼아 새로운 사회발전모델을 설계해야 한다.

주

1 박명림, 「한국의 초기 헌정체제와 민주주의」, ≪한국정치학회보≫, 37집 1호(2003), 115~116쪽.
2 브루스 커밍스, 『한국근현대사』, 김동노 외 옮김(창비, 2001), 170쪽.
3 전인권, 「만민공동회: 한국 근대정치의 원형」, 『전인권이 읽은 사람과 세상』(이학사, 2006), 381~416쪽.
4 그레고리 핸더슨, 『소용돌이의 한국정치』, 박행웅·이종삼 옮김(한울, 2000), 148~151쪽.
5 서희경, 「대한민국 '민주공화제'의 기원」, ≪시민과세계≫, 제14호(2008).
6 1948년 새 정부를 구성하는 5·10 정초선거의 결과는 정치사회의 역학관계와 시민사회의 지향 사이에 여전히 불일치가 존재함을 보여주었다. 선거 결과 뽑힌 국회의원 당선자는 대체로 한민당 계열, 이승만 지지세력, 김구·김규식과 성향을 같이하는 무소속 의원들이 정확히 삼각분포를 이루고 있었다. 또 1950년 치러진 5·30 선거에서도 전국 도시지역을 중심으로 중도파 선거 바람이 강하게 불어 조소앙·안재홍·원세훈·윤기섭·오하영·조봉암·여운홍 등이 당선되었다. 이들의 부상은 장래에 이승만 세력에게 중요한 위협이 될 가능성이 농후했으나, 불행히도 선거가 끝난 지 한 달도 안 되어 한국전쟁이 발발해 이들 다수가 납북되고 말았다. 서중석, 『이승만과 제1공화국: 해방에서 4월혁명까지』(역사비평사, 2007), 29쪽.
7 고원, 「헌정체제론의 시각에서 본 4월 혁명의 역사적 기원」, ≪한국정치연구≫, 19권 2호(2010), 47쪽; 고원, 「역동적 저항-역동적 순응, 이중성의 정치: 48년 체제의 역사적 기원과 전개」, ≪한국정치연구≫, 제20집 제3호(2011), 50쪽.
8 사회적 기본권이 자유권적 기본권과는 달리 구체화 입법 없이 사법적으로 주장해 바로 실현할 수 없는 권리라고 해서 그에 대해 국가가 이를 수행해야 할 임무를 진다는 생각에 이의를 제기하는 사람은 없다. 최대권, 『헌법학강의』(박영사, 2001), 194쪽.
9 최근 이런 흐름을 역전시키려는 미국 헌법학계의 흐름이 생겨나고 있기는 하지만, 대부분의 학자들은 여전히 미국 헌법이 자신의 선호가 주로 입법적 과정에서 대의되도록 할 권리만을 보장하고 있다고 생각한다.
10 이는 자유주의적 시장경제체제에 강력한 제한을 가하는 것으로서, 제헌헌법을 기초하는 데 주도자 역할을 수행한 유진오는 "개인주의적 자본주의국가의 체제를 폐기하고 사회주의적 균등의 원리를 채택하되, 개인주의적 자본주의의 장점인 각인(各人)의

자유와 평등 및 창의의 가치를 조화되고 융합되는 새로운 국가형태를 실현함을 목표로 삼고 있는 것"이라고 말하고 있다. 박명림, 「한국의 초기 헌정체제와 민주주의」, 123쪽에서 재인용.
11 김도균·최병조·최종고, 『법치주의의 기초: 역사와 이념』(서울대학교출판부, 2005), 9쪽.

제 5 장
새로운 국가 비전과 사회시장경제

1. 한국형 발전모델로서 사회시장경제

유럽식과 미국식의 혼용모델

미국식 발전모델의 특징은 대체로 성장, 효율, 경쟁을 기본 가치로 추구하고, 유럽식 발전모델의 특징은 대체로 분배, 형평, 사회적 합의를 기본 가치로 추구한다. 한국의 진보주의자들은 대개가 미국식 모델보다는 유럽식 모델에 기울어져 있다. 유럽식 모델이 그들이 추구하는 이념적 가치에 부합하기 때문이다. 그러나 유럽식은 좋고 미국식은 나쁘다는 태도는 버려야 한다. 지나치게 추상적 이분법을 갖고 보는 사람들은 미국식 발전모델이 신자유주의와 동일한 것인 양 가정한다. 미국식 발전모델이 신자유주의에 경도된 것은 레이건이 대통령으로 선출된 1980년 이후부터 최근까지에 지나지 않는다. 미국식 발전모델이 자유시장경제의 특징을 많이 띠는 것은 맞지만 그렇다고 신자유주의와 동의어는 아니다. 미국식과 유럽식 모델 어느 쪽에도 자유주의적 요소와 사회국가적 요소가 공존해 있다. 그러므로 미국식 발전모델과 유럽식 발전모델은 각기 고유한 장단점이 있다는 가정 아래 균형적인 접근 시각을 갖는 것이 옳다.

먼저 미국식 발전모델의 가장 기본적 전제는 시장은 경쟁적이어야 한다는 가정이다.[1] 만약 이런 가정을 위배하는 경쟁제한 행위가 있을 때에는 철저하고 충분한 조사를 거쳐 거대기업을 해체하기도 하고, 불공정거래와 분식회계 등 투명성 위반에 대해서는 상상할 수 없을 정도로 가혹한 법적 조치를 부과한다는 것이다. 정부는 시장에서 중립적 환경을 제공하고 사안에 가급적 직접 개입하지 말아야 한다. 이 같은 시장에서 자유 경쟁을 활성화하려는 정책을 통해 미국식 발전모델은 다양성과 창의성을 바탕으로 한 비즈니스 풍토를 만들어냈다. 미국은 지금도 창조적 산업 분야에서 비교우위를 점하고 있는데, IT산업에서 MS, 애플 등 부동의 운영체제를 장악하고 있으며 트위터, 페이스북, 아마존 등 세계적 인터넷 서비스를 배출하고 있다. 미국식 모델의 특징은 복지체제의 완비라는 기준으로만 볼 수 없는 요소로서 다양한 사람과 문화 그리고 지식 사이의 자유로운 경쟁, 견제와 균형, 즉 미국식 민주주의의 기본 원리에서 나오는 것이다. 반면에 미국식 모델에서 금융자본 중심, 주주 중심, 단기실적 중심, 사회안전망의 부실 등 특징은 사회의 빈부격차를 세계 최악의 수준으로 벌려놓은 주범으로서 나쁜 요소라고 할 수 있다.

반면에 유럽식 발전모델은 대체로 사회적 배려와 시장적 효율성 사이에서 전자를 상대적으로 중요하게 여긴다. 이는 자본과 조직화된 노동, 정부가 협력을 바탕으로 이루어진다. 그만큼 노조의 경영참여가 활발하고 정부의 역할은 적극적이고 비중이 크다. 유럽식 발전모델의 장점은 제조업 기반의 강조, 폭넓은 이해관계당사자들 간의 사회적 합의, 사회안전망의 견고함 등에 있다. 유럽식 모델의 특징은 유럽 국가들을 튼튼한 복지와 고른 사회적 분배를 발전시켜온 핵심 요인이었다. 그러나 유럽식 모델의 단점은 경쟁의 강점을 활용하고 유연성을 갖는 데는 약하다는 것이다. 반독점정책에 대한 강조는 상대적으로 약한 편이다.

이상과 같이 미국식 발전모델과 유럽식 발전모델의 특징에 근거해 보았을 때, 우리가 지향해야 할 새로운 사회경제발전모델은 경로의존성이나 헌법적 전통의 관점에서 보면, 한국에서는 국가 역할의 비중이 크다는 점에서 영미식의 '작은 정부 - 큰 시장' 모델은 아니다. 또한 유능하고 강력한 사회민주주의정당, 높은 조직률을 가진 강한 노동운동의 전통, 그리고 높은 조세 부담을 바탕으로 완전고용과 결과의 평등을 지향하는 유럽형 사회국가의 모델도 우리의 현실과는 거리가 있을 뿐만 아니라, 유연한 노동이 불가피한 추세인 현실에도 뒤떨어지고 있다는 점에서 적절하지 않다.

대한민국 헌법에 규정되어 있는 사회경제적 지향성이나 사회구조의 현실 조건이라는 관점에서 보았을 때, 우리에게는 대체로 유럽형 발전모델과 미국형 발전모델의 중간쯤에 위치하는 혼용모델이 적절하다. 대한민국의 헌법은 자유, 자율, 균등, 조화의 가치 속에서 이를 조정·통합하는 국가의 공동체를 위한 책임 등을 기본적 원리로 한다. 그리고 이를 바탕으로 경제주체 간의 조화를 통한 경제민주화를 실현해 '성장 및 안정'과 '적정한 소득분배'를 추구해야 한다고 규정하고 있다. 그리고 한국 사회는 긴 역사의 관점에서 보면 그 같은 방향을 향해 사회적 정상화의 길을 줄기차게 걸어왔다. 그것은 유럽식 사회발전과 미국식 사회발전의 혼용모델에 대체로 부합한다.

또한 여러 발전모델의 적용가능성을 평가할 때는 그것들이 한국 사회가 당면한 과제의 성격과 부합하는지 여부를 살펴보아야 한다. 그런 점에서 보면 특권과두체제를 극복하고 경제민주화를 이룩해야 하는 목표나 역동적인 혁신성장체제를 창조해야 하는 과제에는 미국식 발전모델이 더 참조할 만하다. 반면에 한국 사회가 이미 오래전부터 탈산업사회에 진입해왔고 세계화에 어느 나라보다 더 능동적으로 임해야 하는 현실에서 그로부터 생기는 급격한 사회적 유동성과 불안정성의 증대에 대응하기 위해서는 유럽식 복지국가모델을 적극적으로 참조해야 한다. 따라서 한국 사회가 추구해야 하는 발전모델의 지향은 미국식과 유럽식을 혼용한 모델이어야 한다는 것이다.

민주적 시장경제의 기반

우리가 앞으로 만들어야 할 새로운 발전모델은 1차적으로 국가공동체의 계약정신에 입각해 구성된다. 그것은 단순히 관념적이고 이상적 목표만을 강조하는 것이 아니라, 지금 당장의 현실에서 제기되고 있는 대중적 요구에 부합하는 것이어야 한다. 그런 점에서 우리는 한국의 역사적 전통과 입헌주의의 가치에 부합하면서, 지금 대중이 절박한 요구로서 제기하고 있는 두 가지 핵심적 의제, 즉 경제민주화와 복지에 대한 요구를 수용할 수 있는 한국적 발전모델을 구상해야 한다. 우리는 이를 '사회시장경제'라고 명명하기로 한다.

사회시장경제란 민주적 시장경제의 바탕 위에서 사회국가 내지 복지국가의 요소까지 폭넓게 수용하려는 발전모델이다. 우선 사회시장경제는 민주적 시장경제의 바탕 위에서 출발한다. 민주적 시장경제는 건강한 시장을 유지하기 위한 가장 기본적인 토대이다. 민주주의의 의사결정은 다수의 선택으로 이루어지지만 시장의 의사결정은 사적 소유에 입각해 배타적으로 이루어진다. 민주적 시장경제는 민주주의와 시장의 상이한 원리를 결합시킴으로써 양자 사이의 긴장관계를 통해 시장 질서를 건전하게 유지해나가려는 사회시스템이다.[2] 그러나 민주적 시장경제는 시장의 틀을 크게 벗어나지 않는 범위 안에서 민주주의의 원리를 작동시키는 것이기 때문에 시장의 실패나 시장을 넘어서는 대중의 요구에 능동적으로 대응하는 데에는 구조적 한계가 있을 수밖에 없다. 그래서 사회시장경제는 민주적 시장경제의 기반을 공유하되 시장경제의 한계를 넘어서 민주주의를 더욱 확장시키고 사회국가의 요소를 적극적으로 수용함으로써 새로운 경제 질서의 균형을 창출하려는 목적을 갖는다. 그러므로 여기서 말하는 '사회(social)'라는 개념에 담긴 핵심 의미는 시장에 대한 민주주의의 우선성이라고 할 수 있다.

먼저 민주적 시장경제는 경제민주화 요구에 대응하는 경제 질서이다. 그것의 목적은 1차적으로 시장에서의 불공정한 특권, 특혜, 반칙, 편법을 배제하고 누구나 시장에 자유롭게 참여해 자유롭게 경쟁할 수 있도록 공정한 기회를 제공하는 데 있다. 여기서 민주주의는 일반적으로 "모든 개인은 자유롭고 평등하다는 신념 위에서 신분에 의한 차별, 생명·신체·재산에 대한 자의적 규제와 강탈을 막기 위해 국가권력을 입헌주의와 법치주의에 의해 명확히 제한하고, 민주주의를 통해 다수의 시민들이 국정에 직접 참여"하는 것을 의미한다. 이런 민주주의 체제 속에서 정부는 재산권을 위협하고 자유로운 경제활동을 방해하는 요소들이 나타나지 못하도록 법과 질서를 유지하고, 정부 스스로도 시장에 대한 부당한 규제를 철폐함으로써 개인들의 자유로운 경제활동을 보장해야 한다. 이렇게 해서 민주주의와 시장경제는 상호 분리될 수 없는 밀접한 관계를 형성하게 된다.

그런데 민주적 시장경제는 바로 위에서 말한 내용을 공통분모로 삼지만 민주주의와 시장 간 긴장관계의 구조와 성격은 역사적 조건에 따라 다양하게 나타날 수 있다. 특히 민주주의가 시장과의 관계 속에서 소극적으로 나타나는 형태와 적극적으로 나타나는 형태를 구별해볼 수 있다. 그중에 소극적인 형태는 흔히 영미형 시장경제라고 불리는 자유시장경제모델을 들 수 있다. 이 모델은 폴라니가 "시장에 의해서만 통제되고 규제되고 지도되는 경제시스템"[3]이라고 부르는 자기조정시장(self-coordinated market)에 가까운 것인데, 여기서는 경쟁의 원리, 경제와 정치영역의 분리, 배타적 사유재산권 등이 중요한 특징이 된다. 이 모델은 시장을 넘어 사회적 공공이익을 파괴하고 사회권력 불균등을 촉진하는 것에 대해서는 제한을 받도록 하기 때문에 시장에 대한 일체의 외적 개입을 반대하는 자유방임경제와는 일정하게 차이가 있다. 그런 점에서 이 모델은 자유시장경제와는 차별화해 민주적 자본주의(democratic capitalism)라고 불리기도 한다. 그런데도 이런 경제모델에서는 국가가 시장에 대한 외적 간섭을 배제하는 등으로 시장 속에서의 자유로운 경제활동 참가를 보장하지만 시장 내부의 문제에 대한 적극적인 개입과 해결을 추구하지 않는다. 이런 특성은 시장의 자율성을 중시하는 영미형 시장경제와 금융자본이 주도하는 세계화에도 잘 나타난다.[4] 김대중 정부의 정책 기조였던 '민주주의와 시장경제의 병행발전' 역시 넓은 의미에서 이 범주에 속하는데, 김대중 정부는 시장에 대한 정부의 관치개입, 정경유착을 제거하고 기업구조의 투명성을 높이는 것에 대해서는 적극적이었지만 시장에서의 경제력 집중을 억제하거나 완화하는 것을 국가개입의 대상으로 삼는 데는 소극적이었다. 또한 자유시장경제모델에서는 경제와 정치의 분리를 토대로 시장의 자율성을 인정하는 만큼 노동, 토지, 화폐의 상품화가 제한받지 않는다. 소유형태에서도 주주의 권리를 중시하는 배타적 사유재산권을 특징으로 한다.

그런데 영미형 민주적 시장경제모델은 시장에서의 자유로운 경제활동 참여를 통한 최소한의 기회 균등을 보장하지만 자본주의 시장경제에 내재한 시장실패의 문제를 해결하는 데는 한계를 지닌다. 특히 자본주의의 발전에 따라 고전적 자유경쟁 자본주의체제가 독점적 자본주의체제로 나아가면서 시장실패의 문제는 더욱 심각해졌다. 그래서 자본주의 시장체제의 실패를 보정하기 위해서 (파시즘과 공산주의로 전환한 나라를 제외한) 선진자본주의국가들은 민주적 시장경제의 틀 위에서 국가를 통해 시장에 대한 민주적 개입을 강화하게 된다. 즉 시장의 내적 목적보다는 사회 공동체 전체의 존립과 조화라는 목적을 위한 다수의 합의를 우선하게 된 것이다. 자본주의 시장경제의 생계상의 위험과 사회적 부작용을 다수의 합의를 바탕으로 정치적으로 해결하려는 시도가 증대하게 되었다. 그래서 민주적 시장경제는 경제영역에서 시장의 자율적 역할을 인정하되 사회 공동체 전체의 존립과 발전의 목표에 맞게 국가가 개입해 시장을 조절할 수 있다는 발전시스템으로 좀 더 적극적으로 해석되었다.

민주주의와 시장의 관계를 적극적으로 해석한 결과 국가는 거시재정정책을 통해 시장에 개입해 경기의 과다한 진폭을 조절하고, 나아가서는 누진조세와 사회지출을 통해서 소득재분배 역할을 수행했다. 사업주는 사적 소유와 기업가의 노동력 배치의 자유는 기본적으로 보장하되 자본과 노동 간의 사회적 권력 불균형을 해소하기 위해 국가의 금지, 손해배상의무, 감독 또는 협상체계 등을 통해 사회적으로 권력을 제한받는다는 조건을 받아들여야 했다. 시장경제 원칙에 근거해 이루어지는 1차 소득분배를 국가가 조직한 2차 소득분배를 통해 수정해 이에 따라 비근로활동자에게도 소득이 보장되었다.[5] 이렇게 해서 케인지언(Keynesian) 복지국가, 뉴딜 자본주의, 사회적 시장경제와 같은 새로운 사회발전체제 유형들이 출현하게 되었다. 이런 시도들은 민주주의와 시장 사이의 관계를 재정립한 것이었지만 아직까지 시장경제의 틀을 근본적으로 벗어난 것은 아니었다. 민주적 시장경제에서는 시장의 성격이 민주주의의 특성을 규정하기도 하고 반대로 민주주의의 내용이 시장의 성격과 발전을 규정하기도 한다. 민주적 시장경제의 시스템에서 민주주의와 시장의 관계는 기본적으로 상호 수평적이다.

민주주의의 우위성과 사회국가원리의 도입

그런데 2차 대전 이후에 세계적으로 일어난 시장경제 시스템상의 변화를 민주적 시장경제의 양적 변화로만 규정할 수는 없다. 이 시기부터 자본주의체제에서 일어난 변화들은 실질적으로 자본주의 시장체제의 범위를 벗어나는 것이었다. 민주주의가 시장실패에 대응해 더욱 확장되면서 민주주의는 배타적인 사적 소유에 입각한 시장 원리를 침식하고 압도하기 시작했다. 민주주의를 통해 사적 소유를 통제하고 노동자 경영 참여를 더욱 고도화하는 현상이 나타났다. 19세기 말부터 20세기 전반에 걸쳐 미국에서 안티트러스트 정책에 의해 독점자본을 분할하고, 금융과 산업을 분리하고, 노동조합의 힘을 강화한 것 등이 그 사례였다. 독일의 사회적 시장경제에서 종업원과 경영진이 동등하게 감독위원회를 대표하도록 명령한 '공동결정법'과 고도의 복지체계, 독일연방은행의 강력한 영향력 등도 같은 맥락의 예였다. 유럽 주요 선진국들의 복지시스템은 탈상품으로서의 노동, 시민으로서의 노동, 자본과 대등한 관계로서의 노동이 복지국가의 기본 전제를 이루었다. 이는 1941년 8월 14일 미국 루스벨트 대통령과 영국 처칠 수상이 국민들에게 공포와 궁핍으로부터의 자유를 약속한 대서양 헌장으로, 1942년 베버리지 플랜의 형태로, 1944년 선진국 노-사-정이 모인 필라델피아 국제노동회의 선언으로, 유엔 인권선언으로 이어진 것과도 맥락을 같이하는 것이었다. 특히 필라델피아 국제노동회의 선언은 "노동은 상품이 아니다"라고 선언했다.

이렇게 해서 민주적 시장경제는 정부와 사회가 시장의 독과점적 질서에 보다 적극적으로 개입해 경제력 집중을 완화하고 자산의 평등한 분배를 촉진해 공정한 경제 질서를 확립하는 데까지 나아가게 되었다. 이는 민주적 시장경제의 범주로 분류할 수도 있지만 실제적으로는 민주적 시장경제의 틀을 일정 부분 넘어서는 조치였다. 그러나 자본주의 시장경제 시스템에 사적 소유를 통제하는 제도를 도입해 결합한 조치들은 전체로서 시장실패를 치료하고 자본주의 시장경제의 지속적 번영을 유지하는 데 분명히 긍정적 효과를 가져왔다. 전후의 경제적 실적 면에서도 자유시장경제를 조금 더 순수한 형태로 고수한 나라나 시기보다는 국가가 시민사회의 동의와 협조를 바탕으로 소유를 통제하고 공적 서비스를 적극 제공한 나라나 시기에 훨씬 더 효율적이었다. 단적으로 미국은 안티트러스트를 통해 거대기업의 사적 소유에 대한 통제를 강화하는 데 성공했기 때문에 세계 최강의 자본주의국가로 발돋움할 수 있었다. 유럽 국가들에서 고도의 복지시스템에 의한 사회지출 증대는 사회균열을 통합했을 뿐만 아니라 대규모의 잘 훈련된 인적 자원을 배출함으로써 경제의 효율성을 높이는 데 크게 기여했다.

이상에서 설명한 바와 같이 민주적 시장경제의 틀을 더욱 확장시켜 민주주의와 시장의 관계에서 민주주의의 우위성을 확고하게 정립하고자 시도한 이는 바로 정치철학자 존 롤스였다. 그는 정의로운 경제모델로 '소유민주주의(property-owning democracy)'를 제시했는데, 그것은 사전적으로 생산 자본과 인적 자본의 소유 집중을 막고 인적 자본에 대한 투자기회를 더 평등하게 함으로써 시장에서 창출되는 소득의 불평등과 경제력과 정치권력의 집중현상을 완화하는 제도이다.[6] 소유민주주의는 자유방임적 자본주의나 복지국가 자본주의와 다르다. 자유방임적 자본주의는 형식적 자유만을 보장하고 실질적으로 공정한 가치와 기회의 평등을 보장하지 않는다. 복지국가는 모든 사람이 일정한 생활수준 이하로 떨어지지 않고 우연적 사고나 불행으로부터 보호받을 수 있게 하지만 정치적 자유의 평등과 양립 불가능한 수준의 경제적 불평등을 허용할 수 있다는 점에서 한계가 있다.[7] 이에 반해 소유민주주의는 사전적으로 자본의 소유 집중을 막고 사람에 대한 투자를 조금 더 평등하게 함으로써 시장에서 창출되는 소득 불평등과 정치권력의 집중을 완화한다. 그것은 사유재산제도에 입각한 시장을 전제로 하면서도 민주주의적 제도로 소유를 통제하는 것이다.

민주주의와 시장의 관계에서 민주주의의 우위성이 확립되면, 그것은 이미 민주적 시장경제를 넘어 사회국가의 영역으로 나아가게 된다. 사회국가란 독일어 정치학 사전의 정의를 따르면 "자본주의 시장경제에 따르는 생계상의 위험과 사회적 부작용을 그 안에서 정치적으로 해결하려 하는 민주주의 체제 내의 국가체제"이다. 사회국가는 역사적으로 사회민주주의 복지국가에 근사한 사회체제이다. 사회국가나 복지국가 모두에 가장 중요한 핵심 요소는 바로 '정치의 우선성' 혹은 '민주주의의 우위성'이다. 이는 "복지국가는 정치가 낳은 아이이며, 그러므로 정치의 미래이기도 할 것"[8]이라고 한 복지국가 이론의 대가인 에스핑 안데르센(Gosta Esping-Andersen)의 말이나, 사회민주주의란 "국가와 정치를 통해 사회를 변화시킬 수 있다는 신념 위에서 탄생한 적극적인 민주주의자들의 비전"이라고 한 미국의 정치학자 버먼(Sheri Berman)의 말과 상통한다. 바로 정치적 힘을 조직함으로써 이를 통해 자본주의 시장체제를 조절해내고 일정하게는 탈상품화하는 정치경제적 기획인 것이다.

사회국가의 요소 중 보편적 복지를 민주적 시장경제에 더해 강조하는 이유는 누구나 사회적 약자로 떨어질 수 있다는 가정 위에서 시민적 우애로 더 배려함으로써 모든 사람들이 적극적 삶의 기회를 누릴 수 있도록 하자는 것이다. 이는 전통적인 시장실패의 영역에 대한 처방일 뿐만 아니라 세계화의 도래에 따른 새로운 위험 요인에 선제적으로 대응해 사회구성원의 삶의 질을 높이고 공동체의 유대 기반을 강화한다는 점에서 시대 상황에 부응하는 것이다. 세계화 시대에는 개인이 실업, 불의의 사고, 질병에 처하기라도 하면 금방 위기의 나락에 떨어지기 쉽다. 이 때문에 이런 위험에 선제적으로 대응하는 것은 모험과 실패를 두려워하지 않고 세계화의 역동성을 잘 활용할 수 있는 길이다. 이는 지금까지 보편적 복지체제를 수립한 나라들이 그렇지 않은 나라들에 비해 세계화에 비교적 잘 대처해왔다는 사실에서도 입증된다.

 우리가 사회국가의 원리를 적극적으로 수용해야 하는 다른 하나의 이유는 세계화 시대의 고도의 사회변동과 지식사회의 특성 때문이다. 지식사회에서 지식과 정보가 갖는 비경합성과 집합성의 특징은 협력과 공유의 원리에 대한 필요를 증대시키기 때문에 순수한 사유재산권이 지닌 배타적 경쟁 원리의 적용 범위를 제약해 시장실패를 촉진한다.[9] 또 세계화에 의한 역동성과 불확실성은 단일한 소유권체제의 위험성을 증폭시킨다. 그러므로 사적 소유형태만이 아니라 거기에 공유와 협력의 원리를 적용한 다양한 소유형태 — 이를테면 공영기업, 협동조합기업, 민관협력기업 등 — 를 만들어내는 것이 지식사회의 특성에 부합할 뿐만 아니라 불확실성과 유동성이 큰 세계화의 위험을 피해나가는 데에도 더 유리한 것이다.

민주적 시장경제와 사회국가원리의 한국적 적용

 이 책에서 제시하는 한국형 발전모델로서 사회시장경제는 민주적 시장경제를 기본 틀로 하면서 한국의 사회 상황에 맞게 적절한 수준의 사회국가원리를 받아들여 민주적 시장경제를 보완하겠다는 모델이다.[10] 즉 전면적으로 사회국가로 나아가지는 않더라도 그 원리를 능동적으로 수용해 민주적 시장경제를 통해 풀 수 없는 사회적·경제적 문제에 적극 대처하겠다는 것이다. 사회시장경제는 불공정한 특권, 특혜를 철폐하고 공정한 기회를 보장하는 민주적 시장경제를 기반으로 삼으면서 사회적 합의를 바탕으로 독점적 소유를 통제하고 보편적 복지제도를 강화해 적극적으로 재분배를 촉진한다. 특히 재벌 대기업의 과도한 경제력 집중에 대응해 전체 사회공동체의 요구에 맞게 소유를 민주적으로 규제한다.

사회시장경제는 소유에 대한 규제, 보편적 복지, 다양한 소유제도의 도입 등 사회국가의 요소들을 적극적으로 받아들이는 것이 필요하지만 그 수위에 대해서는 좀 더 점진적이고 단계적인 접근을 취한다. 이론적·역사적 질이 상이한 복수의 원리들을 한국 사회의 역사적 조건에 맞게 잘 조화시키고 결합시키는 것이 중요한 것이다. 과연 한국 사회가 민주적 시장경제와 사회국가 사이에서 어느 정도의 위치와 긴장관계를 포함할 것인가는 당면한 사회문제의 성격으로부터 규정된다. 그런 점에서 사회시장경제는 한국 사회가 공정한 가치와 평등한 기회를 달성해야 하는 과제에 주요하게 직면해 있다는 인식에서 출발한다. 사회시장경제가 여전히 민주적 시장경제를 주로 하고 사회국가 내지 복지국가를 보완재로 삼는 이유이다. 사회시장경제는 일정하게 사회국가화된 민주적 시장경제라고 말해도 좋을 것이다.

사회시장경제는 민주적 시장경제와 보편적 복지국가를 단순히 기계적 혹은 산술적으로 결합한 개념은 아니다. 이들 양자의 요소는 질적 결합을 이루어야 하며, 이를 위해서는 양자가 상통할 수 있는 지점을 찾아내야 한다. 먼저 민주적 시장경제의 발전과정은 단계별로 나누어볼 수 있다. 1단계는 시장경제의 기초적 질서를 세우기 위한 공정경제, 2단계는 시민의 광범위한 참여에 입각한 역동적 시장경제, 3단계는 적극적 복지정책을 통해 사회구성원의 삶의 질을 고도화하고 시민적 역량의 발전을 극대화하는 경제가 그것이다. 여기서 민주적 시장경제의 3단계는 보편적 복지국가에 대한 지향과 맞닿는 지점이다. 보편적 복지국가는 오늘날 양극화, 빈곤, 저출산·고령화, 환경 등의 사회문제에 적극 대처하고, 나아가 시민들 간 상호협력과 삶의 질의 고도화를 통해 지속적 번영을 추구해야 한다는 새로운 패러다임에 대한 요구로부터 주어진다.

이는 민주적 시장경제의 고도화와 맞물리게 되고, 이 지점에서 사회시장경제가 완성된다. 그런 점에서 사회시장경제는 민주주의와 시장경제의 병행 발전의 한계를 뛰어넘고, 민주적 시장경제의 발전 단계를 더욱 고도화해 보편적 복지를 적극적으로 받아들인다는 측면에서 한발 나아간 것이다.

한편 여기서 제시하는 사회시장경제는 독일식 사회발전모델이라고 불리는 '사회적 시장경제'와 조금 다르다. 사회적 시장경제는 오이켄의 질서자유주의에 노사 공동경영제도와 복지제도를 가미해 사회정책적 국가개입을 강화시킨 것이다. 질서자유주의는 자유방임적 시장질서의 확립을 궁극적인 목표로 한다. 그런데 독점이 발생해 그 같은 자유경쟁을 훼손할 때 정부가 개입해 완전경쟁시장을 만들어야 한다는 것이 질서자유주의의 요지이다. 그 후 뮐러-아르막에 의해 이론적으로 정립된 사회적 시장경제는 질서자유주의를 그대로 받아들였으나, 이에 더해 정부에 의한 강력한 소득재분배 등을 추구한 점에서 질서자유주의를 넘어서는 부분이 있었다. 그럼에도 사회적 시장경제는 질서자유주의의 영향을 강하게 받으며, 이것이 사회적 시장경제를 개입주의적인 케인지안 정책과 다르게 만드는 요인이기도 하다.

이에 반해 여기서 말하는 사회시장경제는 궁극적으로는 완전경쟁시장이라는 목표에 종속되는 것이 아니라, 사회 공동체 전체의 존립과 번영이라는 목표에 종속된다는 것이고, 시장경제보다 민주주의가 상위의 원리임을 명확히 한다. 그리고 여기에 보편적 복지제도를 통해 새로운 위험요인들에 보다 적극적이고 선제적으로 대응하고 공동체의 유대 기반을 강화한다는 점에서 사회적 시장경제와 겹치기도 하고 다르기도 하다. 사회시장경제는 민주주의의 우위성을 구현하기 위해 '공적인 국가'와 '시민의 참여'라는 민주적 제도들을 기반으로 시장을 조절하는 것을 허용한다. 그렇지 않으면 사회는 시장이 갖고 있는 자체의 속성으로 인해 갈등과 투쟁이 만연하고 오래 유지될 수가 없다.

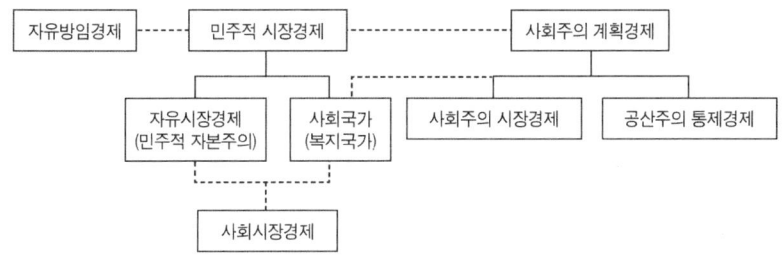

〈그림 5-1〉 사회시장경제의 이론적 위상

2. 사회시장경제의 핵심 구성 요소

사회시장경제의 전략 청사진

 사회시장경제를 실현하기 위해서는 고도의 전략적 접근이 필요하다. 우선 사회시장경제를 실현하는 전략을 수립하기 위해서는 개혁의 핵심어가 되는 개념을 추출하고, 의제의 배열을 어떻게 할 것인지를 결정해야 한다.
 사회시장경제론에서 제시하는 개혁의 핵심 원리는 사회세력 간의 권력 불균형을 바로잡고 '견제와 균형', '민주적 규제'를 통해 사회와 국가의 권력을 재정립하는 것이다. 이를 달성하는 데 가장 중요한 핵심은 국가 역할을 공적으로 재확립하는 것이다. 국가의 공공성을 확립하고 시대에 맞게 재창조하며, 국가의 역할 수행을 위한 능력을 확보하는 것은 여러 부문의 사회 개혁을 위한 전진기지를 확보하는 것과 같다. 그런데 국가를 공적으로 확립하고 강화하는 것은 적어도 민주주의를 지향한다면 시민들의 광범위한 동의와 참여, 그리고 협력을 반드시 필요로 한다. 또한 강화된 국가의 공적능력이 개인의 삶을 복속시키려들거나 압도하지 못하도록 견제와 균형을 철저하게 확립해야 한다.

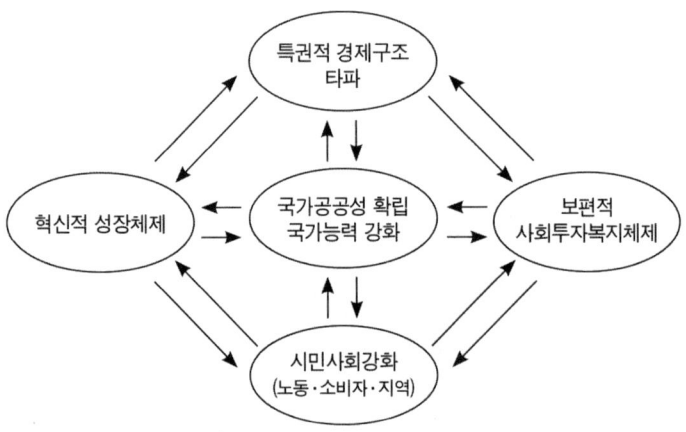

〈그림 5-2〉 국가 비전의 전략 청사진

그리고 이처럼 강화된 공공성 능력을 바탕으로 국가는 시장에 대한 개혁에 착수해 들어간다. 무엇보다도 시장에 대한 개혁의 우선순위는 낡은 특권체제를 향해야 할 것이다. 낡은 특권체제를 타파하지 않고서는 그 외의 어떤 개혁도 증발해버리기 때문이다. 그런 후에 개혁은 낡은 특권체제를 극복하는 것에서 나아가 세계화와 지식사회 그리고 생태사회의 도래에 대응하는 새로운 미래체제의 건설에 착수할 것이다. 새로운 미래체제는 성장과 분배의 양 측면에서 선순환이 이루어지게 할 것이며, 인간의 '행복'과 '삶의 질', 그리고 '창조적 삶'을 지향하는 것이어야 한다. 이상의 사회시장경제 실현을 위한 전략 개념을 그림으로 나타내면 〈그림 5-2〉와 같다.

국가의 공공성 확립과 특권과두체제의 타파

오늘날 심각한 사회 현실의 근저에는 취약한 국가 혹은 실패한 국가가 자리하고 있다. 무엇보다 국가의 공공성이 무너졌다는 것이 최대의 비극이었다.

국가는 그것을 저지하고 처벌하기는커녕 오히려 방조하고 심지어는 특권층과 담합해 다수 시민들을 약탈했다. 국가의 공공성이 무너진 현실이야말로 특권체제가 형성되고 사회 양극화가 급속히 심화된 핵심 원인이었다. 국가의 공공성 역할이 붕괴됨으로써 신자유주의의 급속한 유입에 따른 위험 요소를 조절하고 중화시키지 못했기 때문이다.

그러므로 사회 문제를 해결하고 사회시장경제를 실현하기 위해서는 그 선결조건으로 국가의 공공성을 확립하고 특권집단의 이익 카르텔을 파괴해야 한다. 국가가 공공성을 회복하기 위해서는 우선적으로 사회 특권집단의 압력으로부터 자율성을 가져야 하며, 공공적 역할을 수행하기 위한 국가능력을 확보해야 한다. 특히 국가가 자율성을 갖기 위해서는 건강한 시민사회 속에 튼튼히 뿌리내려야 한다. 자율적이고 능력 있는 국가는 시민의 자발적 동의와 참여를 통해 강력한 합법성을 획득할 때 성립된다.

특히 국가는 강한 시민사회에 뿌리내려야 한다. 국가의 개혁 작업은 특권체제에 대한 대중의 분노와 정의에 대한 열정이 지속적으로 동원될 때 성공할 수 있다. 이는 사회세력균형을 회복하고 시민사회를 강화하는 일이다. 미국의 정치철학자 벤저민 바버(Benjamin Barber)에 의하면, 강한 시민사회는 강한 민주주의의 전제조건이다. 강한 시민사회란 시민들이 자기 일에만 신경 쓰지 않고, 끊임없이 사회와 국가 문제에 관심을 갖고 생각을 나눌 때 형성된다. 그 속에서 시민들은 자신의 의견을 펼치고 다른 생각을 조정하며 타협을 이끄는 기술을 익히게 된다. 그 과정에서 여러 의견이 부딪치면서 새롭고 다양한 아이디어가 솟아오른다. 바로 그 같은 시민사회에 합법성의 토대를 둔 국가는 자율성이 높을 뿐만 아니라 높은 수준의 능력을 갖출 수 있게 된다.

이렇게 해서 강한 시민사회에 뿌리를 둔 자율적이고 능력 있는 국가는 특권집단의 이익에 휘둘리지 않고 공정한 원칙과 기준에 따라 공동체의 문제를 처리할 수 있다. 그런 국가의 통치 아래서는 특권집단에 의한 탈법과 편법이 설 자리를 잃을 수밖에 없다. 국가는 특권집단에게 공정한 책임과 의무를 가지도록 각종 규제를 부과할 것이며, 특권체제는 해소되어갈 것이다. 그리고 특권체제가 해소되면 비로소 새로운 미래발전체제가 형성되기 시작할 것이다.

혁신적 성장체제의 확립

왜 혁신적 성장체제인가? 지금 지구 곳곳의 환경은 가쁜 숨을 몰아쉬고 있고, 중국과 인도가 대량소비의 대열에 동참하면서 자원 고갈의 속도는 더욱 빨라지고 있다. 일본을 강타한 대지진과 원전 사고는 기술과 개발에 대한 맹신, 성장을 유일한 척도로 떠받들던 의식체계를 뒤흔들고 있다. 이런 상황 속에서 많은 사람들이 이제는 탈성장 담론을 이야기한다. 성장과 부국을 유일한 척도로 여기던 사회를 넘어서 인간의 행복을 증진시킬 수 있는 새로운 경제·사회·환경적 가치를 찾으려 하는 것이다. 무엇보다 한국 사회는 지난 50년 동안 그 어느 나라보다 성장을 지상 가치로 추구하며 살아왔다. 지금은 그 후유증이 온 사회에 깊은 독처럼 퍼져 있다. 사회양극화, 실업, 저출산, 자살, 무분별한 개발과 환경 파괴 등 사회적 피로 현상으로 나타나고 있다. 그런데도 우리가 성장의 가치를 추구하는 것은 옳은가?

결론적으로 말하자면 우리에게 성장은 필요하다. 성장은 한 사회가 존립하고 발전해나가는 데 필수적인 엔진이다. 그런데 우리 사회에는 그 엔진이 제대로 작동하지 못하고 있다. 좀 더 정확히 말하면 우리에게는 '좋은 성장'이 필요하다. '좋은 성장'은 '나쁜 성장'에 대립되는 개념이다.

나쁜 성장이란 금리, 환율, 재정을 인위적으로 조작함으로써 무리하게 달성한 성장이다. 한국에서의 경제정책이란 성장이 둔화할 조짐이 보이면 환율 인상을 유도해 수출을 촉진하고, 금리를 인하해 설비투자를 촉진하며, 재정지출을 풀어 경기를 부양하는 것이었다. 한마디로 별로 고민하지 않고 기계 버튼을 누르면 되는 식이었다. 한국의 경제 관료들은 이런 성장정책의 마술사이다. 그런 결과로 한국 경제는 부동산 폭등이 일어났고, 내수침체로 중소기업과 자영업자들이 회복할 수 없는 타격을 입었으며, 물가관리체계를 교란해 경제안정을 훼손했다.

좀 더 근본적 의미로 나쁜 성장이란 사회구성원 다수의 삶의 질을 도외시한 질 낮은 성장이다. 인간을 성장의 도구로 전락시키고 일회용 소모품처럼 폐기하는 경제 구조에서는 일자리의 질은 계속 떨어질 수밖에 없고, 양극화는 심화해 지속가능한 발전이 불가능할 수밖에 없다. 지금까지 우리 사회는 사람을 노동시장에서 경쟁력 유지 및 강화를 위한 도구로 취급해왔다. 개인의 육체적·정신적 피로의 극대화를 바탕으로 이익을 창출하고, 신뢰와 협력의 사회적 자본의 축적을 통해서가 아닌 상호 불신과 무한경쟁을 통해 효율을 극대화하는 방식이었다. 그것은 경쟁에서 승리와 이익 창출을 위해서라면 어떤 수단과 방법도 가리지 않겠다는 의식을 확산시켰으며, 극단적인 불공정과 특권을 낳았다. 사회양극화는 사회갈등을 첨예화시키고 공동체의 유지 존립을 위태롭게 만들어왔다.

그렇다면 좋은 성장이란 무엇인가? 그것은 지금까지의 성장과는 달리 훨씬 폭넓고 장기적 시야를 가지고 접근하는 성장방식이다. 좋은 성장은 금리, 환율, 재정 같은 거시정책 수단들을 남용하지 않고, 주로 법과 제도, 관행의 개선을 중요하게 생각한다. 그래서 생산적 투자를 촉진하기 위해 세제를 개혁하고, 국내 저축률을 높이고 외자를 유치하기 위한 제도를 개선하며, 여성인력의 활용도를 높여 전체 가용 노동인력을 확대하고, 과학기술을 육성하기 위해 교육개혁을 시행하며, 농업과 금융산업의 경쟁력을 높이기 위한 정책 등을 적극적으로 추진한다.[11] 공정한 시장 질서를 촉진하고, 소득분배의 왜곡을 방지하며, 물가의 안정과 재정의 건전성을 지속적으로 유지해나간다.

좋은 성장의 거시적 구조는 첫째, 수출 중심에서 내수 중심으로 균형점을 옮김으로써 안정성장, 동반성장, 균형성장, 민생 중심 성장을 달성하는 것이다.[12] 둘째, 대기업 중심에서 대기업-중소기업이 상생하는 경제구조로 전환함으로써 동반성장, 일자리창출을 강화하는 것이다. 셋째, 토건 중심에서 사람 중심의 성장으로 전환해 복지, 노동, 생태를 중심 가치로 추구하는 것이다. 넷째, 국가 및 시장 주도에서 시민사회 중심으로 전환함으로써 소비자, 노조, NGO, 지역사회의 주도성을 증대시키고 견제와 균형을 강화하는 것이다.

좋은 성장이란 혁신적 성장이다. 혁신적 성장은 국민의 '행복'을 최상위 가치로 놓는 발전방식이다. 그것은 지금까지 '성장'과 '개발', '경쟁'과 '효율'을 최상위 가치로 삼아 왔던 발전체제로부터 탈피해서 기회와 권리의 평등, 공정한 경쟁과 협력, 삶의 질 향상과 공동체 발전에 대한 참여와 책임의 바탕 위에서 지속적인 발전을 이루어나가는 체제이다.

혁신적 성장의 기초는 인간 중심의 성장이다. 그것은 사람을 존중하고 사람의 능력을 키우는 것이 핵심이 되고, 그것을 통해서 지속적인 혁신이 일어나는 경제체제를 확립하는 것을 목표로 한다. 지금까지 보통 성장(growth)은 재화와 용역이 증대되는 속도로 정의되어왔다. 이때 성장의 기본초석은 자본의 형성과 축적이었다.[13] 그러나 어느 때부터 인적 자본 혹은 인간 개발이라는 관점이 중요해지기 시작했다.[14] 그것은 인간의 행복을 발전의 목적임과 동시에 가장 중요한 수단으로 보는 관점에 입각해 새로운 발전(development) 개념을 모색하는 것이었다.[15]

혁신적 성장은 저임금·고강도·저학습·저참여·저생산성의 경제구조 대신에 고임금·저강도·고학습·고참여·고생산성의 경제구조를 실현하는 것이다. 이를 위해 노동생산성의 증대에 따라 노동시간을 단축함으로써 저임금·장시간노동·토지개발을 기반으로 하는 과로경제구조를 타파하고, 최대 다수의 사람들에게 최대의 여가를 보장해 각자가 전인적 자아실현을 도모하도록 한다. 이를 통해 사람들의 전반적 삶의 질을 높이고, 그 바탕 위에서 성장이 지속적으로 일어나 폭넓은 경제발전이 이루어지게 한다.

혁신적 성장은 노동자의 경영참여를 적절하게 보장함으로써 사회 전반의 공동체에 대한 책임의식을 높인다. 중소기업과 지방대학 및 연구소를 결합하는 혁신체제를 구축해 양질의 일자리를 대규모로 창출한다. 지역공동체에 뿌리내린 협동조합이나 사회적 기업을 대대적으로 육성한다. 과다한 에너지를 사용하는 방식에서 에너지를 절약하는 방식으로 생활구조를 바꾸고, 지구적 기후변화 방지에 앞장서고, 원전에너지의 사용을 단계적으로 감축해 대안에너지체제로 전환해나가는 것이다.

보편적 사회투자복지체제의 확립

인류가 걸어온 세계사적 경험은 적절한 수준의 복지국가체제가 없다면 어떤 좋은 민주주의도, 경제발전도 유지될 수 없다는 것을 보여주었다. 그런데 우리나라는 그간 경제는 놀라울 만큼 성장했지만 복지제도는 이에 조응하는 수준만큼 발전해오지 못했다.[16] 그러나 외환위기 이후 두 개의 민주정부를 거치면서 한국의 사회복지는 급속히 팽창해왔다. 한국의 GDP 대비 사회복지지출은 1995년 3.5%에서 2000년 5.2%, 2008년 8.3%로 성장했다. 그래서 한국은 이제 복지국가 초입 단계로 진입했다는 평가를 받기에 이르렀다. 바로 이런 시점에 벌어지고 있는 보편주의-선별주의 복지 논쟁은 한국 사회가 나아갈 미래 복지국가 유형뿐만 아니라 미래 사회의 모습을 틀 지우는 일종의 사회적 진통이라고 표현해도 크게 틀린 말은 아닐 것이다.

우리가 앞으로 지향해야 할 복지모델은 '보편적 사회투자복지'이다. 여기서 '보편적'은 사회통합과 연대, 다시 말해서 시민적 권리의 평등에 입각한 공동체적 유대를 나타낸다. '사회투자'는 복지의 역동성, 즉 고용 및 성장 친화성을 나타낸다. 근래에 세계화의 도전 속에서 성공한 나라들의 중요한 공통점은 보편적 복지제도를 유지하면서도 과거 수동적인 소득 지원에 주로 그쳤던 방식을 넘어 사람들이 노동시장으로 재진입하도록 적극적 노동시장정책을 펼치는 사회투자복지국가를 만들었다는 것이다. 스웨덴, 덴마크, 노르웨이, 네덜란드 같은 나라가 그런 예이다.

먼저 우리가 지향해야 하는 복지체제가 보편주의의 원리를 지향해야 하는 이유는 그것이 선별주의보다 훨씬 바람직하고 효과적이기 때문이다. 보편주의 원리를 지향한다고 해서 선별주의를 배척해야 한다는 뜻은 아니다. 보편주의와 선별주의는 서로 보완적으로 결합되어야 하며, 실제로 선진국의 복지국가들도 그렇게 운용하고 있다. 그럼에도 보편주의의 원리가 기본 골간이 되어야 한다는 것을 강조하는 것은 중요하다. 보편주의는 소득분배의 개선 효과가 선별주의보다 우수해서 사회통합을 촉진할 뿐만 아니라, 사회 변화가 빠르고 역동적인 세계화의 조건에서 더 많은 다수의 국민에게 사회적 위험에 대한 보호 장치를 제공할 수 있으며, 구조조정에 따른 부담을 받아들이게 함으로써 경제적 발전을 촉진하는 데도 용이하기 때문이다.

특히 한국에서 보편주의가 필요한 이유는 중간소득층의 지위가 매우 불안정하다는 점 때문에 더욱 증폭된다. 한국에서 중간층의 지위는 매우 불안정해서 한번 직장을 잃거나 중병에 걸리거나 노령으로 일을 못 하게 되면, 순식간에 중산층에서 탈락해 빈곤층으로 떨어진다. 이처럼 중간층의 지위의 변동이 심하고 예측이 어려운 상황에서는 저소득층에만 타깃을 맞추는 선별주의보다는 수혜층이 포괄적인 보편주의가 훨씬 효과적이고 바람직한 것이다. 한국에서는 저소득층보다 중간계급이 복지 확대와 그를 위한 증세를 더 지지하는 태도를 보이는데,[17] 중간층이 나타내는 이 같은 정치적 조건도 중요한 하나의 요소일 것이다. 결론적으로 복지이론가 티트머스(R. Titmuss)가 말하는 것처럼, 보편주의의 원리 위에 선별주의가 결합되어 각각의 장점을 극대화할 수 있게 하는 것이 무엇보다 중요하다고 볼 수 있다.

하지만 복지체제에서 보편주의의 원리만이 일방적으로 강조되어서는 안 된다. 여기에는 사회 변화의 급속한 속도와 내용에 대한 적극적 대응의 원리로서 '사회투자'의 개념이 결합되는 것이 바람직하다. 그것의 핵심 원리는 국가의 책임과 개인의 책임 사이의 경계를 재확정하는 것이다. 우리는 보통 사회적 불평등이 발생하는 원인을 사회적 차별, 사회경제적 여건의 불평등, 자연적 우발성에 따른 불평등, 성실성과 삶의 방식의 차이 등으로 나눠볼 수 있다. 그런데 지금까지 전통적인 자유주의자들은 사회적 차별만을 제거해 소극적인 기회의 평등을 실현하려 했다. 이와 달리 고전적 사회민주주의자들은 성실성과 생활방식의 차이까지를 포괄해 결과의 평등을 달성하려 한 경향이 있었다. 신사회민주주의자들에 의해 정립된 보편적 사회투자복지체제는 저소득가정의 아동과 청년, 그리고 여성의 기회의 평등기반을 확대하고, 장애인 등 자연적 우발성에 의한 불평등에도 적극적으로 개입해 삶의 기회를 보장하려 한다. 하지만 성실성과 삶의 방식에 따른 차이에 대해서는 국가의 책임이 아니라 개인의 책임 영역임을 분명히 하고자 한다.

보편적 사회투자복지체제가 지향하는 핵심 키워드는 세계화 시대의 사회변화에 맞는 공공성 시스템을 구축하는 것이다. 공공성의 사회적 기능은 사회구성원들의 일상적 삶의 예측가능성을 높이고, 개별적 자구활동에 비해 자원의 효율성을 높여주며, 사회적 귀속감을 강화시켜 사회통합을 증대시키는 것이다. 새로운 복지체제의 기본 방향은 소득보장제도와 사회서비스의 균형을 맞추는 것이다. 은퇴나 실업 후에 겪는 생활고를 피할 수 있게 적절한 수준의 소득보장이 이루어지는 것은 복지국가의 기본이다.[18] 그런데 다른 한편으로 기존의 실업이나 은퇴 후의 소득보전에 초점을 맞추는 실업급여나 연금 위주의 복지시스템으로는 새로운 사회의 위험에 대비하기 힘들다는 것도 사실이다. 그래서 보편적 사회투자복지체제는 적절한 수준의 소득보장의 기반 위에서 공공성 구축을 위한 사회투자의 대상으로서 지속적 평생교육체제의 실현, 적극적 노동시장정책의 강화, 적극적 복지체계로의 전환을 강조하게 된다. 이는 새로운 복지의 초점을 개인 실패가 완전한 사회적 배제로 이어지지 않고 사회에 재진입할 수 있는 기회를 확대하는 쪽으로 일정 정도 이동하는 것을 의미한다. 국제적으로도 사회적 성과와 경제적 성과가 우수한 나라들은 대체로 사회지출에서 가족·고용 부문에 대한 지출의 비중이 적절한 나라들이다.

한국의 새로운 국가모델에서 복지체제는 이상에서 설명한 바와 같은 보편적 추세를 따른다. 그러나 서구에서 성공한 나라들의 모델을 그대로 도입하는 것은 아니다. 지금 한국에서 복지를 강조하는 많은 사람들은 한국이 유럽형 복지국가를 지향해야 한다고 주장한다. 하지만 복지체제란 그 나라의 문화적·정치적 전통과 경제구조의 제약 속에서 새로운 환경과 요구에 적응해가면서 스스로 선택해야 한다. 외국 모델을 수입하더라도 그에 대한 충분히 비판적 문제의식이 필요하다. 복지국가의 발전경로는 다양하며 결국 우리나라가 처한 경제사회 환경에 조응하는 복지모형을 구축해야 한다.

예를 들어 노르딕 국가들은 한국과 마찬가지로 인종, 종교, 계급, 문화의 수준에서 매우 동질적이라는 공통점이 있다. 그러나 노르딕 국가들에는 사회가 대립적이고 갈등적이지 않으며 합의의 정치문화가 잘 발달되어 있다. 이 국가들은 사회 저변에서부터 계급 간에 타협이 공고하게 이루어져 있고, 시민사회의 조직화와 참여 수준이 높아 조합주의적 의사결정방식이 적용 가능하다. 또한 기업의 투명성이 잘 확립되어 있고, 대기업이 중소기업과 비정규직을 착취하는 빨대구조도 없다. 국가는 정당 및 계급 간 균형 위에 잘 서 있고, 정치체제는 높은 수준의 정당성을 확보하고 있다. 그렇기 때문에 복지정책의 효과가 사회 전체에 골고루 잘 퍼지게 되어 있다.

그러나 한국에서는 특권과두집단들에 의한 지배가 심화되었고 국가가 그들에 의해 포위되어 있기 때문에 복지를 확대하더라도 결국은 특권집단들에 의해 흡수되고 국민 전체로 퍼져나가지 못하는 문제가 발생한다. 사회는 계급 간 불균형과 갈등이 심해서 사회적 타협과 합의가 쉽지 않으며, 시민사회의 조직화와 참여 수준이 높지 않다. 그러므로 이처럼 사회 발전 단계와 본질적 모순구조가 상이한 조건에서는 복지국가의 발전 전략 또한 상이할 수밖에 없는 것이다.

시민사회의 강화를 통한 시장경제의 재구조화

사회시장경제는 헌법의 가치와 정신을 따라 인간으로서의 존엄, 행복 추구의 권리를 실현하는 데 목표를 둔다. 그 같은 권리를 실현하는 데 시민사회(civil society)는 매우 중요한 의미를 갖는다. 시민사회는 사회적 연대의 원리에 입각해 조직된 근대국가의 가장 중요한 근간으로서 참여자 간의 자유롭고 평등한 대화가 이루어지는 공간이다. 그것은 정부와 그 주권을 행사하는 국가영역과 개인 및 시장에서의 계약에 의한 결사체가 존재하는 사적 영역 모두의 가치를 공유하면서 이 둘을 매개해주는 것인데, 자발적 참여를 장려하는 개방적이고 평등주의적인 회원들의 결사체이다.[19]

그런데 이 같은 시민사회의 역할과 가치는 경제발전에서도 매우 중요한 역할을 수행한다. 새로운 경제 질서의 기초는 바로 '능동적 시민'이다. 개발도상국의 경제·사회적 발전 프로젝트를 만들고 관리하는 유엔개발계획(UNDP)은 "시민사회 조직들은 정치·문화·경제·사회 활동에 시민 참여를 연결시켜주고, 공공정책에 영향력을 행사하기 위해 그들을 조직하며, 특히 취약계층과 소외계층을 위해 공적자원에 대한 접근 기회를 획득한다"고 말한 바 있다.[20] 시민사회는 시민의 자유로운 활동과 만남을 통해 상호 신뢰와 유대를 강화하면서 붕괴되는 공동체의 재건을 가능하게 해주는 '사회자본'을 창출하는 기능을 한다. 시민사회가 갖고 있는 시민의 네트워크와 규범은 사회적 상호작용을 제도화시켜 기회주의를 축소하고 사회적 호혜성과 신뢰와 규범을 증진시키며, 또 정치적 상호작용과 경제적 거래를 원활하게 해준다는 것이다.[21]

새로운 발전모델이 지향하는 것은 "시민사회 속에 내재된(embedded) 시장경제"이다. 오늘날 경제발전에서 가장 문제가 되는 지점은 경제적 세계화 속에서 급속히 강화되고 있는 시장의 힘을 어떻게 적절하게 제어할 것인가의 문제이다. 그런데 케인지언 복지국가나 권위주의 개발국가에서처럼 국가가 직접 개입해서 시장의 힘을 제어하는 방식은 이 이상 통용되기가 갈수록 어렵게 되어가고 있다. 설령 국가의 개입 여지가 있더라도 과거와 똑같은 형태는 아니다. 그렇다고 세계화나 시장 자체를 부정하고 추방할 수는 없는 일이다. 그러므로 시장의 확장되는 힘에 대한 반정립의 방식이 아닌, 세계화의 기본적인 조건들을 유연하게 활용하면서 시장의 지속가능성을 보장하고 효율성을 유지하는 조절과 규제 방식을 찾아야 한다.

시민사회 속에 내재된 시장경제는 민주주의를 상위 원리로 하는 경제발전 모델로서, 영국의 저명한 정치학자 데이비드 헬드(David Held)에 의하면 자주적 결정과 국민적 참여의 확대를 통해 국민적·지구적 경제에 더 많은 책임성과 투명성을 관철시키려는 목표를 갖고 있다. 그것은 시민사회의 활성화와 불가분의 연관을 갖게 되는데, 시민들의 참여에 기반을 두고 소비자, 시민단체, 전문가, 여론 등 시민사회세력이 사업자단체를 감시하고 견제함으로써 사회 전체의 책임성을 제고하는 동시에 긍정적 발전을 이끌어내는 사회경제발전모델이다. 주택, 고용, 의료, 교육과 같은 시민의 일상적 생활세계의 공공적 이슈가 민주주의와 시장경제를 연결하는 중요한 매개 고리가 되는데, 여기서 시민은 그 같은 생활세계의 공공적 이슈에 적극적으로 참여하며, 시민의 참여가 시장에 영향을 미칠 수 있는 법과 제도의 망을 확충해나간다. 새로운 노동일자리, 육아휴가, 교육에 관련된 사회적 네트워크를 확대하고 동네의 지역공동체를 커뮤니티 공간으로 재구성하는 데 필요한 각종 법적·물적 지원을 강화하며, 환경보호 등에 관한 시장 친화적 규제를 도입한다. 이를 통해 예측불가능한 시장의 속성과 시장이 발생시키는 막대한 사회적 및 생태적 비용을 줄인다. 이는 벤저민 바버의 표현을 빌리자면, 시민사회적 전략을 활용함으로써 기업과 시장의 장점을 강화하자는 것인데,[22] 소비자제품에 대한 정보 제공을 획기적으로 강화하고 시민과 기업의 새로운 사회협약 체결하도록 촉진한다. 시민사회를 유지해나가는 데 필수적인 가치와 윤리를 준수한 기업에 대한 혜택을 부여하기 위해 안전보증표제제도의 도입이나 환경적으로 문제가 되거나 아동노동을 투입해 만든 제품에 대한 수입금지 법안의 제정도 그 같은 노력의 일환이라고 할 수 있다.

   기업의 사회적 책임은 전 세계적으로 급속히 확산되고 있다. ≪포춘(Fortune)≫이 선정한 세계 500대 기업에 이름을 올린 기업 5개 중 4개는 기업연차보고서에 수익과 직결되지 않는 사회적 책임 활동을 소개한다. 이 같은 변화는 금융업계에도 일고 있다. 투자는 개인이나 조직의 가치관에 맞아야 한다는 '사회적 책임투자'의 움직임이 꾸준히 확산되고 있다. 사회문제를 해결하는 데 가장 큰 힘을 발휘할 수 있는 것 중 하나가 비즈니스이며, 소비자는 기업에게 사회문제를 비즈니스에 적절하게 결합해서 풀어나갈 것을 요구하고 있다. 기업은 기후변화, 에너지, 공정무역, 지역경제 활성화 같은 현대 사회의 제반 문제에 대처해야 한다는 소비자의 욕구를 무시하고서는 지속가능한 성장을 이룰 수 없게 되었다.[23]

세계적 흐름은 국가 간 협력, 정부와 제3섹터와의 협력을 강화하는 추세이다. 정보공개 및 정부서비스품질 기준 선정 및 평가에 시민이 참여하는 열린 정부, 전력, 상수도, 보건, 복지, 교육 등에서 책임운영기관 확대 등이 그런 노력의 지표이다. 또한 사회책임경영(CSR)의 부상. 환경과 지역사회를 생각하고 소비자·노동자·주주 같은 이해관계자들의 신뢰를 얻는 일이 기업의 핵심 활동이 되도록 하는 것, 그래서 환경과 임직원의 복지와 소비자 안전과 투명한 지배구조 등 사회적 가치를 지키지 않으면 투자자와 소비자로부터 외면받도록 하는 것, 이 속에서 최고경영자(CEO)는 명령을 내리는 사람이 아니라 조직 내에서 서로 역동적으로 접속하고 있는 네트워크의 활성자로 탈바꿈하는 것 등이 포함된다. 그리하여 궁극적으로는 이러한 시민사회적 전략들이 저임금, 투기, 토지개발 위주의 로로드전략(Low Road Strategy)이 아닌 지식, 가치창조 중심의 하이로드전략(High Road Strategy)을 촉진시키는 것과 결합할 때 시민적 경제모델은 완성되는 것이다.

〈그림 5-3〉은 시민사회를 통한 경제발전모델을 단순하게 도식으로 표현해본 것이다. 그것은 국가가 우위에 서서 시장을 규율하는 권위주의적 개발국가 모델이나 반대로 국가의 역할을 최소화하면서 시장 주도의 경제성장을 지상 목표로 하는 신자유주의적 성장모델과는 명확히 구별되는 모델이다.

〈그림 5-3〉 발전모델의 유형 비교

ⓐ 권위주의 개발국가 모델

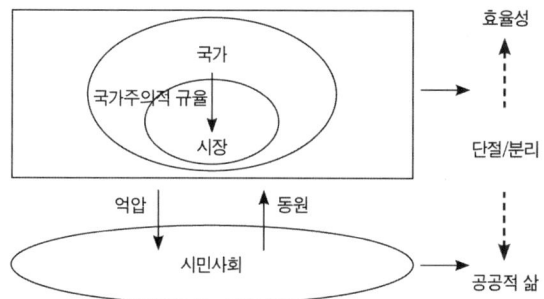

ⓑ 신자유주의 성장 모델

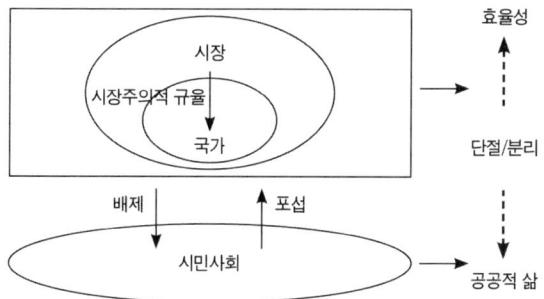

ⓒ 시민참여 사회시장경제 모델

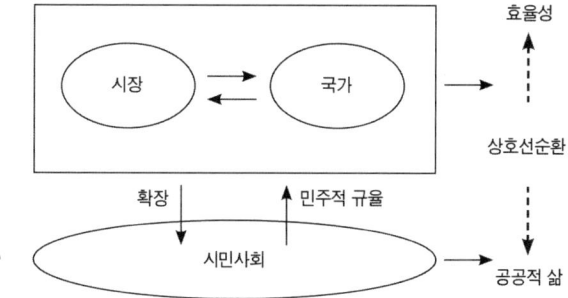

주

1 로버트 길핀, 『세계정치경제론』, 고현욱 등 옮김(인간사랑, 2004), 237쪽.
2 위키피디아 영문판에 민주적 시장경제에 대한 설명은 존재하지 않고, 민주적 자본주의에 대한 설명만이 나온다. 그 일부를 원문 그대로 인용하면 다음과 같다.
"Democratic capitalism, also known as capitalist democracy, is a political, economic, and social system and ideology based on a tripartite arrangement of a market-based economy based predominantly on a democratic polity, economic incentives through free markets, fiscal responsibility and a liberal moral-cultural system which encourages pluralism. This economic system supports a capitalist free market economy subject to control by a democratic political system that is supported by the majority. It stands in contrast to authoritarian capitalism by limiting the influence of special interest groups, including corporate lobbyists, on politics."(http://en.wikipedia.org/wiki/Democratic_capitalism)
3 Karl Polany, 1957, *The Great Transformation: The Political and Economic Origins of Our Time, Mass.* (Boston: Beacon Press, 1957), p.57.
4 최배근, 『시장경제의 유형과 민주주의: 영미형과 동아시형의 비교』(집문당, 2005), 26쪽.
5 프란쯔 자버 카우프만, 『사회정책과 사회국가』, 정연택 옮김(21세기사, 2005), 237쪽.
6 존 롤스, 『정의론』, 황경식 옮김(이학사, 2003), 21~22쪽.
7 같은 책, 21쪽.
8 Gosta Espinng-Andersen(ed.), *Welfare State in Transition, National Adaptation in Global Economies* (London: Sage publications, 1996), p.265.
9 최배근, 『시장경제의 유형과 민주주의: 영미형과 동아시형의 비교』, 44~47쪽.
10 헌법재판소는 다음과 같이 한국을 사회국가로, 그 경제 질서를 사회적 시장경제로 파악했다. "우리 헌법은 사회국가원리를 명문으로 규정하고 있지는 않지만, 헌법의 전문, 사회적 기본권의 보장(헌법 제31조 내지 제36조), 경제 영역에서 적극적으로 계획하고 유도하고 재분배해야 할 국가의 의무를 규정하는 경제에 관한 조항(헌법 제119조 제2항 이하) 등과 같이 사회국가원리의 구체화된 여러 표현을 통하여 사회국가원리를 수용했다. 사회국가란 한마디로, 사회정의의 이념을 헌법에 수용한 국가, 사회현상에 대하여 방관적인 국가가 아니라 경제·사회·문화의 모든 영역에서 정의로운 사

회질서의 형성을 위하여 사회현상에 관여하고 간섭하고 분배하고 조정하는 국가이며, 궁극적으로는 국민 각자가 실제로 자유를 행사할 수 있는 그 실질적 조건을 마련해줄 의무가 있는 국가이다"(헌재 2002. 12. 18. 2002헌마52 등). "헌법이 이미 많은 문제점과 모순을 노정한 자유방임적 시장경제를 지양하면서 국민 모두가 호혜 공영하는 실질적인 사회정의가 보장되는 국가, 환언하면 자본주의적 생산양식이라든가 시장메커니즘의 자동조절기능이라는 골격은 유지하면서 근로대중의 최소한의 인간다운 생활을 보장하기 위하여 소득의 재분배, 투자의 유도·조정, 실업자 구제 내지 완전고용, 광범한 사회보장을 책임 있게 시행하는 국가 즉 민주복지국가의 이상을 추구하고 있음을 의미하는 것"(헌재 1989. 12. 22. 88헌가13)이라고 설명한다.

11 정대영, 『한국경제의 미필적 고의』(한울, 2011), 25쪽.
12 내수 중심의 경제로 상당폭 전환해야 하는 이유는 경제적으로도 분명하다. 한국은행의 분석에 따르면, 10억 원당 취업유발계수는 소비가 17.1명으로 가장 많고, 투자가 13.1명, 수출이 9.4명으로 나타났다. 한국은행, 『알기 쉬운 경제지표 해설』(한국은행, 2009).
13 미국의 경제학자 루이스는 "현재 상대적으로 발전된 국가는 과거 어느 한 시점에 순투자율이 5% 내외의 수준에서 12% 또는 그 이상의 수준으로 급격히 상승했던 과정을 거쳤다. 경제성장의 중심적 문제는 어느 사회가 5%에서 12%의 저축사회로 변환되는 과정을 이해하는 것"이라고 말했다. W. A. Lewis, *The Theory of Economic Growth* (London: Allen & Unwin, 1955) p.208. 그러나 전통적인 성장 개념은 1960년대부터 수정되기 시작했다. 그 대신에 발전(development)의 개념을 폭넓게 정의하려는 시도들이 나타났다. 학자들은 경제성장의 요인을 인적 자본에 초점을 맞추어 고찰하기 시작했다. 그 대표적인 예로 싱어(Hans W. Singer)는 "발전은 성장과 변화이며 변화는 경제적인 것 이외에 사회문화적인 것이다. 양적일 뿐만 아니라 질적인 것이다. 발전의 가장 주된 개념은 인간생활의 질적 개선이어야 한다"라고 했다.
14 하지만 인적 자본이라는 관점은 생산성을 증대시키는 인간의 역할에 집중하는 경향을 갖고 있고, 생산에서 물적 자본과 같은 방식의 "자본"으로 고용될 수 있는 인간의 질로 규정되는 것이다. Amartya Sen, *Development as Freedom* (New York: Oxford University Press, 1999), p.293. 그래서 최근에는 인적자원의 개념과 밀접한 연관을 갖지만 그것보다 훨씬 넓은 개념으로서 '인간개발' 개념이 등장하기도 했다.
15 세계적으로 성장의 개념을 재구성하기 위한 노력은 오랫동안 줄기차게 이루어졌다. 최근 '해밀턴 프로젝트'에서 말하는 '폭넓은 성장(broad-based growth)'나 '유럽 2020'에서 말하는 '포용적 성장(inclusive growth)' 등은 성장 개념을 재구성하려는 시도를

보여주는 사례이다.
16 학자들은 동아시아 신흥공업국들이 이 같은 특징을 공유하고 있다는 점에 착안해 '동아시아 예외주의'라고 불러왔다. 김연명, 「한국에서 보편주의 복지국가의 의미와 과제」, ≪민주사회와 정책연구≫, 통권 19호(2011), 18쪽.
17 김영순, 「보편적 복지국가를 위한 동맹」, ≪시민과세계≫, 제19호(2011), 21쪽.
18 김연명, 「한국 복지국가의 진로와 과제」, ≪계간 광장≫, 10호(2011), 107쪽.
19 벤자민 바버, 『강한 시민사회 강한 민주주의』, 이선향 옮김(일신사, 2006), 56~60쪽.
20 UNDP, "UNDP and Governance: Experiences and Lessons Learned," http://www.undp.org/Docs/gov/Lessons1.htm(2000).
21 UNDP. "Reconceptualising Governance"(http://magnet.undp.org, 2008) 같은 맥락에서 OECD 또한 "시민사회는 국가와 개인 사이에 존재하며, 시민들이 매우 다양한 속성을 가진 자치적·조직적 및 집합적 활동을 개발할 수 있는 공공성"이라고 말하며, 미국의 정치철학자 벤저민 바버도 시민사회에 기반을 둔 강한 민주주의야말로 집합적 효율성도 더욱 잘 보장할 것이라고 주장한다.
22 벤자민 바버, 『강한 시민사회 강한 민주주의』, 154쪽.
23 멜 워익, 「세계의 비즈니스를 바꾼 20가지 아이디어」, 고이평화재단 엮음, 『깨어있는 자본주의』, 이수경 옮김(에이지21, 2010), 146~171쪽.

제6장
사회시장경제의 주요 정책 의제와 전략

1. 특권적 재벌체제의 개혁

재벌체제 개혁은 권력의 불균등을 타파해 시민적·정치적 평등을 실현하는 것

한국에서 특권경제체제의 핵심은 단연 재벌집단에 의한 경제와 사회의 지배체제를 지칭한다. 재벌체제는 여러 개의 기업들이 결합해 시장에 대한 독점적 지배를 행사하는 일종의 트러스트와 같은 것이다. 트러스트는 어느 사회에나 어느 정도씩 존재하는 현상이다.[1] 하지만 지금 한국에서의 재벌체제는 국가권력에 대한 압도적인 영향력을 바탕으로 사회적 부를 갈취해 독식한다는 점에서 훨씬 심각한 현상이다.

지금 한국 사회도 그런 트러스트 체제를 파괴하지 않고서는 이제 한 발짝도 전진할 수 없는 시점에 와 있다. 재벌집단에 의한 트러스트 체제가 존속하는 한, 어떤 훌륭한 복지제도를 만들고, 중소기업·자영업자 대책을 세워도 재벌체제라는 거대한 빨대에 의해 그 효과가 증발해버리기 때문이다. 하지만 우리

사회는 안타깝게도 재벌집단의 특권체제에 정면으로 문제를 제기하는 정치집단이 거의 존재하지 않는다.

한나라당 등 보수진영은 그런 문제를 제기하기는커녕 오히려 특권체제의 수호자가 되어 재벌의 이익을 필사적으로 옹호해왔다. 근래 이명박 정부가 '친서민'과 '공정사회'를 외치며 재벌을 비판하고, 한나라당이 경제민주화를 정강에 수용하는 등 변화의 모습을 보이고 있으나 진정성을 느끼기는 거의 어렵다. 말로는 변화를 외치고 있으나 실제 행동에서는 부자 감세를 철회하지 않고 법인세·소득세 정비에 반대하는 등의 모습을 보이기 때문이다. 게다가 재벌정책과 관련해 불공정거래를 강화하는 등의 몇 가지 방안을 제시하고 있으나 경제력 집중을 해결할 방안에 대해서는 부정적 태도를 지속하고 있다.

야당인 민주통합당은 한나라당보다는 재벌개혁에 대해 전향적인 입장을 갖고 있다. 그러나 그 역시도 재벌문제에 대해 지금까지 분명한 태도를 표방한 적은 별로 없었다. 민주당 범주에서 지금까지 재벌 문제에 대해 비교적 명확한 목소리를 낸 것은 김대중 대통령이 1999년 8·15 경축사에서 밝힌 '재벌개혁 5+3 원칙' 정도가 전부였다. 그나마도 재벌의 저항에 밀려 곧바로 좌초하고 말았다. 사실 재벌개혁 5+3 원칙만 해도 매우 낮은 수준의 처방에 지나지 않았는데, 그것은 재벌의 경제력 집중 문제에 대해서 국가가 개입할 적극적 의지를 결여하고 있었다. 어쨌든 그 후 민주당에는 낮은 재벌체제에 대한 낮은 수준의 문제 제기조차도 자취를 감추었다. 그런데 최근 재벌에 대한 비판적 목소리가 높아지면서 민주통합당은 종전의 태도를 바꾸어 재벌정책에 대해 연일 '좌클릭'을 하고 있다. 재벌의 소유 및 지배구조에 대해서까지 정면으로 문제를 제기하는 수준에 이르렀다. 하지만 민주통합당이 과거의 철저하지 못했던 태도를 진정으로 뛰어넘을 수 있는지는 여전히 불투명하다.

재벌체제의 개혁을 위해서는 좀 더 구체적이면서도 본질적인 접근이 필요하다. 그것은 재벌문제가 근본적으로는 정치적 문제(political in nature)라는 시각에서부터 출발한다. 소수 재벌 대기업에의 경제적 자원 집중의 가장 무서운 위험은 단순히 경제적 문제가 아니라 과두제 권력이 시민적 자유와 권리를 파괴하는 데 있다.[2] 이는 모든 개인은 자신이 속해 있는 공동체에 대해 동일한 권리를 갖는다는 민주주의의 기본 원리를 부정하는 일이다. 이런 관점에서 접근했을 때 한국에서 재벌체제의 개혁은 과두제를 해체하고 시민적·정치적 평등을 회복하는 수준의 방안이 제시되어야 한다. 그러기 위해서는 기본적으로 재벌체제의 소유구조, 지배구조, 공정거래 등 전반을 망라해야 한다. 특히 경제력의 독점적 지배와 집중을 가능케 하는 소유구조 및 지배구조 상의 본질적 문제들이 당연히 포함되어야 한다. 그것은 자본주의 자체를 반대하는 운동이라기보다는 시장에 건전한 질서를 부여함으로써 사회공동체와 시장 사이의 괴리와 충돌을 방지하는 일이 될 것이다.

재벌개혁의 핵심은 반독점 민주적 규제

재벌체제의 개혁은 1차적으로 법치주의 확립 차원에서 이루어져야 한다. 지금까지 재벌체제에서 문제가 되는 매우 많은 경우들은 법체계와 현실 관행 사이의 괴리, 감독 당국과 사법 당국의 방조와 조장에 편승해서 일어난 불법적 혹은 편법적 현상들이었다. 최근 변칙상속의 수단으로 악용되는 회사 기회 유용 및 일감 몰아주기도 법체계 및 집행의 미비에서 비롯된 것이다. 재벌들의 고질적인 분식회계와 비자금조성의 관행도 사법의 솜방망이 처벌이 불러온 현상이다. 재벌 대기업이 중소기업의 납품단가를 후려치고 기술을 탈취하는 일이 비일비재한 것도 법치가 엄격하게 이루어지지 못하고 있다는 반증이다. 그러므로 법을 엄격하게 적용해 재벌 대기업의 행위를 규제할 수 있어야 한다.

이를 위해서는 징벌적 손해배상제도 같은 것들을 법제화하는 것만으로는 충분하지 않다. 손해배상소송으로 간다는 것은 중소기업 입장에서는 사실상 사업을 포기하는 것이나 마찬가지이다. 따라서 법 적용의 실효성을 높이기 위해서는 국가가 솔선해 재벌 대기업의 비리를 전담해서 감시할 수 있는 감시체계를 만들고 이를 대중에게 공개할 수 있는 시스템을 갖춰야 한다.

법의 엄격한 적용은 공정거래정책의 영역에 국한되어서는 안 된다. 그것은 현재 재벌체제의 가장 본질적 문제인 경제력 집중을 직접 규제할 수 있는 차원으로까지 확장되어야 한다. 경제력 집중은 소수의 재벌들이 대기업집단을 통해 국민경제를 지배하면서 경제의 효율과 안정을 해치게 할 뿐만 아니라, 정치·사회 여러 영역에서 과도한 영향력을 행사하게 만듦으로써 민주주의를 위협한다. 그래서 재벌정책의 핵심 뼈대는 '반독점'의 관점에서 경제력 집중의 폐해를 해소하는 것이어야 한다. 그리고 견제와 균형의 원리에 입각한 건전한 시장경제질서를 제도화하는 방향으로 나아가야 한다.

경제력 집중의 폐해를 해소하는 기본 방안은 소유와 생산의 집중을 억제하는 것이다. 그 기준은 1차적으로 적은 지분으로 제왕적 오너 행세를 할 수 있게 만드는 사회적·경제적 권력구조를 타파하는 일이 될 것이다. 이런 조치는 재벌이 자본소유를 통해 기업을 지배하고 이윤을 얻는 경제구조를 파괴하는 것이 아니라 정상적 방식을 넘어서 거대한 경제력을 지배하고 이익을 취득하는 구조를 해소하는 것이다. 이를 위해 가장 핵심적인 과제는 적은 지분으로 거대 자본을 통제하고 과두권력으로 성립되게 만드는 순환출자구조를 점진적으로 해소해가는 것이다. 극단적인 경우에는 미국처럼 거대독점기업들을 법률에 의해 강제로 분할하는 조치를 취할 수도 있다. 일명 기업분할명령제와 계열분리명령제 도입이 그것이다. 미국에서는 1982년 법원이 최대 장거리 전화회사인 AT&T에 독점금지법을 적용해 8개의 독립회사로 분할하도록 한 판결 사례가 있다.

그런데 우리나라에는 재벌 대기업들의 부당행위를 규율하는 데 그것을 경제력 집중에 의한 경제력 남용으로 보지 않고 일반적인 불공정거래행위로 규정하고 있다. 그 때문에 재벌이 계열사를 부당 지원해 편법상속의 수단으로 활용하는 것에 대해서도 그 행위가 경쟁제한의 효과를 낳았다고 입증하지 못하면 제재가 힘들게 되어 있다. 공정거래법상의 규제는 직접적으로 재벌의 출자행위에 영향을 미치고는 있으나 이를 통해 궁극적으로 경제력 집중에까지 영향을 미치지는 못하고 있다. 재벌의 부당 행위에 대해 과징금 부과 등 행위시정조치만 있고 구조시정조치가 없기 때문에 기업결합에 대한 규제의 실효성이 제한적이라는 문제점도 있다. 따라서 좀 더 적극적으로 기업결합을 규제함으로써 경제력 집중을 막는 장치들이 만들어져야 한다.[3]

순환출자의 규제

현재 경제력 집중 억제 제도들은 목적과 수단의 혼선이 누적되어 있다. 공정거래법상의 출자관련제도들은 기업들의 무분별한 다각화 방지가 주요 목적이었는데, 다각화를 방지함으로써 경제력 집중을 억제할 수 있는지 여부는 불분명하다. 출자총액제한은 계열사 간 순환출자를 막기에는 너무 최소한의 성격을 지녔고, 과도한 시장지배력의 남용을 막기에는 목적의 정합성이 떨어지는 어정쩡한 제도이다. 그러므로 공정거래법상의 경제력 집중 억제를 위한 제도들은 그 목적을 분명히 정해야 하고, 제도의 한계 또한 명확히 밝혀야 한다.

재벌 대기업 문제의 핵심은 기업그룹 총수가 적은 지분으로 그룹 전체를 지배하는 것이며 이는 계열사 간 순환출자에 의한 것이다. 기존의 출자총액제한제도나 상호출자제한제도는 순환출자를 직접적으로 규제하지 못하는 난점을 우회적으로 해소시키고자 했던 것이므로 전면적 재검토가 필요하다. 게다가 출자총액제한제도는 일률적 규제라는 비판을 받을 소지가 있었던 것도 사실이다. 또 출자총액제한제도의 일률성은 정부가 사회적으로 바람직한 모든 출자를 파악할 수 없기 때문에 예외와 적용제외를 늘려 이를 보완할 수밖에 없는 문제를 가지게 된다. 적용제외와 예외인정 조항을 통해서 바람직한 출자를 모두 언급할 수 없기 때문에 혜택을 보는 기업집단과 그렇지 못한 기업집단 간의 형평 문제를 야기한다.[4] 따라서 이런 문제를 해소하는 새로운 규제의 도입이 필요하다.

출자규제의 바람직한 방식은 문제점을 직접 규율할 수 있는 제도를 도입하는 것이다. 재벌체제의 가장 큰 문제로 지적되는 순환출자는 잠재적 위험이 큼에도 직접 규율하지 못해왔다. 재벌 대기업의 순환출자를 직접적으로 규제함으로써 경제의 시스템적 안정성을 유지해야 한다. 그러기 위해서는 먼저 소유하지 않으면 지배할 수 없다는 원칙을 확립해야 한다. 먼저 모회사에서 자회사에 출자할 경우 궁극적으로 100% 지분소유 원칙을 확립하도록 해야 한다. 기업이 규모를 확장하는 것은 자유롭게 하되 그 대신 자본충실 원칙을 확립하자는 취지이며, 대리인비용을 최소화하는 한편으로 재벌들이 두려워하는 적대적 인수합병에 대한 우려도 해소될 것이다. 미국과 같이 '차별적 배당과세제도'의 도입도 검토할 만하다.[5] 즉 지분율 구간을 두고 모회사가 자회사에 대해서 지분율을 일정한 정도(예컨대 51%) 이상인 경우에 기본 세금만을 부과하고 그 이하로 자회사 지분을 소유할 경우 점차 강화하는 것이다. 예를 들어 40% 소유일 경우 '기본세율+10%', 30% 소유일 경우 '기본세율+20%'를 적용하는 식이다. 이럴 경우 대주주는 계열사의 지분율을 높이게 될 것은 물론, 현재와 같은 문어발식 관계회사를 거느릴 경제적 유인이 크게 줄어들 것이다.[6]

견제와 균형 및 금산분리의 강화

경쟁법을 강화하고 시장구조 교정제도의 도입을 추진해야 한다. 이를 위해 유효한 사전적 규제 장치의 유지와 신설이 필요하다. 금산분리의 원칙은 완화 혹은 폐기가 불가능하다. 미국발 국제금융위기가 준 교훈은 금융 산업에 대한 무분별한 규제 완화가 국민경제에 치명적인 독이 될 수 있다는 사실이었다. 금산분리 원칙은 더욱 강화되어야 한다. 재벌이 비금융사업에서 철수하도록 하는 것이 옳다. 재벌이 은행을 지배하고 싶으면, 신한, 하나의 경우처럼 금융지주회사를 세워야 하며, 비금융사업에서 완전히 손을 떼도록 해야 한다. 금융투자회사도 은행처럼 소유제한을 두어야 한다. 금산분리 원칙을 가장 엄격하게 시행하고 있는 미국의 경우 은행을 제외한 보험이나 증권 등 제2금융권에는 소유 규제가 없으나, 감독 당국의 건전성 심사나 노조의 경영참여 같은 사회적 통제 등 다양한 방식을 통해 규제가 이루어지고 있다. 미국 보험사의 경우 제2금융권의 연차보고서를 보면 자산운용 내역이 자세히 기술돼 있다. 투자종목 하나하나 철저히 밝혀져 있어, 산업자본이 금융기관을 소유할 때 걱정되는 대주주의 사금고화가 불가능하다. 기업 간 경쟁을 활성화시킴과 동시에 독점적 시장구조에 대한 구조적 교정수단으로서 기업분할명령제 또는 기업분할청구제와 같은 제도의 도입이 필요하다. 기업분할청구제란 독점적 사업자가 일정 시장분야에서 독점적 지위를 유지하기 위한 부당한 행위를 지속할 때 시장경쟁을 회복하기 위해 정부가 법원에 독점기업의 분할을 청구할 수 있는 권한을 말한다.

나아가 강력한 사후적 규제를 통해 보완해야 한다. 기업의 내부거래 공시내용을 보고 손해를 봤다고 생각하는 투자자는 소송제도를 통해 신속한 피해구제에 나설 수 있어야 한다. 2005년 도입된 증권집단소송제의 경우 재계의 소송남발 우려가 높아지자 정부가 각종 남소방지 장치를 강화한 결과 지난 3년간 단 한 건의 소송도 없었다. 포괄적 집단소송제도 도입이나 이중대표소송제도의 활성화, 징벌적손해배상제도 도입이 필요하다.

기업집단법의 도입

경제력 집중에 의한 경제력남용을 억제하기 위해 최근 기업들의 추세와 관련해 좀 더 구체적으로 집중해야 할 타깃이 있다. 최근 세계적 추세도 그렇지만 대기업이 시장을 장악해 들어가는 방식에는 몇 가지 특징이 있다. 첫째는 유통업을 장악함으로써 소비자, 소매자영업자, 제조중소기업 등에 대한 전 방위적 통제력과 지배력을 높여간다는 것이다. 둘째는 대기업들이 스스로 신기술과 상품을 개발하기보다는 다른 중소기업이나 신생기업들이 개발해놓은 것을 시장지배력을 이용해 압박하고 회유해서 매수·매점하는 데 더 많이 열을 올린다는 것이다. 이 때문에 다수의 신생기업이 스스로 성장하지 못하고 대기업의 유혹에 넘어가서 회사를 팔고 나가버리는 일이 속출한다. 셋째는 대기업이 시장에서의 지배적 힘을 이용해 경쟁관계에 있는 신생기업·중소기업을 방해하고 교란하고 못살게 구는 것이다. 예를 들면 국내외에서 얼마 전 문제가 된, 구글이 안드로이드 폰에 경쟁사의 서비스를 선탑재하지 못하도록 하거나 복잡한 과정을 거치도록 하는 등 차별하며 경쟁을 방해한다는 혐의가 그것이다. 따라서 경제력 집중 억제는 바로 이 같은 추세를 막는 데에 특히 집중할 필요가 있다.

그런데 경제력 집중을 해소하는 방법에는 단순히 기업의 확장을 억제하고 분할하는 방법만으로 대처하기에는 너무 어렵고 버거운 면이 있다. "국경 없는 무한경쟁의 시대에 대기업의 규모는 더 커져야 하고, 이를 정책적 차원에서 지원해야 한다"는 재벌의 주장이 여전히 힘을 얻고 있는 현실에서 이를 무작정 배척할 수만도 없는 실정이다. 실제로 지구화된 경제에서는 지금보다 훨씬 더 큰 규모의 기업을 필요로 할 수 있다. 건전한 경쟁력 제고를 기반으로 대기업들이 국내외 시장에서 점유율을 높여가는 것은 꼭 나쁘다고 볼 수만 없는 것도 있다. 그래서 이를 고려한 한 가지 정책대안이 바로 가칭 '기업집단법'을 제정하는 것이다.

한국의 재벌그룹은 다수의 계열사가 공통의 지배권하에서 선단식으로 경영되는 기업집단이다. 그런데 문제는 경제법이 기업집단의 존재를 인정하지 않고 오직 개별기업만을 규율대상으로 하고 있다는 것이다. 그 때문에 재벌은 자신의 이익을 주장할 때는 기업집단을 전면에 내세우지만 자신의 행동에 책임을 져야 할 때는 개별기업 차원으로 도피해버리는 모순된 행태를 보인다. 그래서 수많은 이해관계자에게 부당한 피해가 발생함에도 이를 신속하게 구제할 수 있는 수단이 존재하지 않는다.[7]

그러므로 규모의 경제가 꼭 필요한 분야에서는 기업결합을 하되 법에 그 실체를 정확히 명시하고 그룹 차원의 공시, 지배회사의 지시 및 이에 따른 종속회사의 소액주주·채권자 보호책임 등을 명문화해 권리와 의무 사이의 불일치를 해소함으로써 경제력 집중의 폐해를 최소화하자는 것이 기업집단법의 취지이다. 그 예로 독일 등 유럽국가에서는 아예 성문법을 통해 기업집단 자체를 법적 권리와 의무의 주체로 인정함으로써 다수 회사의 공동경영에 따른 외부효과를 내부화하는 것을 합법화하되, 그 전제 조건으로 그룹 경영의 편익에 상응하는 법적 의무를 동시에 부과한다.[8] 이처럼 기업결합에 의한 권리와 의무를 일치시키면 기업결합을 할 것인지 말 것인지는 비대칭적 기회구조가 제거된 가운데서 기업이 더 합리적으로 판단해 선택할 수 있게 된다.

정부의 친재벌 경제정책의 변화

재벌개혁에서 매우 중요한 것 중 하나는 정부의 재벌에 대한 정책관의 변화이다. 정부의 정책은 재벌의 성장에 직접적이고 치명적으로 영향을 미친다. 그렇기 때문에 재벌들은 정부정책을 자신들에게 유리하게 만들거나 변경하기 위해 필사적이고 집요하게 달려든다.

경제개혁연대가 분석한 1990년 이후 실효법인세율 실태를 보면, 정부와 재벌 대기업 관계의 성격을 말해주는 단적인 지표가 있다. 실효법인세율 평균을 비교해보면, 상위 10대기업의 실효세율이 산업 전체 평균보다 2.6%p, 제조업보다 0.4%p, 일반 대기업 평균보다 2.7%p 낮게 추정된다는 것이다. 특히 삼성전자, LG전자 등 거대기업들의 실효세율이 크게 낮은데, 삼성전자의 경우 실효법인세가 2007년 15.6%, 2008년 13.3%, 2009년 11.0%로서 매우 낮은 액수를 부담하는 것으로 추정되었다.[9] 이는 결국 정부가 법정 법인세율로 22~25% 정도를 거둬들여 그중 절반 이상을 각종 특혜로 지원하고 있음을 말해준다. 오히려 중소기업보다 대기업을 더 많이 지원하는 아주 이상한 정책을 펴고 있음을 보여준다.

세제혜택 외에도 재벌 대기업에 정부가 주는 특혜는 무궁무진하다. R&D예산의 재벌기업 배정을 축소하고, 재벌 대기업의 인위적 독과점가격 형성을 보호하는 정책적 특혜조치를 폐지해야 한다. 이를테면 재벌 대기업이 국내 소비자와 외국 소비자를 차별적으로 대우하지 못하도록 하거나, 외국 기업의 진입을 가로막는 각종 유무형의 장벽을 폐지하는 것 등이다. 그렇게 해서 재벌 대기업도 다른 주체들과 마찬가지로 경쟁에 공평하게 노출되도록 만들어야 한다.

이러한 사실은 재벌개혁이 정부의 정책을 바로잡는 일과 동전의 양면임을 말해준다. 사실 재벌집단이 무소불위의 막강한 특권집단처럼 보이지만, 만약에 정부가 법을 제대로 집행하고 친재벌적으로 정책을 운영하지 않으면 재벌은 거의 꼼짝 못 할 것임을 암시하는 것이기도 하다. 재벌의 아킬레스건이라는 것도 결국은 자율성을 갖고 공공적인 정책운영을 할 수 있는 정부의 존재 여부에 달려 있다는 뜻이다. 지금 재벌은 우리나라 전체 설비투자의 막강한 비중을 차지한다. 삼성그룹 혼자서 전체 투자의 8분의 1을 차지하며, 범4대 재벌이 3분의 1을 차지할 정도이다. 이는 재벌개혁이 언제든지 자본파업과 같은 엄청난 저항에 직면할 수 있음을 말해준다. 하지만 역으로 뒤집어보면 재벌의 국가에 대한 의존도가 높다는 사실은 국가의 힘을 효과적으로 활용하면 재벌을 쉽게 제압할 수 있다는 뜻이기도 하다.

재벌 대기업의 정치활동 규제

지금 재벌체제는 단순히 경제적 영향력을 행사하는 차원을 넘어 정치·사회·문화 등 다방면에 걸쳐 지배력을 확장함으로써 민주주의를 위협하는 수준에까지 이르게 되었다. 재벌기업은 정치자금 제공과 로비를 통해 정치가들의 입법 활동에 개입하고, 각종 청탁을 통해 관료들의 정책결정에 영향을 미치고, 검찰 사법부 고위층에 접근해 그들의 판결이 자기 기업에 유리하도록 압력을 행사하고, 언론사를 직접 경영하거나 광고 발주를 통해 언론사의 논조를 좌우하고, 광고를 통해 소비자들의 선택을 유도하고, 각종 연구용역, 허수아비 사외이사활동을 통해 지식인들을 자기편으로 매수한다.[10]

재벌의 민주주의에 대한 위협은 직접적 규제의 대상이 되어야 한다. 특히 재벌이 정치권과 정부의 정책결정, 사회적 공론을 좌지우지하고 있는 데 대해서는 더욱 직접적인 규제를 강화할 필요가 있다. 재벌들의 오랜 관행인 비자금 조성을 차단하기 위해 강력한 처벌조항을 신설해야 한다. 재벌의 비자금 조성

범죄에 대해서는 특별법을 제정해서라도 사면 등의 특혜대상에서 제외하도록 해야 한다. 비자금은 주주들의 돈을 정치적 목적으로 사용하기 위해 재벌 오너가 불법 조성한 것인 만큼 그 피해에 상응하는 이상의 배상을 할 수 있도록 집단소송제 등을 정비해야 한다.

전직 고위 정치인이나 관료 출신의 인사가 퇴직 후 5년 이내에 재벌 대기업의 로비스트로 취업하는 것을 제한하는 제도를 강화해야 한다. 사외이사 제도를 악용해 재벌 대기업이 자신의 로비창구나 사회적 영향력을 확대하는 계기로 삼지 못하도록 제도를 정비해야 한다. 재벌 대기업들의 로비창구인 전경련이 정치권과 정부에 조직적 로비를 시도하는 것을 금지하고 그것을 위반할 때에는 처벌할 수 있도록 해야 한다. 재벌 대기업들이 국회나 정부 등에 대한 정보수집과 로비를 위해 전담부서를 설치해 주요 인사들을 조직적으로 접대 관리하는 행위를 금지해야 한다.

재벌과 언론의 유착 고리를 차단하는 것도 중요하다. 재벌기업의 언론통제는 주로 광고를 통해 이루어지는데, 재벌에 대해 비판적인 언론에 대해서는 광고를 중단하기도 하고 우호적 언론에 광고를 몰아주는 식이다. 재벌이 광고를 무기로 언론사에 압력을 가하거나 고의성이 다분한 광고 몰아주기에 대해서는 적절한 사회적 제재가 가해지도록 하는 사회적 장치가 필요하다.

네트워크 주도기업으로서 대기업의 위상 정립

한국 경제에서 대기업이 차지하는 역할은 매우 크다. 대기업의 눈부신 성장의 이면에는 국민들의 커다란 희생이 뒷받침되었다. 이제는 그런 지원방식을 지속해서는 약진이 힘들다. 이제는 대기업이 대내적 희생을 바탕으로 해서 발전하는 것이 아니라 세계시장 속에서 자신의 힘으로 약진을 이루는 단계로 나아가야 한다. 대기업들은 글로벌 경제의 역동적 흐름 속에서 새로운 성장산업을 발굴해 한국의 산업구조를 고도화하고 세계시장을 개척하는 첨병으로서 역할을 수행해야 한다. 또 한국을 중심으로 지구적 생산망을 조직하는 데에서도 중심적 역할을 수행해야 한다. 그렇게 해서 한국을 대표하는 세계적 수준의 기업들이 지금보다 더 크게, 더 많이 육성되어야 한다.

물론 글로벌 대기업을 통해서만 경제가 선진국 수준으로 도약할 수 있는 것은 아니다. 실제로 경제규모가 크지는 않지만 홍콩, 싱가포르, 대만 같은 경우는 삼성전자와 같은 글로벌 기업 없이도 국민소득 2만 달러로 도약한 경험을 가지고 있다. 이들의 경우 자체 브랜드(OBM)보다는 브랜드 리더형 대기업에 대한 고급공급자로서 국제분업구조상에서 적절히 자리매김해 내실 있는 성장을 지속하고 있다.[11] 하지만 우리의 경우 대기업 중심의 산업발전을 해온 경로의존성을 무시할 수 없다. 그런 경로를 수정하려면 커다란 전환비용을 치러야 한다. 또 우리의 경우 통일까지 염두에 두었을 때 인구가 7,000만 이상을 넘는 프랑스, 독일 정도의 중상 규모 국가가 될 것이기 때문에 소국들처럼 단종경제나 하청경제구조를 채택할 수도 없다. 우리는 대내외적으로 규모의 경제를 이용할 수 있어야 하고, 대기업의 존재는 소국들이 보유하지 못한 고유의 강점이라고 볼 수 있다.

오늘날의 세계적인 산업 추세는 글로벌 생산네트워크의 형성이다. 글로벌 생산네트워크의 가장 선진적 형태는 함장기업(flagship)을 중심으로 수많은 기업들을 수평적으로 연합시키는 구조이다.[12] 이런 새로운 추세를 배경으로 할 때, 한국의 대기업은 함장형 기업으로서 지구적 차원의 혁신네트워크를 구축함으로써 끊임없이 신제품과 가치를 창출할 수 있는 시스템 구축의 선두주자가 될 수 있다. 그런데 한국의 대기업들이 이런 역할을 수행하기 위해서는 기술다각화를 통해 기술선도역량을 하루빨리 강화해야 한다. 산업에서 지식과 혁신의 중요성이 더욱 커지고, 소비자의 욕구가 다양해지면서, 특정분야를 넘어선 다양한 분야에서 혁신능력이 중요해지고 있다.

그런데 기술다각화를 위해서는 사회적 협력이 중요하다는 것을 인식해야 한다. 그것은 기업과 연관된 네트워크 구조의 지식창출 능력에 의존한다. 혁신투자가 사회 전체로 파급되도록 하는 것이 중요하고, 이는 대기업과 국민경제 간의 중요한 연결고리가 되는 지점이다. 이를 위해서는 대기업이 자체적으로 자기 분야 산업에 대한 기술지식뿐만 아니라 인접 지식기술을 습득할 수 있는 장기적이고 큰 안목의 노력을 경주해야 하고, 나아가 정부, 대학과의 협력 시스템을 의도적으로 구축해나가야 한다.

이와 같은 연장선상에서 우리나라의 대기업은 사회적 책임에 대한 자각과 실천을 높여야 한다. 다가오는 미래에는 기업이 사회적 리더십을 발휘할 것을 요구하고 있다. 이제 기업은 사회적 책임을 이행하지 않고서는 기업이미지를 높일 수 없다. 환경, 건강, 안전 등 삶의 질이 기업의 지속성장 가능성의 전제조건으로 작용하면서 사회친화경영을 신사업, 신제품을 창출하는 기회로 활용하는 기업이 부상하게 된다. 그러므로 한국의 대기업도 이런 시대 추세를 하루빨리 수용해 경영관행을 혁신해야 한다.

2. 노동시장 양극화 개선과 양질의 일자리 창출

노동시장 양극화가 문제의 핵심

한국의 노동문제를 여러 가지 각도에서 진단할 수 있겠지만 핵심은 노동시장 양극화가 극단적인 수준으로 발전해가고, 이와 함께 양질의 일자리가 새롭게 창출되지 못함으로써 이 문제를 해결해나갈 수 있는 구조적 여건이 극도로 제약되고 있다는 것이다. 따라서 노동시장 양극화 심화를 개선할 수 있는 제도적 방안을 강구하고, 이를 양질의 일자리 창출과 연계함으로써 구조적 제약 여건을 함께 풀어가는 패키지 전략이 필요하다.

지금 노동시장은 기업의 규모(대·중·소기업)와 고용형태(정규·비정규)에 따라 보상격차가 엄청나게 벌어지고, 노동이동이 단절되는 현상이 극심하다. 한국노동연구원 장지연 박사의 연구에 따르면, 중위소득의 2/3 미만을 저임금으로 정의하고 계산했을 때 우리나라에서 저임금 근로자는 전체 근로자의 1/4에 육박함으로써 비교국가들 중에서 저임금 근로자의 비율이 가장 높다.[13] 5분위 배율로 근로소득 불평등을 측정했을 때 근로소득의 상위 20%에 속하는 사람들의 임금 평균은 하위 20%에 속하는 사람들의 임금의 2.05배로 나타나는데, 이는 이 지표를 측정할 수 있는 19개 국가 중에서 미국 다음으로 높은 수준이다. 이처럼 한국의 노동시장은 상위 부문과 하위 부문 사이의 격차가 날로 급격히 확대되어 개인의 노력을 통해서 극복할 수 없는 구조적 장벽이 쌓이게 되었다.

노동시장의 양극화는 사회적으로 많은 악영향을 끼친다. 무엇보다도 먼저 노동자 간에 사회적 이동성이 제약됨으로써 사회통합에 심각한 문제가 생겨나게 된다. 격차를 공고히 해 자신의 지위와 신분을 유지하려는 관성이 나타나게 되고, 그로부터 갈등과 반목이 생겨나게 된다. 노동시장의 이중구조로 인해 생기는 문제점은 이것뿐이 아니다. 경제적으로 과도한 격차로 인해 직업 간 서열화와 구직자의 쏠림현상이 심해져서, 이로 인해 중소기업이나 지방기업은 구인난을 겪고 있는데 구직자는 이런 일자리를 외면한 채 더 좋은 일자리를 찾으려고 많은 시간과 비용을 소모한다. 당연히 중소기업이나 지방기업의 생산성과 수익성이 떨어지고 일자리의 질은 더 떨어지는 악순환이 계속된다.

노동시장의 과도한 양극화는 격렬한 노사분규의 원인이 되기도 한다. 노동시장 내에서의 엄청난 보상 격차 때문에 대기업 등 상대적으로 안정된 일자리를 갖고 있는 사람들은 정리해고 등으로 현재의 자리에서 밀려나지 않기 위해 모든 수단과 방법을 다해 극단적으로 투쟁하게 된다. 실제로 다른 선진국에서 노사분규가 적고 해고나 구조조정에 대한 저항이 크지 않은 데에는 노동시장 내에서 격차가 작다는 것이 핵심적으로 작용하고 있다. 가령 덴마크는 해고가 자유롭지만 단체협약에 의해 '동일노동 동일임금'의 원리를 적용하며, 이에 따라 파견노동에 대한 규제가 없어도 파견노동자의 비율은 전체 노동자의 0.9%일 뿐이며 기간제 노동자의 비율도 9%에 지나지 않는다. 기간제 노동자는 법률(화이트칼라)과 단체협약(블루칼라)에 의해 동일노동 동일처우를 적용받는다. 네덜란드 역시 파트타임 고용제가 유럽에서 가장 발달해 있지만 동일노동 동일임금의 원리에 의해 유럽에서 가장 평등한 소득분배를 달성하고 있다. 이처럼 다른 선진 국가에서는 노동 내부의 격차가 작아 다른 곳에서 처우가 비슷한 일자리를 찾을 기회가 많기 때문에, 해고당하지 않으려고 격렬히 저항하고 이를 무자비하게 진압하는 악순환이 일어나지 않는다.

일자리 불안과 노동시장 양극화의 주범은 재벌 대기업

노동시장 양극화를 해소해 노동시장의 이동성과 순환을 원활하게 하는 일이 매우 시급하게 되었다. 이 문제의 해결에 앞서 객관적 진단이 무엇보다 중요하다. 엄청난 보상 격차가 발생하는 근본적 원인을 정확하게 진단해야 한다. 그런데 어떤 이는 노동시장 내에서의 보상 격차 문제의 심각성을 잘 지적하면서도 그 원인을 대기업 정규직 노조의 강력한 교섭력에 돌리고 있다. 그래서 이 문제를 해결하기 위해서는 대기업 생산직 정규근로자의 과도하게 높은 임금수준을 낮추어 협력업체 근로자의 임금수준과의 격차를 줄여야 한다는 것이다.[14] 그러나 이런 진단은 완전히 틀린 것으로, 대기업 정규직 노조의 교섭력은 임금 격차를 심화시킨 본질적 요인이 결코 아니다. 설령 일정한 영향을 미친다 해도 부차적이고 파생적인 요인에 지나지 않는다.

노동시장 양극화가 심화되는 근본 원인은 대기업들의 행태에 있다. 2003년부터 30인 이상 기업의 68.8%가 당해 연도에 정리해고를 실시했고, 해당 일자리를 사내하청, 용역, 다양한 비정규직으로 대체했다. 이를 주도한 주체는 역시 대기업이었다. 예를 들어 조선업 대기업의 사내하청 노동자 비율은 2000년 33.2%에서 2009년 55.2%로 1.7배가량 높아졌다. 이 과정에서 대규모 정리해고가 벌어졌는데, 세계 최대 조선업체인 현대중공업만 2009년 말부터 이듬해 초까지 2,000여 명을 해고했다.[15] 공기업도 크게 다르지 않은데, KT의 경우 1995년부터 8년간 총 1만 5,058명을 정리해고했으며, 2005년에도 5005명을 구조조정하는 동시에 콜센터 등 상당수 업무를 외주로 돌렸다.[16]

대기업들이 정리해고를 했던 이유는 결코 긴박한 경영상의 어려움 때문이 아니라 정규직을 비정규직으로 대체해 노무비용을 절감하고자 하는 목적이었다. 대기업의 노무비용 및 복리후생비의 절감은 비정규직·사내하청 늘리기와 정확히 비례했다. 이런 과정을 거쳐 지난 15년 동안 대기업 일자리 수는 절반 이하로 뚝 줄어들었다. 그리고 대기업의 일자리가 줄어든 만큼 정확하게 영세 사업장의 일자리가 늘어났다. 기업규모별 고용 비중 추이를 보면, 300명 이상 1,000명 미만 기업의 고용 비중은 1993년 9.0%에서 2009년 7.6%로, 1,000명 이상 기업의 고용 비중은 1993년 13.6%에서 6.1%로 떨어졌다. 그에 반해 50명 이상 100명 미만 기업은 1993년 8.5%에서 10.1%로, 50명 미만 기업은 30.1%에서 36.2%로 고용 비중이 크게 증가했다. 다시 말하면 300명 이상 기업의 고용 비중은 8.4%가 줄어든 반면 100명 미만 기업의 일자리는 8.9%가 증

〈표 6-1〉 기업규모별 고용 비중 변화 추이

(단위: %)

	1~4명	5~9명	10~49명	50~99명	100~299명	300~999명	1,000명 이상
1993년	28.3	9.0	21.1	8.5	10.5	9.0	13.6
2009년	29.0	12.1	24.1	10.1	10.9	7.6	6.1

자료: 통계청 사업조사.

가했다. 중견·대기업에서 줄어든 일자리가 고스란히 중소·영세기업의 일자리로 전환한 것이다. 이는 결국 일자리의 감소와 양극화의 원인이 대기업들이 비용절감을 위해 편법적·탈법적 고용관행으로 사내하청을 늘리는 등으로 일자리 불안을 야기한 데서 비롯되었음을 말해준다.

재벌 대기업의 고용 관행에 초점을 맞춘 규제 강화

지금까지 노동시장 양극화에 대한 진단과 해법이 다양하게 제시되어왔다. 그런데 이들 정책은 모두 유용성이 있으나 일반적으로 적용하기에는 한계성도 동시에 가지고 있는 만큼 현실적 여건에 맞게 정확한 방향을 갖고 상호 보완적으로 운용되어야 한다. 우선 여러 해법이 지닌 한계성에 대해 살펴보기로 하자.

첫째, 비정규직 사용을 최대한 억제해 정규직을 확대해나가야 한다는 주장이 있다. 이를 위해 기간제법, 파견법, 시간제보호법 등의 개정을 통해 비정규직화 차단을 획기적으로 강화해나가야 한다는 것이다. 하지만 정규직화의 전략은 비정규직 남용의 과도함을 시정하는 데에는 필요하나, 노동의 유연성과 노동형태의 다양화가 불가피한 환경에서는 구조적 한계가 있다. 그러므로 다양한 고용형태를 인정하되 이를 보완하기 위해서 동일노동 동일임금의 원칙을 최대한 적용해 노동 형태 간 차별을 줄이는 것이 필요하다.

둘째, 차별시정의 관점에서 동일노동 동일임금의 원칙을 철저히 적용하고 이와 함께 노동삼권, 최저임금 수준을 크게 강화해나가야 한다는 주장이다. 하지만 동일노동 동일임금의 강화를 통해 격차를 줄여나가는 것은 절대적으로 옳지만, 현실적으로 비정규직이 몰려 있는 중소기업 대부분이 수익성이 열악한 한계기업임을 감안하면 실질적 적용범위는 크게 제약될 수밖에 없다. 또 동일노동 동일임금은 한계기업의 퇴출을 촉진함으로써 산업구조를 고도화하는 기능을 수행하기 때문에 기본적으로 경쟁력이 높은 대기업에 유리하게 작용해 사회적 약자 기업의 퇴출로 이어질 수도 있다.

셋째, 동일노동 동일임금을 보완하는 제도로서 최저임금과 사회임금이 강화되어야 한다는 주장이 있다. 하지만 최저임금제의 경우 한계기업이 만연한 상황에서는 효력이 현저히 제약된다. 한계기업만 정리되고 기업들의 상향이동이 일어나지 않음으로써 실업만 더 심화되는 현상이 나타날 수 있다. 특히 한국처럼 강자독식체제가 존재하는 사회에서는 이런 문제가 더욱 첨예하게 발생할 가능성이 크다. 사회임금은 관대한 실업급여 등 사회적 소득이전을 통해 임금을 보전해주는 것인데, 기본적으로 높은 세수기반을 필요로 한다. 그런데 한국처럼 고용률이 낮고 세금을 더 낼 수 있는 중간층이 급속히 엷어지고 있는 사회에서는 구조적인 제약이 따른다.

넷째, 양질의 일자리에서 노동시간을 단축해 일자리를 나누어야 한다는 주장이 있다. 하지만 일자리 나누기는 새로운 일자리를 창출하는 것이 아니라 기존의 일자리를 나누는 것이라는 점에서 기본적인 한계가 있다. 일자리를 나누기가 성과를 거두기 위해서는 대기업의 초과근로를 제한하는 보다 강력한 규제가 들어가야 한다. 현행 법률의 예외조항을 이용해 편법적으로 근로시간을 늘리지 못하게 법을 정비해야 한다. 대기업 근로자들이 초과근로에 의존하는 이유는 단위노동시간당 보수 수준이 넉넉지 않기 때문인데, 현재 구조에서는 단축된 시간만큼 소득을 보전해주지 않는 한 당사자의 자발적 양보가 어렵다는 문제도 있다.

다섯째, 전직훈련, 취업알선 등 적극적 노동시장정책을 통해 노동시장의 미스매치를 줄여야 한다는 주장이 있다. 하지만 전직훈련 및 알선 등의 프로그램은 노동시장의 엄청난 격차로 전직이 곧 나락이 되는 환경에서는 별반 의미가 없는 정책이다. 실제로도 한국에서는 교육훈련 프로그램이 취업과 연계가 안 되기 때문에 실효성이 거의 없고 교육생들 대부분도 수당이나 받으러 온 경우가 허다하다.

이상과 같은 한계 요인을 인식하면서 노동시장 양극화 문제를 해결하기 위해서는 기본적으로 재벌 대기업(공기업까지 포함)들의 고용 관행에 초점을 맞춰 규제를 강화해야 한다. 대기업들이 기업구조조정과 정리해고를 무차별로 일삼으면서 해당 일자리를 비정규직, 사내하청, 외주 등으로 돌리면서 일자리의 양극화와 하향평준화가 일어났기 때문에 이 지점을 정확하게 겨냥해야 한다. 대기업들의 고용 관행은 정부 정책이나 규제가 허술하고 사회적으로 이를 견제할 세력이 부재한 데서 기인한다.

대기업의 고용 관행에 대한 규제를 강화하는 방법은 다양한 수준에서 이루어져야 한다. 제도 개선의 기본 방향은 크게 대기업 정리해고의 요건을 엄격하게 하는 것, 비정규직에 대한 보호를 대폭 강화하는 것, 사회 전체적으로 노동의 권리 및 협상력을 강화하는 것 등을 들 수 있다.

먼저 비정규직 보호를 강화해야 한다. 한국은 2004년 기준 고용보호입법지수로 평가할 때 정규직에 대한 보호가 OECD 주요 회원국들 중에서 중간을 약간 웃도는 수준이고, 비정규직에 대한 보호도 거의 비슷한 수준이다. 정규직과 비정규직간의 격차가 날이 갈수록 커지고, 비정규직의 상황이 매우 열악한 현실을 감안하면 비정규직 보호를 대폭 강화하는 것이 합당하다. 이를 위해 직접 고용의 원칙에 입각해 파견노동의 범위를 제한하거나 유럽연합이 2008년 11월에 공포한 지령처럼 파견 노동자들도 정규직 노동자들과 동일가치노동에 대해서 동일한 임금을 받도록 할 필요가 있다. 기간제 노동자들의 경우도 유급휴가, 근속우대, 유급병가 등에서 정규직과 동일한 단체협약과 법률의 적용을 받도록 해야 한다. 물론 이런 규제들은 이를 이행하는 기업에 대한 사회보험료 감면 등 여러 가지 인센티브 제공이 함께 제시되어야 한다.

다음으로 대기업세력의 힘을 견제하기 위해서 노동의 권리 및 협상력을 강화해야 한다. 그런데 대기업 정규직 노조의 강화가 사회 전체적으로 노동의 권리와 협상력을 강화하는 것과 일치되지 않는다는 문제가 있다. 대기업 정규직 노조는 비정규직 노동자를 대변하면서 대기업을 충분히 견제하지 못할 뿐만 아니라 일정하게 공생관계를 형성하고 있기 때문이다. 그래서 비정규직 노동자의 이해를 대변하면서 노동 전체의 힘을 강화할 수 있는 방안을 찾아야 한다. 이를 위해서 노동조합이 조합원뿐만 아니라 노동자를 대표할 수 있게 노동조합법을 개정하고, 파견법 개정을 통해 사내하청노동자들이 공동교섭에 참여할 수 있는 장치를 만들어야 한다. 사내하청 도급계약을 3개월 혹은 6개월 단위로 끊어서 하지 못하도록 하고, 도급업체가 바뀌어도 의무를 승계하도록 해야 한다. 그리고 나아가서는 산별노조를 사용자들이 정당한 협상 상대로 인정하도록 법규를 개선해 초기업별 교섭을 촉진해야 한다.

정리해고 요건을 강화해야 하는 이유

근래 한국 노사관계의 현주소를 극명하게 보여주는 사건은 쌍용차 사태와 한진중공업 사태이다. 두 사건은 회사가 모두 경영난을 이유로 노동자 정리해고를 시도한 데서 촉발되었고, 다른 나라에서는 쉽게 찾아보기 힘든 격렬한 분규가 벌어졌다. 그렇다면 왜 한국에서는 극단적이고 격렬한 노사 충돌이 벌어지는가? 이에 대해 어떤 사람들은 사회안전망이 취약해서 그렇다고 말한다. 복지정책은 제2의 기회를 준다는 의미에서 노동자들이 변화에 더 개방적이고 그에 따른 위험을 더 기꺼이 감수하도록 해주는데, 한국은 전혀 그런 장치가 없기 때문에 구조조정이 노동자의 격렬한 저항을 유발하게 된다는 것이다.[17]

노동자의 격렬한 저항이 사회안전망의 존재 유무와 관련성이 깊다는 주장은 타당성이 많다. 북유럽 국가들의 사례처럼 노사 간에 타협이 잘 되는 선진국들은 복지시스템이 잘 갖추어져 있고 적극적 노동시장정책이 발달해 있다. 가령 덴마크의 경우 직전 소득의 90%에 해당하는 실업급여를 최장 4년까지 제공하고, 동시에 취업을 돕는 교육 훈련 프로그램이 매우 잘 활성화되어 있다. 그렇기 때문에 덴마크에서는 노동자들의 조직률이 85%에 달하지만 웬만해서는 격렬한 노사분쟁이 일어나지 않는다.

하지만 사회안전망과 적극적 노동시장의 활성화와 같은 조건들이 절대 필수적이고 유일한 핵심 조건인 것은 아니다. 사회안전망이 충분하지 않아도 다른 조건들이 이를 상쇄한다면 격렬한 노사갈등이 발생하지 않는다. 가령 미국의 경우는 유럽 국가들에 비해 실업급여 제공 같은 사회안전망과 적극적 노동시장정책이 형편없이 부족하지만 구조조정이나 해고를 둘러싼 격렬한 충돌이 벌어지지 않는다. 미국에서는 설령 해고가 되어도 다른 직장으로 옮겨갈 수 있도록 일자리 여건이 구비되어 있기 때문이다. 그만큼 기회가 열려 있다는 뜻이다.

정리해고에 관한 법·제도가 미비한 것이 격렬한 노사분규의 가장 중요한 원인이다. 다른 선진국들의 경우 사회안전망의 유무라는 조건의 차이와 상관없이 노사관계가 극단적 충돌로 치닫지 않는 이유는 일반적인 해고는 자유롭더라도 집단해고와 같은 극단적인 처방을 사용하는 것에 대해서는 엄격한 제한을 둔다는 것이다. OECD가 펴낸 고용보호입법지수에 관한 자료를 보면, 미국이나 덴마크는 공히 정규직 고용보호 정도가 28개국 중 각각 28위, 24위로 17위인 한국에 비해 매우 낮은 축에 속하지만 집단해고에 대한 규제는 각각 19위, 6위로 26위인 한국에 비해 상대적으로 높거나 매우 엄격한 편에 속한다.[18] 특히 덴마크의 경우 채용과 해고의 자유라는 원칙에 오래전부터 사회적 합의를 이루었지만 다른 한편에서는 해고 예고 기간이 길고 정리해고에 대한 규제가 심하다. 비단 이들 나라들만 그런 것이 아니라 선진국에 속하는 나라들은 대부분 정도의 차이는 있지만 정규직 고용보호 정도에 비해 집단해고에 대한 기준이 엄격하다. 한진중공업처럼 근래까지도 상당한 흑자를 내고 주주배당 잔치까지 벌이면서 정리해고를 감행하는 일들이 다른 선진국에서는 용납될 수가 없는 것이다. 그런데 그와는 달리 한국은 정규직 해고에 대한 규제 정도는 중간 수준이지만 집단해고에 대한 규제는 매우 약한 수준이다. 선진국들과 거꾸로 되어 있는 것이다.

우리 노동법에도 정리해고를 남발할 수 없도록 하는 규제 조항은 있다. 노동법에는 정당한 이유 없이 함부로 해고를 할 수 없도록 되어 있는데, 정당한 이유란 모기업 전체의 존망이 위협받는 긴박한 경영상의 이유가 있거나, 도산이 임박해 눈앞에 닥쳤을 때 정도이다. 그러나 IMF의 영향으로 1999년부터 경영합리화라는 명분의 구조조정이 인정되기 시작했다. 모기업은 그대로 있되 일부 사업부만 폐쇄하는 것이 가능하게 되면서 경영자측이 보다 용이하게 구조조정을 할 수 있게 되었다. 이에 따라 한국에서는 기업들이 정리해고를 남발하고, 그것도 법을 제대로 준수하지 않는 것이 태반이고, 법 적용과 집행 상의 허점을 이용하는 것이 나머지 절반인 현실이 되어버렸다.

따라서 극단적 노사분규를 완화하기 위해서는 다른 선진국의 기준에 맞춰 정리해고에 대한 요건을 더욱 엄격하게 강화해야 한다. 개별 해고가 아닌 경영상의 이유에 의한 정리해고의 경우 사용자가 경제적·기술적·구조적인 사정으로 정리해고가 불가피하다는 것을 증명하도록 의무화해야 한다. 그것은 극단적 노사분규를 억제할 뿐만 아니라, 대기업들이 비정규직, 파견근로를 사용할 유인을 줄여줌으로써 양질의 일자리를 나누고 노동 내부의 차별을 해소하는 데 커다란 도움이 될 것이다. 대기업 정규직들도 진입 장벽을 높이 쌓아 비정규직을 배제하고 억압하려는 태도를 완화하게 될 것이다.

양질의 일자리 창출 전략

노동시장의 양극화를 해소하기 위해서는 여러 가지 제도적 규제를 강화하는 것이 중요하겠으나, 궁극적으로는 양질의 일자리를 대규모로 창출해 중간층을 두텁게 만드는 일과 연계되어야 한다. 우리 사회에서 일자리 양극화가 생기는 가장 중요한 원인은 사회의 허리를 떠받치는 생산직, 사무직 등 중간 일자리가 줄어들고 있다는 사실에 있다. 이런 일자리의 소멸이 노동시장의 양극화에 의한 중산층 붕괴와 소득 양극화를 초래하고 있다.

양질의 일자리가 사라진 가장 중요한 이유는 앞에서 살펴본 것처럼 대기업들이 정규직 일자리를 대폭 줄였기 때문이다. 중견기업 및 대기업 일자리의 소멸과 기업규모의 영세화가 경제성장에 따른 낙수효과를 사라지게 만든 가장 중요한 이유였다. 이런 정황은 고용구조를 미국이나 일본과 비교해보아도 뚜렷이 드러난다. 한국은 경제규모에 비해 중소기업 사업체 수가 지나치게 많다. GDP 총액이 한국의 14배인 미국의 제조업체 수는 한국의 2배에 지나지 않고, 7배인 일본의 제조업체 수는 1.6배밖에 되지 않는다.[19]

지금까지 대기업에서 일자리가 없어지는 이유에 대한 여러 분석이 있어왔다. 연구들은 대기업에서 일자리가 사라지는 이유를 세계화에 의한 일자리 해외유출, 외주화, 감량경영, 임금하락, 노동절약적 기술발전 등에서 찾아왔다. 그러나 그 같은 요인들에 의한 설명은 정확히 검증된 적이 없다. 오히려 한 연구에 의하면 한국에서 1990년대 이후 원가경쟁력의 약화를 극복하기 위해 글로벌 생산네트워크의 확대가 본격적으로 일어났고, 이에 따라 기업의 해외진출이 크게 늘었으나 해외 생산 확대와 더불어 국내 생산도 증가했을 뿐만 아니라 국내 부품 수출 역시 증가하면서 해외 생산이 국내 산업의 공동화로 이어지지는 않았음을 밝히고 있다.[20]

한국에서 고용구조의 영세화가 일어나는 이유는 앞에서도 설명한 것처럼 대기업들이 비용을 절감하기 위해 정규직 고용을 회피하고 이를 비정규직이나 사내하청, 그리고 외주로 대체했기 때문이다. 또한 대기업들이 독점적 경제력을 이용해 중소기업을 약탈하고 사업기회를 봉쇄함으로써 대기업으로 성장하는 길을 차단해버렸기 때문이다. 대기업들이 스스로 일자리를 없애버리고, 중소기업들의 성장을 억제함으로써 순차적으로 기업의 하향평준화가 진행되었고 고용구조가 전반적으로 영세화된 것이다.

결국 좋은 일자리를 창출하기 위해서는 중견기업과 대기업이 일자리 창출에 대한 사회적 책임과 의무를 다하도록 강제하는 것이 첫 번째 조건이다. 적어도 다른 선진국들의 평균적 수준만큼이라도 고용창출에 대한 역할을 담당할 수 있게 해야 한다. 대기업들의 고용이 감소하는 원인이 세계화나 기술발전에 따른 불가피한 요인이 아닌 만큼 대기업들은 국민경제에서 차지하는 비중만큼 고용에 대한 사회적 책임을 져야 한다. 그리고 대기업들이 독점적 지위를 이용해 성장하고 있는 잠재적 경쟁자를 제거하는 등 불공정하고 특권적인 행태를 하지 못하도록 강력하게 제재해야 한다. 그렇게 해서 중소기업이 중견기업으로, 중견기업이 대기업으로 발돋움함으로써 좋은 일자리들이 생겨날 수 있게 해야 한다.

그 외에 양질의 일자리를 창출하기 위해서는 대기업들의 역할을 복원하고 중소기업들의 사업 기회를 터주는 것만으로는 부족하다. 한국은 전통적으로 고용률이 낮은 만큼 이를 더 끌어올려야 하고, 더 중요하게는 세계화와 지식정보화라는 새로운 사회 환경이 던져주는 위험요인에 능동적으로 대응해야 하는 과제를 안고 있다. 그런 관점에서 보편적 복지를 강화하는 것은 양질의 일자리 창출과 결코 무관하지 않다. 세계화가 유발해내는 역동성의 공간은 자칫 개인의 삶을 위기의 나락으로 떨어뜨리기 쉽다. 실업, 불의의 사고, 질병, 고도의 정신적 긴장이 가져다주는 위험을 완화하고 위기의 나락에 떨어져도 재기할 수 있는 발판을 만들어주는 것은 세계화의 역동성을 능동적으로 활용할 수 있는 중요한 수단이라는 점에서 필수불가결한 성장 동력이라고 할 수 있다.

보편복지의 일환으로 사회·공공서비스 제공을 강화하는 정부의 적극적 활동은 일자리 창출에 직결된다. 양질의 사회·공공서비스 제공을 확대하는 것은 고용률을 끌어올리는 데에도 매우 효과적이다. 예를 들어 보육 등 양질의 사회서비스를 제공하게 되면, 중간층의 2차 소득자들이 경제활동에 나올 수 있어 고용률이 높아진다. 이렇게 해서 고용률이 높아지면 주생계부양자도 초과노동과 고임금에 대한 갈망에서 빠져나올 수 있게 되고, 대기업·공공부문 일자리를 나누는 데에서도 심리적 저항을 완화해 궁극적으로 노동시장의 격차를 줄이는 데 도움이 될 수 있다.

일자리 창출은 사람들의 전반적 삶의 질을 높이고 경제 활동을 증대시켜 혁신적 지식창조경제로의 이행을 촉진하는 것과 맞물려야 한다. 그러기 위해서는 고강도 저생산성 저참여 노동구조를 저강도 고생산성 고참여의 노동구조로 전환해야 한다. 그러기 위해서는 초과노동수당을 효율적으로 조정하고 교대근무 제도를 개선하는 등 후진적 노동시간 체계를 대폭 손질해야 한다. 여기서 산출된 여가시간을 자기개발과 여가활동, 그리고 질병과 스트레스로부터 예방을 위해 사용한다면 새로운 양질의 일자리를 많이 만들어낼 수 있다.

중향평준화 논리의 함정

혹자는 노동시장 내부의 격차를 줄이는 방안으로 중향평준화를 주장하기도 한다.[21] 우리나라의 생산력 수준에 비해 임금이 너무 높고 안정적인 부분은 하향 조정하고, 생산력 수준에 비해 임금이 너무 낮고 불안정한 부분은 상향 조정해야 한다는 것이다. 그래야 고용률이 올라가고 자영업자 비율이 줄어들며, 청년들의 공공부문·대기업으로의 과잉쏠림 현상도 해소되어 창업률이 올라가고 중소기업의 인재기근이 해소된다는 것이다. 하지만 자본이나 보수언론이 주장해온 논리와 흡사한 이 주장에는 다음과 같은 문제들이 내재해 있어 보인다.

먼저 이 주장은 노동시장 내부의 격차가 생긴 근본적이고 구조적인 원인을 도외시하고 결과론적 진단과 처방만을 제시하고 있다. 노동시장의 격차는 근본적으로 노동을 분할 지배하려는 대자본의 전략에서 비롯된 것이다. 물론 노동시장 격차는 조직력을 갖고 있는 대기업·공공부문 노동자들의 완강한 저항과 그들의 기업별 노조주의에 의한 단기적 이익추구가 맞물려 만들어진 현상이다. 하지만 이것은 대자본의 지배전략에 대응하는 과정에서 형성된 부차적 변수이지 주도적 변수가 아니다.

노동시장 격차에 대한 이니시어티브도 대자본이 쥐고 있는 것이지 대기업 정규직 노동자에게 있지 않다. 다시 말해서 대기업 정규직 노동자들의 임금을 하향시킨다고 해서 하층 비정규직 노동자들의 임금수준이 올라가는 메커니즘이 전혀 아니다. 가령 2009년 기준 10대 재벌의 영업이익률은 6.99%, 대기업은 5.82%, 중소기업은 4.50%였다. 하층노동자들의 임금이 열악한 것은 바로 중소기업의 이익률이 열악한 것과도 직결된다고 볼 수 있다. 따라서 중소기업 매출의 85.1%가 하도급 매출인 상황에서 중소기업의 이익률을 결정하는 것은 재벌 대기업이지 상층노동자와 하층노동자 간의 빅딜에 달린 문제는 별로 아닌 것이다.

또한 상층 노동자들의 임금을 끌어내려 중향평준화를 한다고 해도 하층노동자들의 소득개선에 끼치는 영향이 별로 크지 않다. 대기업 정규직으로 근무하는 상층노동자는 지난 외환위기 이후 그 비중이 20%가량에서 10%가량으로 거의 절반이 줄어 그들의 임금을 끌어내려도 그것이 전체 노동자에 미치는 영향이 그리 크지 않은 것이다. 바로 이런 조건들에 대한 구조적이고 입체적인 접근 없이 무조건 격차를 줄여야 한다는 식으로 접근하다 보면 자칫 대기업만 유리한 결과를 초래할 수도 있다. 정치적으로 상층노동자와 하층노동자를 분열시켜 대자본의 독주를 더욱 가속화시킬 수 있다.

흔히 이런 주장을 하는 사람들은 대기업 정규직 노동자의 임금수준이 선진국 노동자의 수준에 비해서도 과도하게 높다고 말하는데, 이에 대해서는 좀 언급하고 넘어가야 할 부분이 있다. 이런 주장이 지나치게 단편적인 사실에 의존해 제기되는 부분이 많다는 것이다. 우선 한국 대기업 노동자의 임금이 비슷한 경제발전단계에 있는 싱가포르, 대만 같은 나라들과 비교해서 높은 것은 틀림없는 사실이다. 유럽의 선진국 노동자의 수준에 비추어서도 크게 뒤지지 않는 수준이다. 그러나 한국에서 대기업 노동자들 높은 임금은 상당 부분 초과노동에 의존하고 있다는 점에서 보면 달리 해석할 여지도 많이 생긴다. 우리나라 임금노동자들의 연간평균 노동시간은 2,256시간(2008년 기준)으로 OECD회원국 가운데 가장 길다. 자동차산업의 경우 초과노동이 무려 전체 근로의 40%에 달하며, 조선·철강산업의 경우도 25~30%가량을 차지한다.

대기업은 상층노동자의 높은 임금수준 때문에 강력한 압박을 받아 중소기업이나 하층노동자들에게 그 비용을 전가시키지 않는다. 이는 재벌 대기업의 영업이익률이 지난 십 수 년 사이에 지속적으로 증대되어온 데 반해 노동소득분배율은 지속적으로 악화되어왔다는 사실에서도 암시된다. 혹자는 대기업 정규직의 임금수준이 1997년 GDP의 1.88배에서 2007년 2.21배로 늘었다는 지표를 대면서 비정상적으로 상승해왔다고 주장한다.[22] 그러나 그것은 1차적으로 대기업 정규직의 임금수준이 과도하게 올라갔다기보다는 중소기업-비정규직의 임금수준이 과도하게 낮아짐으로써 과도하게 올라간 것처럼 보이는 현상이다. 이런 정황은 제조대기업의 노동소득분배율이 1996년 48.3%에서 2008년 39.5%로 하락한 지표에서도 알 수 있다. 더구나 대기업 정규직의 실질임금 증가율과 노동생산성 증가율, GDP증가율을 종합적으로 판단해야 하는데, 실질임금 증가율은 노동생산성 증가율에 못 미쳐왔다.

대기업 정규직 노조가 비정규직 노동자들을 도외시하고 일정하게 자본과 공생하는 모습은 그들의 교섭력이 강해서 나온 결과가 아니다. 대기업 노동자들이 정리해고나 직장폐쇄에 직면해 격렬히 저항하는 것도 그런 이유가 아니다. 오히려 반대로 대기업 정규직 노동자들도 해고에 대한 불안으로부터 자유롭지 못하기 때문에 그것이 정규직 노조가 비정규직 고용을 묵인하도록 만들었다. 경기침체기에 비정규직이 먼저 해고됨으로써 정규직 노동자의 정리해고를 막거나 최소화할 수 있기 때문이다.[23] 사회안전망이 취약한 상황에서 고용 불안에 대한 두려움은 정규직 노동자들 사이에 노조가 힘이 있고 고용이 안정적일 때 최대한 챙기자는 실리주의를 확산시켰다. 기업별 노조 체계도 대기업 정규직 노조 이기주의의 원인이다. 현행 노동조합법도 기업별 노조에 맞춰져 있어 정규직 노동자들이 비정규직 문제나 사회정책과 관련된 투쟁을 불법을 감수하며 투쟁하기가 쉽지 않은 구조이다. 결론적으로 대기업 정규직 노동자들이 비정규직 노동자를 차별하고 억압하는 것은 1차적으로는 권력역학관계와 잘못된 제도에서 비롯된 것이지 그들이 능동적으로 주도해서 만들어낸 산물이 아니다.

그러므로 대기업 정규직 노동자들의 임금을 끌어내리자고 하는 중향평준화론자들의 주장은 현실적 타당성이 없다. 중장기적으로 임금상승률을 위로는 적게 하고 아래로는 크게 해 격차를 좁혀나가야 함은 당연하다. 하지만 대기업 정규직 노동자가 지나치게 많은 임금을 받는다기보다는 중소기업 노동자·비정규직이 지나치게 낮은 임금을 받는다고 하는 것이 상대적으로 더 정확한 표현이라고 할 수 있다. 대기업 정규직 노동자들의 시간당 임금수준을 적절한 수준으로 유지하면서 초과근로를 제한하는 방식으로 임금격차를 좁히는 것도 방법이다. 복지의 확대를 통해 사회임금을 강화해나가면서 대기업 정규직 노동자들의 개별 임금에 대한 집착을 완화시키는 것도 중요하다. 노동 내부의 차별과 억압을 푸는 방안은 1차적으로 대자본의 노동지배전략이 관철되는 잘못된 제도를 고치는 데에 있다.

3. 혁신적 중소기업의 육성

대기업 - 중소기업의 역학구조 개선

중소기업 육성은 한국 경제의 사활이 걸린 문제이다. 한국 경제가 앞으로 경쟁력을 키우고 일자리 창출과 양극화 문제를 해결하기 위해서는 중소기업 문제를 어떻게 해결하느냐가 중요하다. 1990년대 이후 정부 규제와 노동계의 저항에 직면한 재벌 대기업들은 고용과 생산을 직접 확대하기보다 중소기업들을 하도급 거래구조에 편입시키고 이를 통해 소재·부품을 조달하고 노무관리를 하는 간접지배체계를 구축해왔다. 그 대신에 대기업들은 핵심 공정 및 연구개발 분야에 집중 투자함으로써 효율성과 경쟁력을 높일 수 있었다. 대기업과 중소기업 간의 관계는 1997년 외환위기 이전과 이후로 확연히 갈라진다. 외환위기 이전에는 대기업이 수탁중소기업에게 기술지원, 설비지원, 원자재 제공 등으로 지원하면서 협력관계를 구축했으나 외환위기 이후에는 세계시장에서 감당해야 할 리스크를 수급업체에게 떠넘겼고, 이에 중소기업들은 재하청 내지 저임금 - 비정규직 고용을 늘리는 것으로 대응해왔다.

바로 이런 환경 속에서 중소기업들은 재벌 대기업의 경제적 힘과 사회적 영향력에 짓눌려 성장이 봉쇄당해왔다. 그 결과로 대기업과 중소기업 간 노동생산성 격차는 자꾸만 벌어져 2002년 기준 중소기업 생산성이 대기업 생산성의 34.5%밖에 되지 않는 실정이 되었다. 이탈리아 65.2%, 독일 63.1%, 미국 56.3%, 일본 53.2%에 비하면 매우 낮은 수치이다.[24] 시장경제가 건전하게 작동하고 역동성이 있는 경제구조라면 중소기업이 중견기업으로, 중견기업이 대기업으로, 대기업이 더욱 더 성장해서 제2의 삼성, 현대차 같은 초일류기업들이 자꾸 나와야 한다. 그러나 2010년 총자산 기준으로 상장회사의 순위를 보면 2000년 이후 신생기업이 대기업으로 올라선 경우가 NHN(165위), 셀트리온(207위), 엔씨소프트(226위) 정도다. 여기에 더해 매출 1조 클럽을 기준으로 잡는다 해도 휴맥스, 팬텍, 넥센, 엔씨소프트, DSLCD 등이다. 이런 기업들은 대개가 대기업에 의존하지 않고 독자적인 경쟁력을 키워온 회사들이고, 대기업 영역에 걸쳐 있는 회사들은 전부 씨가 말랐다고 해도 과언이 아니다.

그러므로 한국의 중소기업 문제의 핵심은 불균등한 심한 대기업 - 중소기업 사이의 역학구조를 개선하는 일이다. 중소기업을 단순히 보호하고 육성하는 차원을 넘어서 중소기업이 대기업에 구조적으로 종속당하지 않도록 세계화의 조건에 맞게 허술한 규제체계를 바로잡고 정책 틀을 근본부터 다시 짜야 한다.

중소기업 대책에서 가장 중요한 것은 재벌 대기업의 횡포로부터 중소기업을 보호할 방안이다. 그것은 특별히 중소기업에 어떤 특혜를 주는 것이 아닌, 단지 시장 자체를 투명하게 만들고 공정하게 경쟁할 수 있는 시스템을 구축하라는 말이다. 대기업 발주업체에서 중소부품업체들에게 이익률을 정해주고 중소기업은 이에 순응할 수밖에 없는 구조는 결코 투명하고 시스템이 갖춰진 시장질서라고 볼 수가 없다. 중소기업이 대기업과 협력활동을 하면서 계약서도 쓰지 않고 일을 진행하는 경우가 다반사인 경우에서는 중소기업이 독자적인 경영전략을 짜는 것 자체가 불가능하고 궁극적으로 중소기업의 경쟁력이 높아질 수가 없는 것이다.

중소기업 보호를 위해서는 현행법과 제도가 대폭 개편되어야 한다. 먼저 대기업의 불공정하도급거래에 대해 징벌적 손해배상제와 집단소송제를 도입해 법을 위반했을 때의 불이익이 편익보다 훨씬 크게 만들어야 한다. 또 권위주의 시대 관치경제의 우물인 공정거래위원회 전속고발권을 폐지해 대폭 손질해야 한다. 국회입법조사처 이건호 박사의 발표에 따르면 전속고발권 제도 도입 후 29년간 적발된 위반행위 5만 3,031건 가운데 위원회의 형사고발로 이어진 것은 0.9%인 472건밖에 되지 않았다. 공정거래부문에 전문성을 갖춘 기관이나 사업조합이나 협동조합 같은 제삼자도 법위반 행위에 대한 고발권을 부여하는 방안을 도입해야 한다. 그 외에도 대기업의 비리를 상시적으로 감시, 견제할 수 있는 사회적 기구를 만들어서 그에 대한 견제 여론을 지속적으로 환기시켜야 한다.

다음으로 중소기업 보호와 관련해 중요한 것은 대기업에 대항할 수 있는 중소기업의 협상력을 강화하는 것이다. 중소기업 문제는 사실상 힘의 격차 문제이다. 그러므로 중소기업 보호를 위해서는 제삼자의 개입도 중요하지만 중소기업 스스로의 자구력을 높일 필요가 있는데, 중소기업들이 사업조합 단위의 공동납품교섭, 공동납품, 공동해외진출을 할 수 있도록 조직화를 촉진하고 장려할 필요가 있다. 이와 함께 경제적으로는 중소기업들이 공동R&D와 디자인, 공동브랜드, 공동마케팅, 공동인력개발, 공동물류사업 등을 강화할 수 있도록 네트워킹을 강력하게 추진해야 한다.[25]

중소기업 육성 제도의 개편

대기업 - 중소기업의 불공정한 하도급거래질서를 바로잡는 노력은 1차적으로 절대 중요한 사항이다. 하지만 한편으로 법적 규제를 통한 노력만으로는 부족하고 여기에 정책적 노력이 결합되어야 한다. 이를 위해 다음과 같은 노력들이 중요하다.

첫째, 부품 및 소재산업을 육성하기 위한 획기적 산업정책을 추진해야 한다. 중소기업의 발전과 관련해 핵심적으로 중요한 산업분야는 부품 및 소재산업이다. 부품 및 소재산업은 제조업의 허리에 해당하는데, 우리 경제는 이 부분이 매우 취약해 엄청난 규모의 무역 역조의 원인이 되기도 한다. 한국은 그동안 부품, 중간재, 자본재 등은 주로 대일 수입에 의존하는 대기업 중심의 대량생산 조립형 제조업으로 산업경쟁력을 유지해왔으나 그것은 이제 한계에 도달했다. 중국을 필두로 동아시아의 여러 신흥공업국들이 그 같은 분야에서 이미 상당한 경쟁력을 확보했기 때문이다.

부품소재 및 첨단 제조업의 매력 중 하나는 그 분야에서 중소기업의 약진이 수월하다는 것이다. 따라서 이러한 전략산업들의 육성은 곧 한국의 중소기업 진흥책으로도 기능할 수 있다. 대기업 편중의 불균형 문제 해소에 도움이 될 것임은 물론이다. 중소기업의 증대에 따른 고용창출 효과 또한 상당할 것이다. 게다가 첨단 중소기업의 발전은 지식기반 서비스산업의 성장에 필요한 수요의 창출로 이어질 수 있다.

이제는 일본이 우리에게 그러해왔듯 우리가 부품 소재산업을 선도함으로써 여타 동아시아 국가들의 조립형 제조업 발전을 견인해야 한다. 그 같은 과제를 수행하는 데 중소기업의 역할은 매우 결정적이다. 부품소재산업은 기본적으로 다품종 소량생산이어서 중소기업만이 수행할 수 있는 분야이기 때문이다. 그런데 고부가가치 부품·소재산업을 발전시키기 위해서는 정부의 강력한 산업정책이 중요하다. 이를테면 김대중 정부가 벤처정책을 대대적으로 추진해 IT강국의 문을 연 것처럼 제조업 르네상스를 선포하고 '첨단지식산업 클러스터'를 대대적으로 육성하는 정부의 초기 역할이 필요한 것이다.

둘째, 중소기업의 세계화를 위한 노력이 필요하다. 글로벌 생산네트워크에서는 선도 기업으로부터 하위 소기업으로 지식의 역아웃소싱이 발생할 수 있으며, 이들 소기업들에게 지식관련 요소에서 갖는 약점을 극복할 수 있는 기회를 제공한다. 많은 대만, 싱가포르 기업들의 사례에서 보듯이, 글로벌 생산네트워크에서 국내 공급자는 다국적기업의 현지 자회사의 필요에 대응하거나 선진국의 주도 기업에게 공급하는 방식으로 생산능력을 제고할 수 있다.

중소기업들은 혁신 계기와 그 자원을 내부에서 찾기가 쉽지 않다. 따라서 외부 및 국제적 원천으로부터 지식과 기술을 확보하는 것이 중요하다. 한국의 중소기업들, 특히 첨단 분야의 중소기업들은 대개 많은 경우 국내 대기업으로부터 여러 경로를 통해 체화한 기술들을 활용하는 경우가 많았다. 그런데 한국의 생산체제가 본격적으로 글로벌화하면서 대기업과 중소기업 사이의 상호 연결고리가 깨지기 시작했고, 중소기업은 대기업과 갈수록 불리한 계약관계를 강요당할 수밖에 없었다. 그 때문에 중소기업은 재생산기반이 계속 취약해져왔고, 그 결과로 OBM(자가브랜드)으로 도약하지도 못하고 OEM(주문자상표부착) 공급자로서의 안정적 지위도 보장받지 못한 채 중국 등에 계속 밀려나게 되었다.

이제는 중소기업이 글로벌 생산네트워크에 적극 참여하고, 거기에서 지식의 역 아웃소싱과 학습 및 혁신의 지속적 동력을 확보하는 방안을 찾는 것이 절대적으로 중요해졌다. 우리나라 중소기업은 세계 진출에 좋은 조건을 많이 가지고 있다. 우리나라 산업 전반의 경쟁력이 여전히 높고, 한국 상품에 대한 세계시장의 수요가 상당히 크기 때문이다. 혁신 중소기업들이 글로벌 생산 네트워크에 적극 참여할 수 있기 위해서는 지식과 기술을 습득할 수 있는 환경을 조성해주어야 한다. 이는 개별 중소기업이 수행할 수 없기 때문에 무엇보다 누구나 쉽고 저렴하게 접근할 수 있는 공공 인프라를 구축하는 것이 절실하다. 여기에 국가의 적극적인 역할이 요구됨은 물론이다.

셋째, 중소기업 저투자 문제를 해결해야 한다. 그동안 외환위기 이후 한국경제의 문제를 투자 부진에서 찾는 시각들이 많았다. 그래서 기업의 투자를 촉진하기 위한 각종 세제감면 과 출자총액제한 폐지, 수도권 규제완화 등이 이루어져왔다. 그러나 실제로는 외환위기 이후에도 대기업의 설비투자는 꾸준히 증가해왔으며 중소기업의 해외투자도 증가해왔다. 우리나라 전체 연구개발비의 GDP 대비 비율은 2007년 기준 3.47%로 세계 3위이다. 물론 대기업이 과거와 달리 신규투자보다는 기존 기업을 인수하고 합병하는 데 투자 비중을 둔다는 문제점을 가지고 있다. 이 때문에 대기업의 투자가 고용창출의 효과를 내지 못하고 있기도 하다. 그럼에도 총설비투자에서 재벌 대기업의 설비투자가 차지하는 비중은 거의 외환위기 직전 수준에 이르고 있다.

문제는 중소기업의 국내투자가 부진하다 못해 거의 빈사상태에 이르렀다는 사실이다. 중소제조업의 설비투자액은 2007년도 기준으로 총설비투자액의 6.16%에 지나지 않는다. 5인 이상 설비투자 업체 수는 4만 2,430개로 중소제조업체의 37.6%만이 생산설비에 투자했다. 중소기업 설비투자의 용도를 세분해보면, 기존설비 유지보수가 전체의 64.8%로 설비투자액의 약 2/3가량이 기존설비의 유지보수를 위해 지출되었다. 중소제조업의 기술개발 업체 수는 2007년 말 기준으로 전체 중소제조업체의 23.2%를 차지하고 있으며, 기술개발 투자액은 중소제조업 총 매출액 대비 1.37%밖에 되지 않고 기술개발 투자 업체의 매출액 대비로도 2.85%에 지나지 않는다. 중소기업의 R&D 지출은 1997년 외환위기 이후 벤처기업의 활성화에 힘입어 그 비중이 2001년에는 29%까지 증가했다가 2005년에는 21%로 감소하고 있다.[26]

이처럼 중소기업의 투자가 부진한 원인은 중소기업의 수익률과 재무구조가 열악한 데 있다. 중소기업의 2006년 평균 매출액 경상이익률은 3.57%로 대기업의 7.01%의 절반 수준이다. 중소제조업의 부가가치액 또한 대기업의 33.2%에 머물러 매우 취약하다. 중소제조업의 부채비율은 2006년 말 현재 145.4%로 대기업의 85.5%에 비해 높은 편이다. 차입금 의존도도 34.3%로 대기업의 18.1%의 2배 가까이 된다. 한마디로 중소기업의 투자 여력이 빠듯한 것이다.

중소기업 저투자의 악순환을 불러오는 중요한 요인의 하나는 금융 산업의 자원배분 기능이 왜곡되었다는 데 있다. 돈을 많이 번 상위 대기업은 금융 산업 시스템의 영향을 크게 받지 않는다. 문제는 이들보다 하위의 중견대기업 및 중소기업인데, 이들은 외부에서 돈을 조달해야 투자를 늘릴 수 있다. 그런데 한국에서 영세기업, 새로 사업을 시작하는 기업, 전환기(death valley)를 지나고 있는 중소기업이 담보 없이 제도금융권에서 대출을 받기란 거의 불가능에 가까운 일이다. 이런 현상은 이전에도 있었지만 외환위기 이후 더욱 심화되었다. 기업금융을 담당하던 은행들에 대한 규제가 완화되면서 그런 기능이 약화된 데다가, 거의 모든 은행들이 주택 담보 대출과 우량 고객과의 거래에 주력하게 된 것이다. 신협이나 새마을금고 등 서민금융기관은 위축되어 제 역할을 못하게 된 것도 주된 요인 중 하나이다. 그러므로 중소기업의 적절한 투자가 일어날 수 있도록 금융기관의 자금배분기능을 개선해야 한다.

넷째, 지역공동체에 뿌리내린 협동조합기업이나 사회적 기업을 육성해야 한다. 이를 위해 협동조합 기본법을 제정해서 각종 분야에서 협동조합의 설립을 자유롭게 하고, 법인세를 깎아준다거나 기금을 조성할 때 세금을 감면해주는 것과 같은 지원을 통해서 자체 자산을 형성할 수 있도록 한다. 그리고 이탈리아 에밀리아로마냐의 사례처럼 중소기업의 수평적 네트워크에 지방대학 및 연구소, 그리고 사업서비스를 결합하는 방식 등으로 중소기업이 국가혁신체제와 지역혁신체제 속에 자리 잡게 해야 한다.

4. 보편적 사회투자복지의 실현 전략

구사회 위험과 신사회 위험에 대한 대응에서 한국적 균형 전략

한국의 복지제도는 근래 급속히 성장하기는 했지만 다른 OECD 국가들과 비교해볼 때 여전히 후진국 수준을 벗어나지 못하고 있다. 복지제도가 사회 내부에 정착되고 지속적인 발전을 이루기 위해서는 그것이 다른 사회제도들과 어떻게 정합성과 보완성을 획득하느냐에 달려 있으나, 아직 한국의 복지제도는 그에 대한 명확한 지향성을 확립하지 못하고 있는 것이다. 최근 복지정책을 둘러싸고 정치권 내외에서 치열한 논쟁이 벌어지고 있지만 각 세력들은 종합적인 복지모델을 제시하고 있지 못하다.[27]

한국적 복지국가모델을 창조하기 위해서는 한국의 역사 문화적·사회경제적·정치적 조건을 고려하면서 복지제도가 직면한 가장 중요한 당면 과제가 무엇이고, 그 해결 방안이 무엇인지를 찾아야 한다. 한국의 복지제도가 지속적으로 발전하기 위해서는 질병, 장애, 노령, 실업, 사망 같은 전통적 사회 위험과 출산, 양육 같은 새로운 사회 위험에 대처하는 복지 제도 사이의 적절한 균형을 확립해야 한다. 그런데 이를 위해서는 한국의 사회 발전 단계에 대한 냉철한 판단이 전제되어야 하는바, 한국은 전통적 사회 위험을 어느 정도 극복하고 새로운 사회 위험에 대한 문제 해결 단계로 넘어간 서구 선진복지국가와 달리 구사회 위험의 해결이 아직 현저히 미흡한 상태에서 신사회 위험에 본격적으로 직면한 상태라는 사실을 이해하는 것이 중요하다. 이런 특수한 조건을 감안해 두 가지 위험에 대한 대응을 잘 연계할 수 있는 전략적 접근 방안이 나와야 한다.

우선 우리나라는 양극화와 고용불안으로 인해 최근 들어 빈곤율이 급증하고 있음에도, 복지제도는 이에 대해 충분한 대처 능력을 보이고 있지 못하다. 먼저 복지재정의 절대적 규모가 다른 선진국에 비해 3분의 1에 그칠 정도로 미약하기 짝이 없다. 한국 복지제도의 근간을 이루는 사회보험체계에 광범위한 사각지대가 생겨나고 있는데, 국민연금을 납부하지 않은 사람들이 약 500만 명에 이르고, 국민건강보험제도의 체납가구는 200만 가구를 넘어서고 있으며, 노동시장의 반을 차지하는 비정규직의 경우 산재보험과 고용보험의 혜택을 제대로 받지 못하고 있다. 복지국가라면 적어도 국민 누구나 기초생활이 보장되어야 하는데 2009년 기준 최저생계비 이하의 소득자 가운데 국민기초생활보장제도의 수급권자의 비율은 겨우 2.7%이고, 여기서 배제되어 있는 규모가 무려 전체 인구의 8.4%에 해당하는 410만 명에 달하고 있다. 또 2006년 기준 실업수당의 소득대체율은 6.5%로 OECD 평균 34.8%에 현저히 못 미치고 있다. 의료보장 수준은 여전히 취약해서 중대한 질병에 걸리게 되면 중간소득자도 빈곤의 나락으로 쉽게 떨어지고 만다.

그러므로 우리나라가 미래지향적인 복지국가로 나아가기 위해서는 1차적

〈표 6-2〉 실업수당의 소득대체율(2006년)

	미국	독일	스웨덴	한국	OECD 평균
%	5.6	33.0	29.3	6.5	34.8

주: 실직기간 60개월 이상인 가구의 순 소득 대체율임[(실직 이전 순가구소득/실직 이후 순가구소득)× 100].

으로 기존의 복지체계가 갖고 있는 결함을 해소해야 한다. 무엇보다 복지재원의 꾸준한 확대가 중요하다는 확고한 인식이 필요하다. 그리고 소득보장(실업급여), 의료보장(보장범위)의 영역에서 보장성을 강화해야 한다. 한국에서 이런 문제를 건너뛰거나 우회한다면 진정한 복지론자가 될 수 없다. 한나라당 박근혜 의원이 한국형 복지모델이라며 제시한 '생활보장국가'는 진보진영의 사회투자국가론을 대폭 수용했다는 점에서 어느 정도 의의를 지님에도, 이 지점에 대한 의구심을 명확하게 해소하지 못했다는 한계를 내포한다. 그것은 운용 방식에 따라 극단적 경우에는 또 하나의 변형된 성장주의의 재판이 될 수도 있기 때문이다. 그럴 경우 박근혜의 한국형 복지모델은 그의 부친 박정희가 내세운 '한국적 민주주의'라는 용어만큼이나 허구적인 것이 될 수도 있다.

그런데 한편으로 사회복지에서 소득보장 강화라는 일반적 주장만을 펼치는 것도 한계가 있다. 한국적 특수성의 맥락에서 소득보장체계의 결함을 개선해나가는 데 주력하면서 새로운 사회 위험에 대한 대응 과제를 적절하게 결합하고, 이것이 전체적으로 한국 사회의 가장 핵심적 당면 문제인 양극화 및 고용 불안의 해소와 연계되는 쪽으로 복지전략의 집중과 선택이 이루어질 필요가 있다. 사실 저출산과 같은 신사회 위험의 가장 큰 원인은 양극화 및 고용 불안에 기인하기 때문이다. 그런 점에서 보면 전통적인 소득보장의 영역에서 실업수당의 소득대체율 제고, 건강보험의 사각지대 해소와 동시에 보장성 강화에 정책의 상대적 우선순위를 부여할 필요가 있으며, 사회서비스 영역에서도 보육서비스 지원과 공교육 확충, 적극적 노동시장정책, 사회적 일자리 창출에 우선순위를 부여할 필요가 있는 것이다. 그리하여 복지의 사각지대 해소와 확대가 내수 확충 및 고용 증대에 의한 양극화 성장을 해소하는 데 기여하고, 이것이 복지 확대를 위한 세수 기반을 강화하는 포괄적인 선순환구조를 확립하는 방향으로 나아가야 한다.

복지와 노동의 연계 전략

복지와 노동을 연계시키는 전략모델을 만들어야 한다. 복지와 노동의 연계는 복지제도의 정치적 지지기반을 구축한다는 점에서 중요하고, 또 복지제도를 사회적 선순환 구조로 만들기 위해서 중요하다. 그럼에도 지금 우리 사회에서 복지 논의는 근로빈곤 해소, 양극화된 노동시장의 구조개선, 적극적 노동시장정책 등 노동 이슈를 담고 있지 못하다. 그 대신 건강보험 등 중산층 전문가 중심의 복지운동이 주류를 차지하는 실정이다.[28]

무엇보다 복지제도를 고용 친화적 관점에서 설계하는 것이 중요하다. 고용률이 높아야 복지국가를 위한 세원을 많이 확보할 수 있고 복지의 범위와 두께를 강화해나갈 수 있기 때문이다. 그래서 복지제도가 발전한 선진국일수록 고용률의 비중의 높다. 2008년 기준으로 사회민주주의 복지국가인 스웨덴이 75.7%, 덴마크가 77.3%이고, 자유주의 복지국가인 영국만 해도 72.3%이며, 보수주의적 남성생계부양자 복지모델로 분류되는 독일과 프랑스는 다소 낮아 각각 69.0%, 64%에 이른다. 이에 반해 한국의 고용률은 63.9%로 OECD 국가 중 하위권에 머물고 있다. 고용의 세부 현황을 살펴보면, 특히 여성과 청년층의 고용률이 낮다. 남성 고용률은 78.6%로 국제적 기준으로 보면 그리 낮지는 않으나, 여성 고용률은 56.1%로 스페인, 이탈리아, 멕시코 등과 함께 최하위권을 형성하고 있다. 또 청년(15~29세) 고용률은 더 심각해서 2009년 기준 40.5%로 OECD 국가 중 거의 꼴찌 수준이다. 게다가 청년층의 고용률은 해가 갈수록 악화되는 중이다.

한국이 복지국가로 발전해나가기 위해서는 복지제도가 고용률을 높이고, 고용률의 증대가 복지제도를 강화하는 선순환 구조를 확립해야 한다. 예를 들어 여성의 고용률을 높이기 위해서는 무엇보다 출산, 육아 등으로 인해 경력단절이 생기지 않도록 이와 관련한 복지제도를 강화하는 것이 필요하다. 우리나라는 여성 고용이 25~29세에 65.6%(2009년)로 가장 높은 수치를 보인 후, 30~34세에 50.1%로 급격하게 감소한 후 다시 증가하는 전형적인 'M자'형 패턴을 나타낸다. 하지만 OECD 평균 고용률은 25~29세 63.8%, 30~34세 63.4%로 거의 차이가 나지 않는다. 그만큼 한국이 여성의 일과 출산, 육아에 따른 가사의 양립을 지원하는 사회정책 시스템이 부실함을 보여준다. 따라서 이런 문제를 해결하기 위해서는 출산, 보육기의 여성들을 겨냥한 값싼 양질의 보육인프라가 획기적으로 공급되어야 한다. 맞벌이 부부가 우선적인 보육혜택을 받을 수 있도록 하는 장치를 마련하는 것도 중요하다.

노동과 복지의 연계는 고용률을 높여 복지제도의 물적 기반을 강화하는 외에도 성장을 촉진하고 사회 갈등을 줄이는 역할을 수행한다. 보육 등 사회서비스를 양질로 해서 사회임금을 높이고 여성들을 경제활동에 참가시키면 주생계부양자가 장시간 노동을 통해 시장소득을 비축하는 데 집착할 동기를 줄여주고, 구조조정에 대한 격렬한 저항 유인을 없애주며, 일자리를 나누어 청년실업과 노동시장 내부의 격차를 해소하는 데 커다란 도움을 줄 것이다. 그럼 점에서 사회서비스산업을 뉴딜 사업으로 해서 대대적으로 추진할 필요가 있다. 우리나라는 필수적인 공공서비스가 절대적으로 부족해서 국민들이 느끼는 불편을 해소할 수 있을 뿐만 아니라, 자영업 분야의 과잉취업 인구를 흡수함으로

〈그림 6-1〉 보편적 사회투자복지국가모형

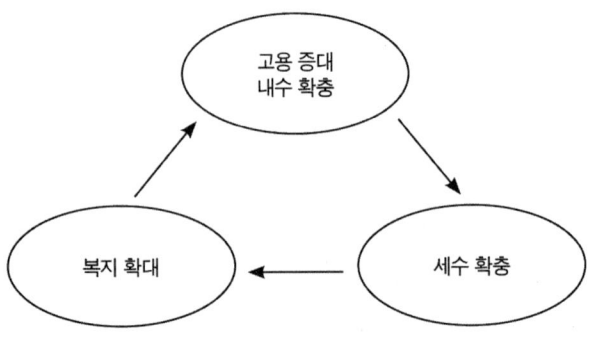

써 자영업의 과당경쟁과 소득감소를 막는 데에도 기여할 수 있다.

복지 재원 조달을 위한 재정전략

복지에 따른 재원의 문제에 대한 해결 전략을 갖고 있어야 한다. 지금 복지국가소사이어티 같은 복지운동단체와 야당의 일각에서는 보편적 복지와 쌍을 이루는 조합으로서 보편적 '증세'를 제기하고 있다. 그에 앞서 진보신당의 조승수 의원은 부자 증세를 통해 복지재원을 마련하자는 주장을 내놓았다. 이에 반해 같은 진보진영 내에서도 다른 사람들은 정치적·정책적 이유로 증세에 대해 신중한 입장을 취하고 있다. 복지에서 재정은 1차적으로 중요한 요소이다. 보편적 복지체제를 유지하는 나라들은 조세수입과 복지지출이 GDP에서 차지하는 비중이 높다.[29] 그런 만큼 복지재원에 대한 입장을 정하는 것은 복지국가 초기 단계에 들어선 우리나라가 앞으로 어떤 방향으로 나아갈지를 결정하는 데 매우 중요한 문제이다.

먼저 보편적 복지체제를 지향하는 것이 바람직하다는 전제에서 출발해보면, 많은 경우 보편적 복지제도의 원리에 대한 이해가 부족한 상태에서 보편적 복지를 주장하다보니 정합성이 없는 논리를 펴게 된다. 이를테면 부유층에게 세금을 걷어 보편적 복지 재원을 만들자는 주장이 그것이다. 복지의 재원부담은 소득 정도에 따라 어느 정도 누진적일 수밖에 없고 이를 통해 소득분배의 개선을 가져오게 되는 것은 사실이다. 그러나 그것은 어디까지나 상호부조의 정신에 따라 재원부담자와 복지수혜자가 괴리되지 않고 일치하는 범위 안에서 이루어진다. 복지국가인 유럽의 많은 국가들에서 복지비용의 대부분은 노동이 지불하고 자본이 지불하는 것이 아니다. 그들 국가의 높은 복지수준은 노동의 높은 조세부담에 대한 정당한 대가이다. 그들 나라의 자본이 한국의 자본과 차이가 있다면 복지국가의 발전을 자신들의 계급적 이해에 대한 위협으로 인식해 집합적 저항을 하지 않는다는 정도이다.[30] 부유층에게 일방적으로 복지재원을 부담하게 한다면 엄청난 조세저항을 불러일으키고 사회 갈등을 심화시켜서 복지체제가 안정적으로 굴러갈 수가 없다. 부유세를 운영하고 있는 나라가 지구상에 프랑스와 노르웨이 정도인 이유가 그 때문이다. 그런 점에서 보편적 복지의 재원을 마련하기 위해서는 전체 국민들, 즉 중산층과 서민의 조세부담 증가가 일정하게 불가피하고 필요하다.

물론 한국의 부유층은 지금보다 세금을 훨씬 더 많이 내야 한다. 그러나 이때 그들이 내는 세금은 강자독식 사회에서 누리는 과도한 권리의 시정, 즉 특권·특혜의 환수이지 일반 국민들의 복지를 위해 그들이 더 많이 내는 행위가 아니다. 특혜 환수로 획득되는 재원의 상당 부분을 복지재원으로 돌릴 수 있지만 복지라는 목적세로 전부 전환될 수 있는지는 의문이다. 그리고 특혜 환수로 얻어지는 재원으로 보편적 복지를 확충하는 데에는 한계가 있다는 것도 환기해야 할 것이다. 아무튼 보편적 복지제도의 확대에는 궁극적으로 증세가 불가피하다는 점은 분명하다.

그렇다면 보편적 복지를 위해 증세 주장을 지지해야 하는가? 결론부터 말하자면 복지 증세는 다른 정책 의제와의 상호 연관성 속에서 우선순위가 분명히 밝혀진 뒤에 해야 한다. 한국의 사회발전 단계가 여러 가지 중첩적 문제를 동시에 제기하고 있기 때문에 이에 대응하기 위해서는 복지 증세가 어느 정도 필요한 것이 사실이다. 그러나 복지 증세론이 의도치 않게 한국 사회의 본질적 문제를 은폐하는 역할을 수행할 수도 있다. 보편적 복지를 위한 증세론은 본질적으로 중산층과 저소득층 사이의 계급적 합의·협력이라는 성격을 지니는데, 그것이 과도하게 되면 한국 사회가 현 단계에서 풀어야 할 특권 타파라는 가장 핵심적인 문제를 가리고 우회하는 오류를 범하기 때문이다.

증세론은 중간계급의 붕괴와 양극화 심화라는 사회경제 현실의 조건을 제대로 반영하고 있지 못하다. 보편적 복지를 위한 증세는 앞에서 설명한 것처럼 중간계급의 조세 부담 증가를 필연적으로 요구한다. 그런데 지금의 현실은 그 조세를 부담해야 할 중간계급이 급속히 해체되어 얇아지고 있다. 세금을 제대로 내는 사람이 점점 사라지고 조세 부담 능력이 약화되고 있는 것이다. 게다가 고용률의 수준은 여전히 낮아서 복지 재원 기반이 충분히 형성되지 못하고 있다. 이처럼 경제성장이 견고하게 지속되고 있고 중간계급이 튼튼하게 형성되어 있는 상황과 그렇지 못한 상황에서의 복지국가 전략은 당연히 달라질 수밖에 없다. 그런데 증세론은 이 같은 중요한 조건의 차이를 전략적으로 제대로 반영하지 못하고 있다.

증세론은 보편적 복지의 실현을 재정 요인에 과도하게 연계시키고 있다. 일종의 재정 결정론적 편향을 보이고 있다는 뜻이다. 2005년 기준 한국의 공공사회복지지출이 GDP에서 차지하는 비중은 7.1%(2008년 기준 8.3%)로 OECD 국가 중 꼴찌인 멕시코의 다음 순위이다. 이는 복지제도가 빈약한 축에 속하는 미국(16.2%), 캐나다(16.5%), 호주(18.1%), 일본(19.1%)에 비해서도 현저히 낮은 축에 속한다. 하지만 한국의 사회복지지출비중은 어찌됐든 1990년 3.0%, 1995년 3.5%, 2000년 5.2%를 기준으로 보았을 때 그 증가 속도는 상당히 빠른 편이라고 볼 수 있다.[31] 이명박 정부의 시대 역주행으로 인해 증가 속도가 약해지기는 했지만 상황이 정상화되면 결국 진보, 보수를 넘어 사회복지지출의 증가 속도는 다시 회복될 가능성이 크다.

지난 10여 년 동안 한국의 사회복지지출 증가 속도가 빨랐던 이유는 국가의 조세부담률 내지 국민부담률이 이미 상당한 수준에 올라와 있기 때문이다. 2007년 기준으로 보았을 때 한국의 조세부담률은 21.1%, 국민부담률은 28.7%로 스웨덴의 36.6%, 48.2%, 독일의 21.9%, 36.2%에 비해서는 상당히 낮지만, 미국의 21.3%, 28.3%와 거의 같은 수준이다. OECD 국가들의 평균적 조세부담률 26.8%, 국민부담률 36.8%에 상당히 못 미친다고 볼 수도 있지만, 복지지출의 후진성을 이것으로 모두 설명할 정도는 아니다. 한국의 GDP 대비 사회복지지출 비중이 미국에 비해서 크게 뒤떨어지는 것은 재정지출구조의 문제 때문에 그런 것이다. 즉 전체 예산에서 차지하는 사회지출의 비중이 상당히 높아져왔지만 여전히 경제개발예산이 비정상적으로 과도한 구조에 기인하는 것이다.

결론적으로 복지제도의 확장을 위해 객관적 제약 속에서 적절한 정도의 증세를 추진하는 것이 필요하다. 하지만 증세를 전면적인 정치담론으로 내걸고 추진하는 것은 신중하게 결정해야 할 문제이다. 현재는 재정지출구조를 사회 변화에 맞게 바꿔가고, 특권층에게 취해진 감세 조치를 환원시키며, 직접세의 누진 단계를 줄이고 최고한계세율 구간을 신설하는 등 다양한 수단을 결합하면서 그 위에서 좀 더 능동적으로 미래를 맞이하기 위해 필요한 수준의 사회지출을 설계하고 이에 상응하는 재원을 만들어가는 관점이 요구된다.

〈표 6-3〉 주요 국가의 국민부담률과 조세부담률 (2007년 기준, GDP대비 %)

구분	미국	독일	스웨덴	한국	OECD 평균
국민부담률	28.3	36.2	48.2	28.7	36.8
조세부담률	21.3	21.9	36.6	21.1	26.8

주: 국민부담률=(조세+사회보장기여금)/국내총생산×100, 조세부담률=조세수입액/국내총생산액×100.

복지공급체계의 개혁

보편적 복지의 실현을 위해서는 복지공급체계의 개혁이 필요하다. 복지공급은 전체적 총량 기준으로 볼 때 더욱 늘어나야 한다. 특히 사회서비스 분야의 경우 한국 전체 취업 인구의 5%가 이 분야에 종사하고 있는데, 이는 유럽에 비하면 5 내지 6분의 1에 해당하며, 신자유주의의 대표적 국가인 미국의 15%에 비해서 크게 뒤떨어지는 수치이다.[32] 그러나 현재 대부분의 보건의료, 사회복지 공급자들이 강력한 이윤추구 동기를 갖는 구조 속에서는 복지의 보편적 확대가 사회복지공급자들의 도덕적 해이를 가져옴으로써 복지재원을 과대하게 소비할 가능성이 다분하다. 이 때문에 보편적 복지국가가 발달해 있는 대부분의 나라들에서 복지공급자는 공공기관이거나 종교단체 등 비영리기관에서 운영하는 단체들이다.[33]

한국의 의료시설에서 공공의료기관은 8.5%뿐이며, 나머지 약 90%가량이 영리추구적인 민간 병·의원이다. 그러다 보니 2000년 전후로 단위 인구당 급성 병상 수, 고가 장비, 수익성 높은 치료서비스는 수요를 초과했음에도 계속 과잉 공급되는 데 반해 의사 숫자는 OECD 평균의 절반에 머무르는 기현상이 나타났다. 의료공급체계에 대한 사회적 관리 부재와 의료기관 간의 경쟁 격화가 가져온 실패인 것이다. 그러다 보니 의료공급체계의 피로도가 누적되는 데 편승해 의료 영리화에 대한 기대감을 조장하고 이를 정치적으로 이용하려는 시도가 지속적으로 이어지는 현상도 나타난다.

보육서비스 전달체계에서도 민간 부문에 대한 의존이 갈수록 심화되고 있다. 우리나라 전체 어린이집 중 89.7%는 넓은 의미에서의 민간 어린이집이며, 국공립 어린이집은 1990년에 전체의 18.8%였으나, 2010년에 5.3%까지 감소했다. 국공립 어린이집에 대한 수요가 높은데도 2003년 이후 국공립 어린이집의 비중은 전체의 5%대를 넘어서지 못하고 있다. 어린이집 이용 아동 숫자 면에서 전체 아동의 78.6%가 넓은 의미의 민간 어린이집에서 보육되고 있으며, 국공립 어린이집에서 보육되는 아동은 전체의 10.8%밖에 되지 않는 상황이다. 이를 볼 때 정부 지원 없이 보육료로 필요경비를 충당해야 하는 민간 어린이집에서 대다수의 아동이 보육되는 실정이다.[34] 이 때문에 보육서비스의 질은 떨어지고 부모의 보육료 부담은 기대만큼 줄어들지 않고 있다.

바로 이런 공급체계의 조건에서는 설령 복지 재원의 총량이 늘어나도 민간업자의 배만 불릴 가능성이 크다. 따라서 복지공급체계의 개혁이 시급한데, 이를 위해서는 공공복지시설 확충과 민간복지시설에 대한 공적 통제 강화, 스웨덴의 코뮌처럼 기초자치단체가 자체적으로 복지프로그램을 개발할 수 있도록 하는 능력의 증대가 이루어져야 한다. 지방자치단체가 기존의 민간보육시설을 흡수해 공공보육시설로 전환하고 초등학교에 병설유치원을 의무화하는 등으로 차별 없고 질 높은 유아교육의 공공성을 확립해야 한다. 또 복지제도가 잘 발달되어 있는 선진국처럼 비영리 풀뿌리 커뮤니티의 역할을 강화하는 대대적인 프로젝트를 추진해야 한다. 이와 함께 복지공급의 합리성과 효율성을 높일 수 있는 통제시스템을 구축해야 한다. 예를 들어 의료분야의 경우 진료비 지불제도의 개선, 관리운영의 효율성·공정성 강화, 민간의료보험에 대한 합리적 관리 방안이 강구되어야 한다.[35]

복지공급체계의 개혁과 관련해 복지서비스와는 별도로 산업으로서의 발전을 위해서는 민영화가 일정 부분 필요하다는 주장을 펴기도 하는데, 의료민영화의 주장이 그것이다. 이와 관련해 영리의료법인의 허용을 주장하는 사람들은 의료산업의 발전을 위해서라는 논리를 내세운다. 그러나 시험관아기, CT, MRI 등 20세기 혁신의료기술이 대부분 공공의료시스템이 확고한 영국에서 개발되었고, 미국에서 개발한 기술은 대개가 부수적 기술만 있다는 사실을 감안하면 그 같은 주장은 상당수가 허구이다. 영국의 사례뿐만 아니라 의료산업의 국가경쟁력에서도 핀란드, 스웨덴 등 복지공급을 국가가 강력하게 통제하는 나라들이 수위를 차지하고 있다. 이는 의료서비스의 공공성과 의료산업의 국가경쟁력이 얼마든지 양립 가능하다는 것을 시사한다.

5. 조세 및 재정 전략

재정건전성은 국가 공공성과 경제 안정의 기초

동서고금을 막론하고 국가가 공공적 역할을 수행하기 위해 국가능력을 강화하는 데 가장 중요한 수단은 바로 재정이다. 재정을 건전하게 운용하는 일은 매우 중요하다. 세계적 경제위기의 양상이 금융위기를 넘어 재정위기로 급격히 비화되는 모습을 보면 더욱 그러하다. 그런데 대개 진보주의자들은 재정건전성이라는 담론을 은근히 꺼리는 경향이 있다. '작은 정부', '복지지출 축소'라는 신자유주의의 기조와 맞닿아 있다는 생각 때문일 것이다. 그래서 진보가 재정건전성을 이야기하면 마치 보수의 프레임에 말려드는 것처럼 생각한다. 복지를 확대하기 위해서는 증세가 필요한데, 재정건전성을 내세우면 이 목표와 충돌한다고 생각하는 것이다. 그러나 재정건전성은 보수의 담론이 아닌, 보수와 진보를 뛰어넘어 공동체의 유지에 필수불가결한 조건이다. 그러므로 진보주의자들이 기존의 어정쩡한 관점을 유지하고서는 재정 이슈에 능동적으로 대처하기가 어렵게 되어 있다.

물론 이론이나 이데올로기상으로는 보수가 '큰 시장', '작은 정부'의 기조 아래 재정건전성을 더 많이 지향하는 것처럼 보인다. 그러나 실제와는 상당히 거리가 멀다. 미국의 경우를 보면 강경한 보수정부인 레이건 정부가 엄청난 재정적자를 낳았고, 리버럴 진보정부인 클린턴 정부가 들어서 재정적자 감축계획에 의거해 재정균형을 회복시켜 놓았는데, 부시 네오콘 정부가 들어서 다시 재정상황을 엄청난 적자로 돌려놓았다. 이는 보수정부들이 '작은 정부'라는 미명하에 주로 고소득자에게 혜택이 돌아가는 세금 감면을 해줌으로써 초래된 결과이다. 감세 → 투자 증대 → 일자리 증대 → 재정건전성 강화라는 허구적 정책 논리는 전혀 작동하지 않았고, 오히려 역으로 급변하는 역동적 경제 환경 속에서 기회를 확대하고 열패자의 생존을 돕는 데 필수적인 자원을 박탈함으로써 성장 능력을 더욱 쇠퇴시키고 재정건전성을 심각하게 훼손하게 된 것이다. 부자감세는 성장이나 투자에 미치는 효과도 오히려 복지지출만 못했던 것이다.

그렇다고 복지지출 확대는 재정건전성과 아무런 관련이 없다는 얘기는 아니다. 복지지출이 일반적으로 감세정책이나 성장지상주의적 경기부양정책보다 더 우수한 정책 효과를 갖고 있음은 경험적으로 입증된 사실이다. 그럼에도 이미 세계적으로 많은 국가에서 복지지출 확대가 사회적 해이를 불러올 수 있으며 재정건전성을 압박할 수 있다는 것 또한 경험적으로 입증되었다. 특히 거시경제 환경이 나빠지게 되면 복지지출에는 여러 가지 심대한 제약이 따르게 된다. 그래서 많은 국가들은 복지개혁을 수행하고 재정지출을 조절하는 등의 조치를 취해왔다. 복지국가의 대명사로 불리는 스웨덴이 1990년대 중반 사회민주당의 주도로 보편적 복지의 틀을 유지하되 거시정책에서는 긴축정책의 기조를 유지하면서 재정위기를 타개해나가는 정책을 펴게 되는 것이 그 사례이다. 이렇게 보수와 진보를 막론하고 재정건전성을 중요하게 다루는 이유는 그것이 경제 안정의 핵심 기반이 되고, 경제 안정 없이는 지속적 성장과 복지를 달성할 수 없기 때문이다.

재정건전성을 악화시킨 요인

원래 한국의 재정구조는 일단 거시지표상으로 건전한 편에 속해왔다. 지금도 한국의 재정상황은 국제적 비교 방식인 GDP 대비 국가채무 비율을 통해서 볼 때 2010년 기준 33.5%로 미국 89.6%, 일본 199.2%, 독일 80.9%, OECD 평균 95.8%에 비하면 상당히 양호한 수치이다. 그럼에도 지금 재정건전성이 문제되는 이유는 국가채무가 재정적자의 증가에 따라 급속하게 증가하는 추세를 보이기 때문이다. 국가채무의 비율은 2001년 18.7%에서 2005년 28.7%, 2010년 33.5%로 빠르게 증가했다. 재정적자의 증가는 참여정부 전반기에 급증하고 후반기에 조정 하락의 양상을 보이다가 이명박 정부 들어서 다시 심화하는 양상을 보인다.

참여정부 들어 국가채무가 급증한 1차적 원인으로는 공적자금 국채 전환분 50조 원, 외환시장용 국채인 외평기금채권 60조 원에 의한 것이 컸다. 그래서 공적자금 국채전환분을 빼면 참여정부의 적자성 채무의 증가폭은 1.7%이고, 역시 금융성 채무인 외환시장용 국채까지를 제외하면 0.4% 높아진 것이다.[36] 이렇게 보면 참여정부는 비교적 건전하게 재정운용을 했다고 볼 수 있다.

하지만 재정적자가 누적된 현상을 불가피하게만 볼 수는 없다. 앞에서 말한 외평채 증가도 처음에는 환율 안정의 목적에서 출발했지만, 나중에는 관료들이 점차 수출촉진용으로 사용하기 시작하면서 적자누적이 쌓여갔다. 참여정부에서 재정적자가 발생한 요인은 주로 복지예산의 급증을 들 수 있다. 특별히 참여정부가 복지 지향적이었던 측면도 있지만, 사회추세에 따른 불가피한 자연증가분의 성격도 강했다. 고령화에 따라 연금과 의료비 수요가 크게 늘었고, 세계화에 따른 급속한 사회변동에 의해 사회안전망 요구가 급격하게 커졌던 것이다. 여기에는 복지체제가 발전했다는 긍정적 현상의 측면도 있지만, 오히려 특권층 중심의 1차 분배구조를 시정하지 못한 결과로 국민의 세금 낭비가 초래된 현상이므로 부정적으로 보아야 하는 성격이 강하다.

또한 예산지출구조의 조정이 제대로 일어나지 않아서 생긴 측면도 있다. 미국에서는 예산지출구조에서 경제개발·토건예산은 거의 개념이 없을 정도로 적다. 앞에서 얘기한 것처럼 우리나라는 미국과 조세부담률은 거의 비슷하지만 예산지출구조가 완전히 다르기 때문에 사회지출에서는 거의 두 배의 차이가 난다. 얼핏 보기에는 경제개발예산이 효율성이 높고 낭비가 적은 것 같지만 결코 그렇지 않다. 민주정부에서부터 시작된 부동산 거품과 개발붐으로 중앙정부, 지방정부를 막론하고 엄청난 빚잔치 지출이 이루어졌다. 수출촉진을 위해 2000년대 초반부터 추진되었던 고환율정책도 사실상 국민의 세금이 투입되는 경제개발예산의 변형이라고 볼 수 있다.

이명박 정부 들어와서 재정건전성은 더욱 급속히 악화되었다. 이명박 정부에서 재정건전성이 악화된 큰 요인은 현상적으로는 글로벌 금융위기 대처 과정에서 발생한 38.8조 원(GDP 4%)가량의 재정정책예산 때문이었다. 하지만 여기에는 불가피했던 측면도 없지 않았으나 경기를 부양하기 위해 출구전략의 시점을 일부러 지연시킴으로 해서 초래된 측면이 더 많았다. 이명박 정부는 집권 초기부터 자신의 대선 공약인 747을 위해 경제성장률을 높이기 위해 인위적으로 2008년 4.6조 원에 달하는 추경을 편성하는 등 경기부양정책을 펴고, 타당성 없는 4대강 사업을 추진하는 등 막대한 토건부양책으로 재정을 낭비했다. 또 경제위기에 직면하자 기다렸다는 듯이 재정지출을 폭탄 뿌리듯이 단행했는데, 이때의 재정지출 규모는 국제적으로 비교해볼 때 OECD 국가들 가운데 세 번째로 높은 것이었다.[37] 사실 세계금융위기에 의한 경기침체에 대응한다는 명분을 내세웠으나, 이 같은 조치는 한국이 세계경제위기의 여파에서 상대적으로 덜 치명적이었다는 점을 감안하면 더욱 이해가 가지 않는 것이었다. 설령 경제위기에 대한 적자 대응은 눈감아준다 하더라도 문제는 또 남는다. 경제위기를 극복한 지 2년이 지나고 5%의 경제성장을 하는 상황에서 재정적자 비율이 2%를 넘어서고 있다는 것이다. 이는 현재의 재정적자 문제가 단순한 경제위기 때문이 아니라 그것과는 관계없는 다른 요인에 의해 야기되고 있음을 나타내는 것이다.[38]

이명박 정부 들어서 재정건전성이 악화된 가장 큰 원인은 무리한 부자감세 정책의 추진이다. 재정지출은 2008~2009년에 집중적으로 확대되었고, 그 이후 2010년부터는 어느 정도 지출 통제에 들어가기 시작했다. 이 과정에서 주로 복지, 국방 지출이 통제되었다. 그래서 재정 악화의 원인을 재정 지출의 측면으로 전부 설명하기에는 무리가 있다. 오히려 문제는 이명박 정부의 부자감세정책에 있다. 부자감세는 그 자체로 세수기반을 약화시켜 재정건전성을 해친다. 그런데 이명박 정부는 2008년 9월 '일자리 창출을 위한 경제 재도약 세제'라는 이름으로 소득세, 법인세, 종합부동산세, 양도소득세, 상속증여세 등 전 방위에 걸쳐 감세를 단행했다. 그 결과 막대한 세수감소 효과가 발생했는데, 2008~2011년까지의 연평균 조세수입 증가율이 참여정부의 10.5%에서 4.0% 수준으로 격감했다. 연평균 GDP대비 재정적자의 비율도 참여정부는 0.55%였던 데 반해, 이명박 정부에서는 2.58%로 급증했다. 조세수입 격감의 효과가 감세와 성장의 선순환도 일어나지 않은 채 부자들의 수중으로 들어갔음은 물론이다.

세제 개혁 : 재정건전성의 유지와 소득재분배의 강화

오늘날 세계화로 인해 국가정책의 수단이 점점 제약되어가는 속에서 조세정책의 수단은 그 중요성이 점점 더 커지고 있다. 조세정책의 운용은 국가의 공공성과 국가능력을 강화하는 데 매우 중요한 수단이 되고 있다. 한국에는 지금까지 제대로 된 세제개혁의 경험이 거의 없었다고 해도 과언이 아니다. 하지만 이제 조세정책은 한국에서도 점차 정치적 갈등과 경쟁의 중요한 대상이 되고 있다. 참여정부에서 벌어진 '세금폭탄' 논쟁이나 이명박 정부에서 벌어진 '부자감세' 논쟁은 이미 조세 문제가 정치의 한 가운데로 들어와 있음을 보여준다. 앞으로 조세운용의 주도권을 누가 쥐는가는 권력의 주도권에 직결될 가능성이 크다. 지금도 이미 기획재정부의 세제실이나 국세청의 파워가 관료 중에서는 으뜸이고, 재벌들이 가장 두려워하는 대상이 바로 조세 권력이라는 점은 암시하는 바가 많다.

그렇다면 세제개혁에서 우리가 지향해야 할 핵심적인 키워드는 앞에서 말한 것처럼 재정건전성을 유지해나가면서 조세제도가 소득재분배라는 본원적 기능을 수행할 수 있게 하는 것이다. 그런데 우리나라는 조세제도가 소득재분배 기능을 거의 못 하고 있다. 소득불평등을 완화하기는커녕 거꾸로 특권세력들에게 특혜를 줌으로써 불평등을 심화시킨 측면이 많다. 우리나라 소득구조의 특징을 국제적인 관점에서 비교해보면, 개인의 근로소득은 불평등한데, 가구단위 시장소득은 매우 평등하고, 최종적인 소득 개념인 가구의 가처분소득은 상당히 불평등한 양상을 보인다. 이는 개인별 근로소득은 상당히 불평등한 데, 이를 저소득층의 가구원들이 노동시장에 상대적으로 많이 투입되어 비교적 평등하게 만들지만, 공적 소득이전과 조세제도를 통한 재분배정책이 다른 나라에 비해 현저히 약하기 때문에 불평등이 강한 나라에 속하게 된다는 뜻이다. 실제로도 공적 소득이전 규모를 보면 한국은 가계 가처분소득 대비 3.6%로 OECD 전체 평균 21.4%의 6분의 1가량밖에 되지 않는다.[39]

우리가 재정을 건전하게 유지해나가면서 소득재분배 기능을 촉진하기 위해서는 무엇보다 먼저 부자감세를 전면적이고 즉각적으로 철회해야 한다. 부자감세는 앞에서 살펴본 것처럼 재정건전성을 급속도로 악화시킬 뿐만 아니라 사회 불평등을 확대시키는 주범이다. 게다가 부자감세는 성장에도 나쁜 영향을 미친다. 왜냐하면 우리 경제에서 가장 시급하고 중요한 문제가 저출산 문제 극복, 보육투자와 여성경제활동참가율 제고, 교육문제 해결과 양질의 인적자원 육성, 기초과학기술에 대한 투자, 고령사회 대비라고 했을 때, 부자감세는 이런 문제들에 대한 국가의 대응 능력을 훼손해 성장잠재력을 떨어뜨리기 때문이다.

하지만 중장기적으로는 부자감세를 철회하는 것으로는 부족하고, 더 나아가 조세부담률을 점진적으로 높여가야 한다. 현대 국가에서 조세부담률의 크기는 역사적으로 특별한 정치적 의미를 갖는다. 현대 민주주의 국가에서 조세부담률이 높다는 것은 그 자체가 일반적으로 시민적 권리에 대한 책임을 국가가 더 많이 지도록 요구하는 성격을 지닌다. 반대로 조세부담률이 낮다는 것은 국가가 사회로부터 세금을 덜 걷는 대신에 국가의 책임에 대해서는 덜 묻는다는 의미를 지닌다. 국가의 책임이 커질수록 국가는 사회의 불평등 문제에 더 많이 개입하게 된다. 선진민주주의국가 중 조세부담률이 높은 나라일수록 소득불평등도가 낮고, 반대로 조세부담률이 낮은 나라일수록 소득불평등도가 높은 이유가 그 때문이다.

한국의 조세부담률 수준은 OECD 국가들에 비추어 상당히 낮은 편에 속한다. 우리나라의 조세부담률은 참여정부하에서 21.3%까지 높아졌다가 이명박 정부 들어 감세정책의 영향으로 2010년 19.3%까지 낮아졌다. 이는 OECD 평균 26.8%에 크게 못 미치는 수준이다. 그런데도 정부의 국가재정계획에 따르면 2014년까지 조세부담률을 19%대 후반에서 운용하도록 되어 있다. 이 때문에 우리 사회의 분배·성장·재정의 다방면에서 수많은 폐단들이 누적되어 왔음은 물론이다. 그러므로 사회를 정상화하기 위해서는 조세부담률을 수정해 적어도 중기적으로 21~22% 수준으로 환원하고, 그 이후에도 단계적으로 증가시켜나가야 한다.

그런데 조세부담률을 높여나가는 데는 고도의 전략적 접근이 필요하다. 먼저 적절한 수준의 총량을 정하고, 그 범위 내에서 세목들 간에 우선순위를 정하는 것이 필요하다. 조세부담률 제고를 위해서는 우리나라 조세체계의 특징을 잘 살펴야 한다. 우리나라의 조세 제도는 전체 세입에서 간접세가 차지하는 비중이 다른 나라들에 비해 상대적으로 높고, 직접세의 비중이 낮다. 간접세의 비중이 지속적으로 하락해왔고, OECD 평균인 GDP대비 11.4%(2006년)에 비해서 낮은 것은 사실이지만 조세부남률 수준을 감안하면 여전히 높은 것이 사실이다. 게다가 이명박 정부에 들어서는 다시 간접세의 비중이 높아지고 있는 것도 문제이다. 어느 전문가의 분석에 의하면, 국세 세목을 기준으로 간접세의 비중은 이명박 정부 출범 이후 2009년 기준 51.1%까지 높아졌다고 본다.[40] 간접세의 비중이 높은 나라는 스웨덴, 프랑스 등 보편적 복지제도가 잘 발달한 나라들인데, 복지의 주요 재원이 간접세라는 것을 의미한다. 그에 반해 미국, 일본 등 보편적 복지가 취약한 나라들은 간접세의 비중이 한국의 절반 정도에 지나지 않는다. 그런데 한국은 이들 나라보다 복지가 더 취약하면서도 간접세 비중이 OECD 평균에 육박한다는 사실은 간접세 비중이 상대적으로 높을 뿐만 아니라 그 쓰임새 자체도 역진적이라는 것을 말해준다.

조세부담률을 높여가기 위해서는 간접세보다는 직접세의 비중을 강화해야 한다. 직접세의 비중이 1990년대 이후 꾸준히 높아진 것은 사실이지만 직접세의 절대 크기는 GDP의 11.5%로서 OECD 평균 15.3%에 비해 상당히 낮은 수준이다. 직접세 중에서도 OECD 국가에 비해 특히 낮은 축에 속하는 세목은 개인소득세와 사회보장분담금이다. 우리나라의 개인소득세는 GDP 대비 4.1%로 OECD 평균 9.2%의 절반에도 못 미친다. 사회보장분담금 역시 상당히 낮은데, 피고용자가 부담하는 비중도 낮은 편이지만 고용주가 부담하는 비중이 특히 낮다.[41]

그러므로 소득세에 대한 과세를 강화해나가야 한다. OECD는 2011년판 사회정책보고서를 통해 한국 정부가 소득세와 법인세를 감세하고 소비세를 늘려야 한다고 권고하고 있다. 하지만 우리가 OECD의 권고에 휘둘려서는 안 된다. 한국의 소득세 최고세율은 35%로 다른 OECD 국가들과 비교하면 낮은 수준에 속하며, 미국 35%, 영국 40%, 일본 40%와 비교해서도 높지 않은 수준이다. 여기에 대규모의 조세감면을 감안하면 세율을 더 낮추어야 한다는 주장은 타당성이 없다.

소득세 과세 강화는 2단계로 이루어지는 것이 바람직하다. 먼저 첫 단계는 먼저 특권층에 대한 특혜를 환수하고 누진세를 강화하고, 부정부패를 뿌리 뽑는 등 과세의 정상화라는 차원에서 추진하는 조치이다. 이를 위해서는 상위층에 집중되어 있는 조세감면 혜택을 수술해야 하고, 최상위권 소득구간의 신설 및 세율 인상을 검토하며, 음성탈루 소득에 대한 과세 강화를 추진해야 할 것이다.[42] 그 다음 단계로는 상호부조와 보편적 복지를 위해 국민 모두가 합당한 수준의 분담을 떠맡는 차원에서 과세기반을 넓히고 세율을 점진적으로 높여가는 것이 필요하다.

한편 법인세의 문제는 좀 복잡하다. 그래서 논자들마다 우리나라의 법인세 수준에 대한 파악과 평가가 제 각각이고 논란거리가 된다. OECD 통계에 따르면 우리나라의 법인세액이 전체 GDP에서 차지하는 비중은 3.7%로 OECD 평균 3.5%보다 높은 수준이다. 미국 1.8%, 독일 1.9%에 비하면 매우 높은 수준이고, 복지국가인 스웨덴 3.0%에 비해서도 높은 수준이다. 그래서 OECD는 2011년판 사회정책보고서를 통해 법인세 감세를 권고했다. 하지만 문제가 그렇게 간단하지는 않다. 문제는 법인세 체계와 최고세율을 봐야 한다. 우리나라의 법인세율은 소득 2억 원을 기준으로 두 단계로 나뉘어 있다. 소득이 2억 원 미만이면 10%, 2억 원 초과이면 대략 22%에 2,400만 원에 대한 누진공제가 적용되는데 약 24%가량이 된다. 그런데 미국은 법인세율이 무려 39%가량에 이르고 독일도 30%가량이다. GDP 대비 법인세 비중은 낮은데, 법인세율은 매우 높은 것이다. 다만 우리와 비슷한 NICs 국가인 싱가포르가 17%, 대만이 20%로 우리보다 낮다. 이는 다른 선진국들의 경우 법인세가 누진적으로 설계되어 있다는 것을 의미한다. 소득이 높은 법인은 그만큼 누진적으로 많은 세율을 부담하지만, 소득이 낮은 법인일수록 세율이 낮다는 것이다. 이에 반해 우리나라는 법인세율 과표 구간이 두 개로만 되어 있어 누진적 과세가 불가능하게 되어 있다. 그렇게 되면 연간 2억 원 기준 아래쪽에 기준을 맞출 수밖에 없고 수조 원씩의 이익을 내는 기업들은 그만큼 특혜를 얻게 되는 것이다.

이런 조건을 감안할 때 법인세에 대한 정책 방향은 다음과 같이 제시할 수 있을 것이다. 먼저 구조적인 제약조건을 살펴볼 필요가 있는데, 첫 번째 조건은 국제적으로 법인세 인하 경쟁이 벌어지고 있는 현실을 무시하기는 어렵다는 점이다. 전 세계적으로 OECD 평균 법인세율은 2000년 30.2%에서 2010년 23.7%로 6.5%가 낮아진 상황이다.[43] 그러므로 국가 간의 조세 경쟁에서 지나치게 추세를 이탈하지 않도록 하는 것은 필요하다. 다음으로 이명박 정부 들어와서 현실적으로 한번 인하된 법인세율을 다시 환원하기란 상당히 어렵다는 문제도 있다. 물론 예정된 법인세 감세 계획을 철회하는 것은 가능할 것이다. 그러므로 우리가 주목해야 할 점은 두 가지이다. 하나는 현행 법인세 체계는 크게는 두 구간, 좀 세부적으로는 대기업 a·b, 중소기업 a, b식으로 짜여 있는데, 이를 종합소득세 구간 구조에 준하는 모형으로 과세구간을 세분화해야 한다는 것이다. 그래서 막대한 수익을 거두는 회사와 그렇지 못하는 회사를 차별화 해 최고 구간은 세율을 올리고, 중저 구간은 세율을 낮춰 법인세 인하에 대한 압력을 제거해야 한다. 법인세 문제에서 주목해야 할 또 다른 요인은 법인세 명목세율과 실효세율 간의 차이가 너무 심하다는 사실이다. 단적인 예로 삼성전자의 경우 법인세 실효세율이 14%대에 머물고 있는데, 이는 유한양행 등의 중견·중소기업이 내는 세율보다 더 낮은 것이다. 따라서 조세특례법 상의 여러 구조적 문제점을 개선해 명목세율과 실효세율 간의 차이를 줄여나가야 한다. 이런 구조 개혁을 추진하면서 전체 법인세액의 비중을 적절한 수준으로 조정해나가야 할 것이다.

자산소득에 대한 과세는 강화할 필요가 있다. 자산소득에 대한 과세를 강화해야 하는 이유는 외환위기 이후 자산에 의한 불평등이 급격히 심화되었기 때문이다. 그것은 계층 간뿐만 아니라 세대 간에 걸쳐서도 격차를 벌림으로써 우리 사회의 미래를 갉아먹기 때문이다. 또한 근로소득과의 형평성을 훼손해 근로의욕을 떨어뜨리고 성장잠재력을 저하시키기 때문이다. 전문가들의 추정에 의하면 현재 비과세되는 금융자산의 규모는 무려 500조 원에 이른다고 말한다. 재벌들이 이런 허점을 이용해 재산 증식의 수단으로 악용하고 있음은 물론이다. 그런데 이것보다 더 심각한 것은 부동산 쪽이다. 어느 전문가에 의하면, 한국에서 종합부동산세와 재산세, 종합토지세를 합한 보유세 총액은 2008년 기준 5.7조 원에 이르는데, 이는 자동차 보유세와 비교해보면 단위당 부담액

〈표 6-4〉 OECD 국가별 주요 직접세목 비교(2009)

(단위: GDP 대비 %)

국가명	소득세	법인세	사회보장기여금				총계
			고용주	피고용자	기타	계	
스웨덴	13.8	3.0	8.7	2.7	0.1	11.5	28.3
영국	10.7	3.6	3.9	2.6	0.3	6.8	21.1
독일	9.6	1.9	6.5	6.1	1.3	13.9	25.4
미국	9.9	1.8	3.3	2.9	0.3	6.5	18.3
룩셈부르크	7.7	5.1	4.3	4.6	1.2	10.1	22.9
일본	5.6	3.9	5.0	4.8	1.1	10.9	20.4
한국	4.0 (3.6)	4.2 (3.7)	2.6 (2.6)	2.4 (2.4)	0.8 (0.8)	5.8 (5.8)	14.0 (13.1)
OECD	9.0	3.5	5.2	3.3	0.5	9.0	21.5

주: 한국 괄호 안은 2008년 귀속분 수치. 기타에 자영업자와 국가부담분 등 포함.
자료: OECD, 2010, *Revenue Statistics 1965-2009*(2010 Edition), OECD 통계사이트.

의 차이가 거의 70배나 된다고 한다.[44] 양도 차익에 대해 부과하는 세금 역시 사각지대가 많아 걷어야 할 세금이 걷어지지 않고 있는 것은 마찬가지이다.

이런 세제체계가 자산, 그중에서도 투기적 성격이 강한 부동산을 가진 사람에게 유리하고 그렇지 못한 사람에게 불리해 불평등을 심화시키는 큰 요인임은 두말할 나위도 없다. 한국의 부동산 세제는 보유세는 낮고 거래세는 높은 구조로 되어 있다. 그러므로 보유 및 양도차익에 대한 과세를 일정 정도 강화하고 대신에 거래세를 낮추는 방향에서 조세체계를 개선해야 한다. 부동산 보유세를 단계적으로 강화하되 자동차 보유세처럼 거의 모든 서민이 보유하는 세금은 완화함으로써 소득분배의 평등성을 높이는 방안도 검토해볼 수 있을 것이다. 그 밖에 상속·증여세 등도 전체 조세에서 차지하는 비중은 작지만 부정부패가 가장 심한 영역인 만큼 조세 정의 차원에서 기준을 엄격하게 강화해 나가야 한다.

마지막으로 조세 제도의 개혁을 대대적으로 추진해야 한다.[45] 민주주의국가에서 조세의 기본 원칙은 형평성, 효율성, 단순성, 유연성이라고 요약할 수 있다. 이 중 한국에서 가장 문제가 되는 조건은 바로 '형평성'과 '단순성'이라고 하겠다. 먼저 형평성은 정책의지와 소득파악 인프라가 결합되어 달성 가능한 대상인데, 전문가들에 의하면 한국에서는 2억 이상 고소득자에 대한 샘플링이 전무하고 이에 관한 국세청, 통계청, 국민연금의 통계는 거의 엉터리에 가깝다고 한다. 또 명목세율과 실효세율 간의 격차가 너무 큰데, 특히 상위층으로 갈수록 격차가 크고 조세감면 혜택이 상위층에 집중되어 있어서 형평성에 크게 어긋나고 있다. 다음으로 단순성의 차원에서 보면, 조세제도에서 단순성의 요건은 오늘날 조세개혁의 핵심이기도 하다. 그런데 우리나라는 세법 체계가 너무 복잡해서 일반 서민은 불만이 있어도 모르기 때문에 봉이 될 수밖에 없고, 반면에 사회의 강자들은 전문가를 동원해 대응하기가 유리하게 되어 있다. 그러므로 앞으로 형평성과 단순성을 강화하는 방향으로 조세제도개혁을 대대적으로 전개하고, 세금 이슈가 시민들의 민주적 생활 영역에서 정치논쟁의 대상이 되도록 해야 한다.

재정 지출 구조의 개혁: 재정건전성의 유지와 소득재분배의 강화

세제개혁과 함께 재정지출구조를 개혁하는 것이 필요하다. 재정지출개혁 역시 핵심 기준은 재정건전성을 유지하면서 소득재분배 효과를 극대화시키고, 아울러 경제적 효율성을 높이는 것이다. 이런 맥락에서 재정지출개혁의 첫 번째 조건은 경제적 지출 비중을 줄이고 사회적 지출의 비중을 높이는 것이다. 우리나라는 세계에서 유례가 없을 정도로 구조적으로 재정에서 경제적 지출이 차지하는 비중이 높은데, 이는 전적으로 개발연대에서 비롯된 시대착오적인 유산이다. 그러므로 그 같은 낡은 구조를 바꾸기 위해서는 개발연대 방식산업지원예산을 축소해야 한다. 농업·중소기업 부문에서 산업육성과 같은 형태의 직접적 재정지원을 줄이고, 그 대신에 R&D 투자, 공정거래질서 강화와 같은 형태에 지원을 확대하는 정책으로의 전환이 필요하다.

하지만 재정지출개혁에서 앞의 문제보다 더 중요한 것은 다름 아닌 토건예산의 전면적 수술이다. 전체 세출예산에서 토건 예산(SOC)의 비중은 2011년 기준 7.8%이다. 이는 대대적인 경기부양을 펼친다는 명목으로 2009년, 2010년엔 SOC 예산이 큰 폭으로 증가했다가 2011년에 약간 줄어든 것이다. 하지만 실제로 SOC 예산들은 공식적인 것 외에도 은폐된 형태까지를 합하면 이보다 훨씬 크다는 것이 전문가들의 통설이다. 예를 들면 복지예산으로 잡혀 있는 국민주택기금의 지출은 사실상 주택경기부양을 위한 토건예산이고, 각종 복지시설을 건립하는 데 소요되는 비용도 많은 부분 토건예산이라는 것이다.[46] 또 BTL 민자사업을 늘려 당장 재정 부담이 크지 않은 것처럼 보이게 만든 것이나, 정부 재정으로 해야 할 사업을 공기업의 부채로 진행하는 편법까지를 포함하면 SOC예산은 훨씬 늘어나게 되어 있는 것이다.

게다가 한국은 이미 전반적인 SOC 투자가 포화된 상태에 있어서 경제성장과 일자리 창출에 미치는 효과가 과거에 비해 매우 미미해졌다. 이는 일자리 창출이 고작 수천 개밖에 되지 않는다는 4대강 사업의 효과가 이를 증명해준다.[47] 오히려 환경만을 파괴해 국토의 소중한 가치를 훼손할 뿐이다. 이처럼 투자의 효과가 극히 미미함에도 SOC예산은 국가 재정에서 여전히 거대한 비중을 차지한다. 이는 막대한 특권과 특혜에 길들여진 토건세력의 강력한 정치적 압력과 저항, 그리고 여기에 결탁하는 정치인들의 대중영합주의 및 관료들의 할거주의 의식이 빚어낸 합작품이라고 할 수 있다. 그러므로 이를 개혁하기 위해서는 특권을 반대하고 복지와 생태를 지향하는 강력한 정치동맹이 형성되어 SOC예산을 좀 더 생산적이고 미래지향적이며 복지지향적인 예산으로 바꾸는 획기적 전환이 이루어져야 한다.

한편 사회적 지출의 비중을 늘리는 것도 중요하지만, 복지지출을 개혁하는 것도 중요하다. 지금 전체 재정에서 복지지출은 다른 부문을 제치고 이미 최대 비중을 점하고 있으며, 앞으로 고령화 시대의 급속한 도래에 따라 엄청난 속도로 높아질 전망이다. 그런데도 지금 우리의 복지의 공급체계는 매우 후진적이어서 사회적 해이가 심하고 낭비적 요소가 많다. 특히 현재 대부분의 복지서비스의 공급이 강한 이윤추구 동기를 갖는 민간업자들에 의해 이루어지는 구조에서는 복지재원이 과대하게 소비될 수밖에 없다. 또 현행 9개 부처에서 28개 복지급여가 전달되는 체계에서는 복지지출의 중복에 의한 낭비가 발생하기 쉬운 문제도 있다. 따라서 이런 문제를 시급하게 개혁해 복지지출을 적정하게 통제할 필요가 있다.

끝으로 예산사업에 대한 사전 및 사후 평가, 공기업·지방재정에 대한 관리를 강화해야 한다. 이를 위해 중앙재정·지방재정·지방교육재정 간의 일관성 있는 통합적 관리시스템을 구축하고, 이를 전담하는 기구의 신설을 적극 검토해야 한다.[48]

6. 금융시장의 민주화

금융시장 내부의 불균등한 역학관계 개선

금융시장은 경제의 핏줄에 해당하는 매우 중요한 영역이다. 금융시장의 기능이 왜곡되면 자원배분이 효율적이고 공정하게 이루어지지 못하고 위험이 적절히 분산되지 못해 경제가 큰 위기에 빠질 수 있다. 1997년 우리나라가 외환위기에 빠지게 된 것도 금융시장이 제 기능을 상실하고 정경유착의 도구로 전락한 데서 비롯된 바가 컸다. 그래서 외환위기 극복을 위해 가장 중요한 과제가 바로 금융구조조정으로 금융시장을 정상화하는 것이었다. 그 결과로 금융시장의 건전성이 많이 향상되었다. 그럼에도 금융시장은 여전히 왜곡된 구조를 청산하지 못하고 새롭게 문제를 발생시킴으로써 한국 경제의 양극화 심화에 치명적인 영향을 미치고 있다.

금융시장의 문제는 크게 세 가지로 나타난다. 첫째는 수도권과 지방, 대기업과 중소기업, 부유층과 서민층 간의 금융자원에 대한 접근의 불평등, 둘째, 저축은행 문제, 키코사태 등에서 나타나는 금융소비자의 정보 부족에 의한 정보의 비대칭, 셋째, 금융 감독의 실패 현상으로 나타나는 금융시스템의 불안정성으로 요약할 수 있다.[49]

이 문제들 중에서도 가장 구조적이고 심각한 것은 첫 번째 문제이다. 이는 단순히 금융자원이 불평등하게 배분된다는 문제를 넘어서 정상적 자금 흐름을 왜곡시켜 효율성을 떨어뜨리고 성장을 저해하고 있다는 점에서 심각한 문제이다. 우리나라는 어느 때부터인가 자금의 흐름이 신규사업체 설립, 공장 증설, 서민 생업 지원과 같은 생산적 투자로 흐르지 않고 토지, 아파트, 골동품, 주식 같은 투기성 투자나 금융자산 투자가 주를 이루었다는 점에서 거꾸로 흘러왔다.[50] 금융자원의 흐름도 생산적 투자보다는 주택 담보 대출 등 투기성 투자로 몰리는 현상을 보여왔다. 그것은 가계부채를 폭증시키고 가구의 경제기반을 약화시키는 약탈적 대출 양상을 띠어왔다. 이런 속에서 대기업보다 하위에 있는 중견기업 및 중소기업들이 돈을 조달하는 데 애로를 겪게 되었다.

지금까지 진보정부와 보수정부를 막론하고 금융과 관련해 기본 정책의 골간은 인수합병에 의한 금융기관의 대형화 촉진과 금융규제 완화였다. 먼저 메가뱅크로 가는 미국 모델을 표준으로 삼은 것이다. 그러나 그 모델은 세계 금융위기로 실패했음이 입증되었다. 그러한 모델을 전형적으로 추구해온 아일랜드 경제의 붕괴가 그것을 단적으로 보여준다. 국내적으로도 대형 은행 간의 합병은 안정된 일자리를 파괴했고, 가계대출에만 치중하는 등 금융산업의 경쟁력을 높이는 데는 뚜렷한 효과가 없었다. 금융규제 완화도 많은 부작용을 낳았다. 물론 모든 규제의 완화가 잘못된 것은 아니다. 규제가 잘못된 방향으로 이루어지고 있는 것들은 철폐하든지 완화해야 한다. 그러나 건전한 규제를 해제하려고 하는 것은 더 큰 문제를 야기한다. 최근 문제가 되고 있는 저축은행의 부실 사태도 2003~2004년 카드대란에 의해 발생한 부실 저축은행의 인수합병을 촉진하기 위해 2005년 이후로 저축은행에 대한 각종 규제를 무분별하게 완화해주었기 때문에 발생했다. 정부 경제 관료들은 공적 자금의 신속한 적기 투입을 통해 저축은행의 부실을 원천적으로 제거해야 했음에도 정책실패, 감독실패에 따른 책임추궁을 회피하기 위해 공적 자금 투입이 아닌, 관치금융의 편법에 의존하면서 저축은행의 부실을 누적시켜왔다.[51]

생산적 투자를 늘려 일자리를 창출하고, 중소기업을 육성하고, 서민생활을 보호하기 위해서는 이상에서 지적된 금융시장의 문제를 시급히 개선해야 한다. 문제 해결의 기본 방향은 금융자원에 대한 사회의 민주적 통제를 강화하는 데 있다. 여기서 가장 중요하게 역할을 담당해야 할 주체는 바로 정부이다. 정부가 법과 제도, 그리고 정책을 통해 금융시장에 대한 제대로 된 규제를 확립해야 한다.

먼저 금융시장을 정상화하는 데 가장 중요한 핵심은 금융기관과 금융소비자 사이의 불균등한 역학관계를 바로잡는 것이다. 지금 금융시장의 역학관계는 금융기관에 일방적으로 유리하게 되어 있고, 금융소비자에게는 지나치게 불리하게 되어 있다. 바로 이 때문에 금융기관들은 큰 노력을 기울이지 않고 땅 짚고 헤엄치기식으로 막대한 수익을 올린다. 은행들이 주택담보대출과 예대 마진, 각종 수수료 등으로 엄청난 수익을 올리는 현상도 금융시장에서 경제주체 간의 역학관계가 상당히 불균등함을 보여주는 지표이다.

금융기관들이 금융소비자의 요구에 부합되게 활동할 수 있도록 해야 하는데, 이렇게 하기 위해서는 금융기관들이 온실 속에 안주해서 쉽게 돈을 벌 수 있는 구조를 깨뜨려야 한다. 금융기관들을 과보호하고 있는 여러 가지 제도적 장치들을 제거해 실질적 경쟁에 노출되도록 해야 한다.[52] 은행들의 진입과 퇴출을 더 자유롭게 할 수 있도록 하고, 연대보증제도를 폐지해 금융기관들이 손쉬운 주택담보대출이 아닌 신용대출로 전환하도록 유도해야 한다. 그 외에 금융소비자 보호를 위한 제도적 장치를 강화하고, 금융소비자보호원의 독립성과 기능을 강화하는 것도 금융시장의 불균등한 역학관계를 바로잡는 데 도움이 된다. 파산법, 공정채권추심법, 이자제한법 등 약탈적 대출을 막는 제도적 장치를 강화해야 한다.

한편 건전성 규제는 더욱 강화해야 한다. 금융시장의 역학관계를 바로잡는 과정에서는 때로는 시장에 대한 규제를 강화하기도 하고, 때로는 시장 경쟁의 메커니즘을 강화할 수도 있다. 시장 경쟁을 강화하는 경우에는 그에 상응하는 수준의 건전성 규제를 강화해야 한다. 금융기관의 자본, 자산, 유동성 등에 대한 감독 기준을 더욱 강화해 금융기관의 부실화 위험을 최소화해야 한다.[53] 금산분리를 더욱 철저하게 하고, 금융감독기구와 금융정책기구를 분리해 민주적 구성과 독립성을 강화하는 등 잦은 실패를 반복하는 금융감독체계를 개선해야 한다. 파생상품 금융거래세, 거시건전성 부담금 강화 등 거시건전성 규제를 강화해야 한다. 적격성 심사 기준에 현저히 미달하고 있는 재벌 지배하의 비은행 금융기관들에 대해 엄격한 규제를 적용해나가야 한다.

국가(정부)는 필요하다면 직접 금융시장에 참여해 민간부문과 경쟁하면서 금융시장의 자원배분기능을 조절할 수 있어야 한다. 그래서 상업적 시장금융과 공공적 정책금융이 상호보완적으로 작동하게 해야 한다. 이명박 정부는 지금까지 산업은행과 기업은행의 민영화를 추진해왔다. 그래서 이명박 정부는 기존의 산업은행을 한국정책금융공사와 산은지주회사로 분리 설립해 소유자산과 부채를 한국정책금융공사로 이전하고, 금융부분을 산은지주에 통합했다. 하지만 이런 정책 시도는 정책금융의 큰 틀을 훼손할 수 있어 상당한 문제점을 안고 있다. 지금까지 산업은행은 국책은행으로서 경제위기 시에 기업에 대한 지원이나 인수 등 국가적으로 중요한 정책적 역할을 담당해왔다. 그러나 산은지주가 민영화되면 수익성이 없는 기업이나 공기업에 대한 투자는 상대적으로 줄어들 가능성이 크다. 이런 시도는 금융위기에 대응해 미국조차도 투자은행에 공적자금을 투입하고 국유화를 추진하고 있는 추세와도 배치된다. 우리의 경우에도 정부가 공적자금이 들어간 금융기관에 대해서는 소극적인 태도가 아니라 적극적인 자세로 자신의 위상과 역할을 정립해나가는 것이 필요하다.

끝으로 서민금융기관을 제대로 정착 발전시킬 방안을 찾아야 한다. 현재 서민금융기관의 기능을 수행하고 있는 미소금융, 새마을금고, 신협, 상호저축은행 등으로 이루어진 체계를 정비해야 한다. 그래서 기능이 서로 충돌하거나 유명무실화된 부분을 찾아내어 위상을 재정리해줘야 한다. 나아가서 생협, 사회적 기업 등 커뮤니티를 바탕으로 한 새로운 형태의 협동조합은행모델을 찾는 것도 중요하다.

외국자본 유입의 규제

우리는 자본시장의 개방이 경제의 투명성을 높이고, 기업의 지배구조를 개선하고, 경제성장을 촉진한다는 주장들을 상당부분 무비판적으로 믿어왔다.

물론 세계화 시대에 개방이 혁신과 성장의 기초적 지반임을 부정할 수는 없다. 그런 점에서 외국인들의 국내 투자는 중요하다. 그러나 그 같은 가설은 큰 틀에서의 총론일 뿐 그러한 조건이 현실화되기 위해서는 여러 가지 중요한 조건들이 충족되어야 한다. 경험적으로도 자본시장의 개방이 경제성장을 촉진시킨다는 명확한 상관관계는 아직 나타나고 있지 않다. 단적으로 아시아 외환위기 이후 세계 자본유입 규모는 두 배 이상 증가했지만 경제성장률은 2% 내외에 그쳤다.[54]

자본시장의 개방에 따른 리스크의 증대는 기회 요인 못지않게 중요한 문제이다. 1997년 외환위기 이후 우리나라에 들어온 외국자본들은 투기적 거품경제를 촉진시키고 상당한 규모의 자본을 해외로 유출시키는 등 금융 불안을 조장해왔다.[55] 대규모의 자본유입은 이후 급격한 자본유출을 초래해 외환위기, 글로벌 금융위기 등의 국면에서 심각한 위험 요인으로 작용하기도 했다. 또 외국자본이 들어오면서 국내은행들에서 비정상적 소비자 대출이 증대하고 자원배분의 흐름이 왜곡되어 중소기업의 성장에 심각한 애로 요인이 되었다. 통제되지 않은 자본과 국내 금융권의 비정상적인 대출로 유사 이래 최고의 부동산 거품이 만들어지기도 했다.

이상의 현상을 볼 때, 외국자본의 폐해를 거르는 시스템을 구축하는 일이 매우 중요하다. 외국자본의 이동을 규제하는 방안으로는 직접규제, 간접규제, 외환건전성 규제 등의 다양한 수단이 있다. 2010년 이후 다수의 신흥시장국가들은 자본유출입 규제를 도입하고 있다. 예를 들어 브라질은 외국인의 자국 통화표시 채권투자에 대해 6%의 금융거래세를 부과하고 있고, 인도네시아는 외국인의 중앙은행 채권 매입 시 최소 28일 이상의 보유기간을 설정하고 있고, 대만은 국채 및 MMF에 대한 외국인 투자규모를 30%로 제한하고 있다.[56] 우리나라 역시 2010년 이후 외국환은행에 대한 선물환포지션 한도를 제한하고, 외국인 채권투자에 대한 탄력세율을 부과하고, 외국환은행에 외환건전성부담금을 부과하는 등 새로운 규제를 도입했다. 앞으로 이런 맥락에서 자본유출입에 대응하는 정책을 정비하고, 나아가서는 그 외의 정책사각지대에 놓여 있는 포트폴리오 투자의 유출입에 대한 대응 방안을 마련해야 할 것이다. 또한 장하준 교수가 주장하듯, 정부가 외국인의 직접투자에 대해서도 단순한 규모보다는 기술과 지식이 이전될 수 있는 외국인 투자를 선별해 촉진할 수 있는 방안을 모색해야 한다.

7. 공공적이고 적극적인 국가의 재창조

왜 국가의 공공성이 중요한가

국가는 모든 사회공동체를 포괄하는 정치공동체로서 합법적 폭력을 독점해 생명(국방의무)과 재산(납세의무)을 바치도록 강제력을 행사하는 존재이다. 국가가 그 같은 강제력을 행사할 수 있는 정당성의 근거는 국가의 공공성에 있다. 국가의 공공성이란 공동체 전체의 응집과 통합을 유지하고, 전체를 위한 일반의지를 설정하며, 전체의 공동이익을 추구하는 것을 말한다. 그렇기 때문에 국가는 단순히 정치권력의 도구나 국가 관료의 사유물이 아니며, 사회 강자를 위한 제도가 아닌 것이다.

그런데 우리 사회에서 민주화와 세계화 이후 국가의 공적 기능은 계속 흔들려왔다. 심지어 국가의 사유화가 급속하게 진행되기도 했다. 그 같은 현상은 이명박 정부 들어와서 특히 심해져 몇몇 권력자들이 국가를 마치 장사하듯이, 집안 일 챙기듯이, 끼리끼리 돌려 먹듯이 다루었다. 최근 저축은행사태에서 나타난 정부기관과 고위 공직자들의 행태는 이미 국가가 '국가 아닌' 수준에 이르렀음을 보여준다. 이 때문에 국가의 공공성이 심각하게 무너졌고, 국가에 대한 불신이 급속히 퍼졌으며, 공동체 붕괴를 우려하는 목소리가 급격하게 높아지고 있다. 지금 한국 사회가 겪고 있는 고통의 가장 핵심적 원인은 공동체 최후의 보루인 국가의 공적 기능이 특수한 사익집단들에 의해 급속히 붕괴되어왔다는 사실에 있다. 강력한 네트워크로 연결된 사회 각 부문의 특권집단들이 국가를 사익의 도구로 활용해 엄청난 부와 권력을 편취하고 있는 것이다. 그리하여 국가의 사회적 약자 보호라는 공적 기능이 급속히 떨어져왔다. 실제로 이명박 정부에 들어서 공정거래위원회와 노동부, 한국은행, 중소기업청 등 주로 사회 약자들의 이해를 대변하도록 되어 있는 국가기관들의 기능은 거의 마비된 상태나 다름없다.

다음으로 국가의 역할에서 제기되는 또 하나의 지점은 국가가 사회 문제에 대해 적극적으로 책임지려 하지 않는다는 데 있다. 국가의 공공성이란 국가가 사적인 특수이익들로부터 자신을 격리시키는 것에만 있지 않다. 그 같은 관점은 국가의 공공성에 대한 소극적 인식이다. 국가의 공공성에 대한 적극적 해석은 국가가 사회 문제에 대해 적극적으로 책임을 떠맡고 공공정책을 수행해야 한다는 것이다. 급속한 변화와 고도의 유동성을 특징으로 하는 오늘날의 세계에서 시시각각 밀려오는 도전을 잘 활용해 극복하기 위해서는 무엇보다 국가의 적극적인 공공정책이 필요하다.

신자유주의자들 혹은 보수주의자들이 입버릇처럼 되뇌어온 '작고 효율적인 정부'란 사실상 국가가 책임을 떠맡기를 회피하도록 만드는 합리화에 지나지 않는다. 지금까지 정부의 역할을 연구해온 많은 학자들에 의하면, "높은 조세와 사회 지출이 생산성을 감소시킨다"는 주장은 통계와 역사적 근거를 상실했다. 오히려 국가는 교육, 연구, 건강, 훈련, 그리고 수많은 필수 분야에 대한 사회적 지출과 투자를 책임감 있게 수행함으로써 인적 자본 발달을 촉진하고 경제성장에 기여한다. 또한 동시에 그것은 사회 평등을 더 크게 증진시키기도 하는데, 국가가 적극적이고 사회적 지출이 큰 나라일수록 사회 불평등의 정도가 낮은 현상들이 이를 입증하고 있다.

그러므로 국가를 적절한 방향에서 개혁하는 일은 사회개혁 의제들 가운데서도 가장 우선적인 것이다. 우리가 국가를 개혁하는 방향은 크게 보았을 때, ① 공적 기능의 확립, ② 적극적으로 책임지는 정부, ③ 거버넌스라는 네 가지 축이다. 그것은 국가가 자유롭고 평등한 시민들의 공정한 협력체계여야 한다는 정의의 제1원칙을 실현하면서, 동시에 세계화와 지식정보화시대의 급변하는 환경에 능동적으로 대처해나가기 위해 자신을 부단히 재창조해나가는 것을 지향한다.

공적 기능의 복원을 위한 개혁방안

국가는 모든 시민이 기본적 자유와 동등한 권리를 갖는다는 평등의 원칙을 실현함으로써 사회 정의를 유지하는 것을 기본적 사명으로 삼는다. 이를 위해서 국가는 제반 사적 특수이익으로부터 충분히 자율적이어야 한다. 국가의 자율성을 확립하고 공적 기능을 복원하기 위한 노력에서 가장 기반이 되는 개념은 '시민적 통제'와 '견제와 균형'이다.

먼저 우리는 국가, 그중에서도 5대 권력기관에 대한 시민적 통제를 훨씬 더 강화해야 한다. 시민적 통제를 강화하기 위해서는 깨어 있는 시민이 국가의 일에 대해 더 적극적으로 참여하고 논의해야 한다.

기존 대의민주주의 제도에 대한 소극적 인식을 극복하고, 직접민주주의·토론민주주의·참여민주주의를 강화해 정부 과정에 대한 시민들의 참여를 다양한 방식으로 촉진해야 한다. 미국의 경우는 1944년 「행정절차법」을 제정해 정부기관들의 각종 업무에 시민참여를 강제했다. 1954년 「개정 주택법」은 정부가 참여를 권장할 것을 규정했고, 1964년 「경제기회법」은 "최대의 실행 가능한 참여" 원칙을 제시하면서 참여를 삶과 경제상황을 개선하는 주요 전략으로 간주했다. 1969년 「국가환경정책법」과 1974년 「정보자유법」의 제정으로 미국 참여민주주의 전통은 법적·제도적 보장을 받으면서 더욱 발전했다.[57] 그밖에도 국가차원의 캐나다 의료시민포럼, 영국 블레어 정부가 도입한 국민패널(people's panel), 정책배심제로서의 시민배심제(citizens' jury) 같은 정치실험들도 참고할 만한 사항이다.

지금보다 국민들이 직접 선거를 통해 뽑을 수 있는 선출직의 수를 늘려야 한다. 예를 들어 미국에서는 정치적 편향성과 공소권 남용을 막기 위해 4년마다 각 주의 검사장과 지방검사를 주민 선거로 뽑고 있다. 하지만 우리의 현실은 법무부장관이 검찰총장의 의견을 들어 검사의 보직을 제청하고 대통령이 임명하는 방식을 택한다. 우리도 검사장을 직선제로 뽑을 수 있는지 진지한 검토가 따라야 한다. 경찰 제도에도 자치경찰제를 도입해 주민통제를 강화해야 한다. 한국의 경우 지방경찰은 중앙경찰로부터 내려오는 명령과 지시, 인사 소식에 온통 관심이 집중되어 있고, 이로 인해 경찰의 치안행정에는 주민에 대한 서비스라는 개념보다는 사회통제의 개념이 여전히 만연하고 있다.[58] 그래서 이런 문제를 개선하기 위해 정보 및 안보 기능 등을 제외한 경찰 업무를 광역자치단체 직속으로 전환시키도록 한다.

대통령과 기획재정부장관이 사실상의 임명권을 쥐고 있는 공공기관 인사는 이용자단체(시민사회), 생산자단체(노동계 상급단체), 정부 및 국회가 각각 공공기관 운영에 전문적 소양과 시민적 이해를 반영할 수 있는 인사들을 추천하고, 대통령이 임명하도록 하는 이해공유자 '참여형'으로 바꿔야 한다.[59]

다음으로 국가 기관들 사이의 견제와 균형을 강화해 수평적 책임성을 확립해야 한다. 먼저 삼권분립 수준에서 견제와 균형을 강화하기 위해서는 국회의 감시와 견제 역할을 강화해야 한다. 헌법 개정 논의가 이루어질 때는 감사원의 회계감사 기능을 국회로 이관하는 작업을 반드시 추진해야 한다. 정부 입법과 위임 입법과 같이 개발독재의 산물인 관료주도의 입법제도는 이제 근본적으로 재검토되어야 한다.

행정부 기관들 사이에서도 견제와 균형의 장치를 강화해야 한다. 특히 권력집중이 심하고 권력남용이 반복적으로 이루어져온 기관들은 조직과 권한을 분산시켜 서로 견제하도록 만들어야 한다. 원래 우리 정부 조직은 1960년대 초 국가주도의 고속산업화정책을 효과적으로 추진하기 위해 짠 것을 근간으로 해왔다. 그것은 최고 수뇌부 혹은 중앙정부가 기획한 것을 일사불란하게 집행할 수 있는 중앙집중화라고 요약할 수 있다. 그런데 김영삼 정부 들어서 '작고 강한 정부'를 추진한다는 미명하에 경제기획원과 재무부를 합쳐 재정경제원이라는 거대 공룡부처를 만들었는데, 재정경제원은 아무런 견제도 받지 않고 독선적 전횡을 휘두르다 정부 내에 깊은 갈등과 분열을 야기했다. 정부는 그 바람에 외환위기에 제대로 대처하지 못하는 역사적 오점을 남기고 말았다.

그래서 김대중 정부에 들어서는 이 같은 폐단을 고치고자 대대적인 정부조직개혁 작업을 벌였다. 예를 들어 경제 분야에서 살펴보면, 전임 정부에서 드러난 특정 부처에 의한 독주와 이익집단화를 방지하기 위해 공룡부처 재정경제원을 해체해 그 권한과 기능을 재정경제부, 기획예산처, 금융감독위원회, 공정거래위원회, 한국은행 등으로 권한을 분산하고, 기획예산처의 기능을 대통령이 직접 통제할 수 있게 했으며, 금융 감독 기능을 재정경제부로부터 떼어내 민간으로 독립시켜 강력한 감독과 집행기능을 부여한 것이 그것이다.

하지만 이명박 정부에 들어와서 속전속결로 실시된 정부조직개편은 상당 부분 견제와 균형의 원리를 철저히 무시하고 과거로 회귀한 것이었다. 기획예산처와 재경부를 통합한 기획재정부의 신설이나 금융 감독과 금융 정책 기능을 통합한 금융위원회의 신설, 정부사상 유례가 없을 정도의 거대부처인 국토해양부의 신설 등은 지난 외환위기 이전의 재량주의적 정부운영 방식을 부활시킨 것이나 다를 바 없었다. 미국산 쇠고기 수입을 개방하는 과정에서 발생한 촛불집회는 어떤 최소한의 검증절차나 국민적 이해를 구하지 않고 일방적으로 통보하듯이 강행하는 모습에서 볼 수 있듯이 이명박 정부의 정부조직개혁의 성격과 결코 무관한 것이 아니었다.

정부개혁의 방향은 아래로부터의 민주적 통제를 강화하는 제도적 장치를 강화함과 아울러 국가 기관들 상호 간에 철저한 견제와 균형이 이루어지도록 하는 것이다. 민주주의를 굳건하게 만들어서 어느 누구도 국가권력을 이용해 전횡을 일삼을 수 없도록 만들어야 한다. 의회가 행정부를 실질적으로 감시할 수 있도록 강화시키고, 정부 권력이 자의적 통치를 수행하지 못하도록 각 권력기관들의 독과점적 권한을 분산시키고 상호 견제할 수 있는 제도 개혁이 시급하다. 이것이 바로 정치개혁의 핵심 내용이 되어야 한다.

몇 가지 핵심 정책 의제를 제시하면 다음과 같다. 먼저 경제정책의 측면에서 흔히 '모피아'라 불리는 기획재정부의 권한과 기능은 예산과 경제정책, 대외조정기능으로 각각 분산시켜야 한다. 아예 부패의 고리였던 대장성을 없애버린 일본의 경우에 버금가는 개혁이 필요할지도 모른다. 정책과 감독기능을 쥐고 있는 금융위원회와 감독보조와 검사를 맡는 금융감독원의 역할 분담 구조는 정책기능과 감독집행기능으로 분리하고 상호 독립적인 수평적 관계로 만든다. 최근 사회적으로 커다란 파장을 불러왔던 저축은행사태의 경우에서도 보면, 금감원이 이미 2008년부터 저축은행의 부실을 감지하고 있었으나 기획재정부, 금융위원회 등 정부에서는 부실을 덮는 데 급급했고, 심지어는 후순위 채권 발행을 독려하는 등 부실 뇌관이 커지도록 했다.[60] 정부 금융감독기관 당사자들 사이에 적절한 견제와 균형이 있었다면 이 같은 도덕적 해이가 나타날 확률은 훨씬 줄었을 것이다. 그 밖에도 기획재정부 장관, 국세청장, 금감위원장, 금융감독원장, 공정거래위원장, 한국은행 총재에 대한 임명절차와 관리감독에 대한 근본적 개선방안을 마련해야 한다. 특히 자본 - 로펌 - 관료의 삼각동맹을 깨기 위해 공직자윤리법을 대폭 강화해야 한다.

사회정책의 측면에서 통제와 획일화 교육의 주범인 교육과학기술부의 독과점체제를 깨야 한다. 교육과학기술부는 기초교육과 큰 틀의 교육관련 정책 전반에 대한 관리만 관장하고, 전문영역의 교육에 대해서는 직접적인 운영 관리를 해당 부처로 넘겨서 서로 견제와 균형 위에서 경쟁 체제를 가동할 필요가 있다. 이를테면 농업계고등학교는 농림부식품부에서, 상업고등학교와 공업고등학교는 기획재정부와 지식경제부에서, 문화 · 관광 · 체육고등학교는 문화체육관광부가 책임지고 운영하는 식이다.

국가권력의 개혁을 통해 국민 참여에 기초한 민주주의를 발전시켜나가야 한다. 검찰 · 경찰을 비롯한 사법기구 개혁과 국가인권위원회의 독립성 강화로 국가권력에 의해 국민의 인권이 침해받는 것을 막아야 한다. 검찰은 권력정치에 찌든 대검중수부를 폐지하고, 고위공직자비리수사처를 만들어 권한을 분산시키고 서로 견제하도록 만들어야 한다. 정보기관의 정치 개입과 군공안기구의 민간인 사찰을 엄격히 차단하고, 패킷감청과 위치추적 등 시민에 대한 감시와 사찰을 제도로서 금지해야 한다. 공직사회와 기업에서의 공익제보자 보호 의무를 강화하고, 불이익 조치에 대한 처벌의 범위와 수준을 확대강화하며, 포상 및 보상 제도를 확대해야 한다.

특별히 2012년 총선, 대선국면에서 개헌의제를 제시할 필요가 있다. 이명박 정부에서 벌어진 민주주의의 후퇴와 국가권력의 사유화가 일어나지 않도록 하기 위해서는 개헌을 통해 제도적 장치를 마련하는 것이 절실해졌다. 우선 국민의 판단 착오로 폭정자를 대통령으로 뽑았을 때 하루가 일 년 같은 세월을 보내서는 안 된다. 하루라도 빨리 책임을 물을 수 있게 임기를 단축하고, 역으로 유능하고 선의가 있는 대통령은 더 오랫동안 국민에게 봉사할 수 있게 해야 한다. 다음으로 국가기관들 사이의 불균등하고 비대칭적인 권력구조로 인해 견제와 균형이 제대로 작동하지 않는 문제점을 개선하기 위해 행정부에 대한 감시와 비판기능을 강화해야 한다. 감사원의 회계감사기능 국회이관이나 정부의 법률안 제출권 재고 등을 검토해야 한다. 그래서 이 의제를 올해 정권교체 국면에 가시화하고 모든 정치세력과 국민이 협약을 맺어둬야 비로소 실현될 수 있다.

적극적으로 책임지는 정부와 거버넌스의 활성화

지금 보수주의자들이 말하는 '작고 효율적인 정부'는 시대의 흐름에 부합할 수 없다. 그것은 국가의 공공적 역할에서는 책임을 회피하고 대자본의 이해관계가 걸린 영역에서는 적극적 개입을 행하는 이중성을 보여왔다. 정부의 역할은 보수주의자들이 이야기하는 것과는 정반대로 뒤집어져야 한다. 경제개발을 빙자한 대기업 지원이나 권력기관의 통제 기능은 줄이고, 사회정책 관련 기능은 정책의 통일성과 집행의 일관성을 위해 각 부처에 무질서하게 중복적으로 흩어져 있는 것들을 통합해 큰 정부 및 대(大)부처주의로 갈 수 있다. 신자유주의적 성향이 짙은 정부개혁으로 유명한 뉴질랜드가 교육, 복지, 의료기능은 오히려 강화하는 쪽으로 갔다는 사실은 이와 관련해 의미하는 바가 크다.

새로운 경제발전패러다임을 위한 정부기능을 재창조해야 한다. 국가는 시장과 경쟁하는 것을 피하지 말아야 한다. 한국과 같이 독과점 기업의 담합이 일상화되어 있는 환경에서 국가는 직접 시장에 뛰어들어 사기업과 경쟁하면서 경제 전반의 효율성과 형평성을 높일 수 있다. 다만 정부의 개입 형태를 다양화 할 필요가 있다. 이를 위해 공익성을 지닌 다양한 주체가 참여하는 정부와 민간 사이의 분권, 자율, 협력, 경쟁의 거버넌스 체계를 구축해야 한다. 정부는 다양한 커뮤니티를 통한 자치를 적극적으로 고무하고 촉진함으로써 민관 협치를 활성화해야 한다. 이를 통해 국가의 재정 지출에 의한 물량 공급 중심의 정책을 지양하고, 관료주의적 공급 및 통제체계를 개혁해 사회서비스의 수혜자와 공급자가 참여하는 새로운 유형의 공급체계를 창출해야 한다.

주

1 역사상 가장 잘 알려진 대규모 트러스트는 19세기 말부터 20세기 초에 걸쳐 미국에서 생겨났다. 1879년 스탠더드 석유 트러스트가 결성돼 약 40개 석유회사의 의결권이 J. D. 록펠러를 비롯한 소수의 위탁자에게 맡겨졌고, 스탠더드는 결국 석유제품 판매가격 통제, 공급량 제한 등으로 시장을 독점하게 됐다. 그 후 면실유 트러스트, 위스키 트러스트 등 수많은 트러스트가 형성되면서 시장독점에 의한 폐해가 커졌을 뿐만 아니라, 이들이 정치·사회 전반을 쥐고 흔드는 문제가 벌어지게 되었다. 1920년대에는 미국에서 트러스트화의 제2의 파동이 일어나기도 했다. 그래서 당시 미국이 직면한 국가개혁의 최대 과제는 다름 아닌 안티트러스트 운동이었다. 그 같은 개혁은 1990년 셔먼 안티트러스트 법을 제정해 규제를 강화하기 시작한 이후 프랭클린 루스벨트 정부에까지 걸쳐 진행되었다.

2 Barry C. Lynn and Phillip Longman, "Who Broke America's Jobs Machine?: Why creeping consolidation is crushing American livelihoods," Washington Monthly/New America Foundation Discussion: "Who Broke America's Jobs Machine?" From the March 4, 2010 Webcast.

3 참고로 재벌의 기업결합을 적극적으로 규제하는 방안으로서 구조시정조치를 도입하겠다는 것이 2002년 대통령선거에서 노무현 후보가 내건 공약이기도 했다.

4 김선구·류근관·빈기범·이상승, 「출자총액제한제도의 바람직한 개선방향」, ≪산업조직연구≫, 제12집 제1호(2004), 97~98쪽.

5 차별적 배당과세제도는 최근 민주통합당 경제민주화특별위원회 유종일 위원장이 도입을 검토하겠다고 말해 논란이 된 '재벌세'와 거의 비슷한 제도이다.

6 위평량, "한국경제, 이것만은 미국에 배워라", ≪오마이뉴스≫, 2007년 4월 14일.

7 김상조, "재벌개혁의 필요성 및 정책방안", 민주정책연구원 토론회자료집(2011).

8 같은 글. 독일의 경우 콘체른 내의 한 계열사의 주주는 다른 계열사와의 거래관계에 대해서도 정보 청구권을 가지며, 각 계열사의 집행이사회는 회계연도 종료 후 3개월 이내에 다른 모든 계열사와의 거래관계에 대한 보고서를 작성해 감독이사회에 제출하고 공시해야 한다. 모회사가 기업집단 전체에는 이익이 되나 특정 자회사에는 손해가 되는 거래를 지시하는 경우 그 자회사의 손해를 보상해주어야 하며, 보상이 이루어지면 모회사 이사의 손해배상 책임은 면책된다. 다만, 이사의 선관주의 의무 위반에 대한 입증책임은 원고가 아닌 이사에게로 전환된다. 또한 자회사의 노동자가 모회사의 감독이사회에 대표를 파견할 수 있도록 하고 있다. 물론 기업집단법의 제정이 절대적으

로 유일한 방법은 아니다. 선진 각국에서는 자기 나라의 제도적 토양에 맞게 기업제도에 관한 법체계를 발전시켜왔다. 이를테면 미국, 영국 등의 보통법 국가들은 개별 법인을 단위로 하는 회사법 체계를 유지하는 대신에, 법원의 판례를 통해 법인격 부인의 법리, 이중대표소송 제도, 증거개시제도 등 예외적이지만 매우 강력한 구제수단들을 발전시켰다.

9 경제개혁연구소, 「상장기업의 실효법인세율에 관한 분석: 장기추세와 산업별·기업규모별 비교」. ≪경제개혁리포트≫, 2010-9, 26~28쪽.
10 김동춘, 「재벌의 사회적 지배」, ≪계간 광장≫, 11호(2011), 130쪽.
11 이근·박규호, 「한국산업의 지식생산 및 학습능력 제고와 경쟁력」, 이근 외, 『한국경제의 인프라와 산업별 경쟁력』(나남, 2005).
12 Dieter Ernst, "Global Production Networks and the Changing Geography of Innovation Systems," *Economic Innovation and New Technology*(2002), vol.11(6).
13 장지연, 「노동시장, 소득분포, 가족정책」, 한국 사회정책학회 심포지엄자료집(2011. 5.23).
14 김대호, "쌍용차 비극에 대한 비망록", 사회디자인연구소 홈페이지(2011.3.17). 김대호는 이를 중향평준화라고 이름 붙인다.
15 ≪주간경향≫, 939호(2011.8.23).
16 은수미, 「복지세력의 형성, 시민연대냐 노동연대냐를 넘어」, 『복지국가 건설의 정치경제학』, 제4회 대안담론포럼자료집(2011).
17 장하준, 『그들이 말하지 않는 23가지』(부키, 2010), 297쪽.
18 OECD, 2004, *Employment Outlook,* OECD. 다음 표는 OECD 국가 고용보호입법지수.

국가명	전체*	정규직	비정규직(파견)	집단해고
미국	0.7 (1)	0.2 (1)	0.3 (1)	2.9(10)
영국	1.1 (2)	1.1 (2)	0.4 (3)	2.9(10)
캐나다	1.1 (2)	1.3 (4)	0.3 (1)	2.9(10)
아일랜드	1.3 (4)	1.6 (7)	0.6 (6)	2.4 (6)
뉴질랜드	1.3 (4)	1.7 (8)	1.3(11)	0.4 (1)
호주	1.5 (6)	1.5 (5)	0.9 (7)	2.9(10)
스위스	1.6 (7)	1.2 (3)	1.1 (8)	3.9(23)
헝가리	1.7 (8)	1.9(11)	1.1 (8)	2.9(10)
덴마크	1.8 (9)	1.5 (5)	1.4(14)	3.9(23)
일본	1.8 (9)	2.4(16)	1.3(11)	1.5 (2)

체코	1.9(11)	3.3(26)	0.5 (5)	2.1 (4)
한국	2.0 (12)	2.4(16)	1.7(17)	1.9 (3)
슬로바키아	2.0 (12)	3.5(27)	0.4 (3)	2.5 (8)
핀란드	2.1 (14)	2.2(12)	1.9(19)	2.6 (9)
폴란드	2.1 (14)	2.2(12)	1.3(11)	4.1(25)
오스트리아	2.2 (16)	2.4(16)	1.5(15)	3.3(18)
네덜란드	2.3 (17)	3.1(25)	1.2(10)	3.0(16)
이탈리아	2.4 (18)	1.8(10)	2.1(20)	4.9(28)
벨기에	2.5 (19)	1.7 (8)	2.6(21)	4.1(25)
독일	2.5 (19)	2.7(23)	1.8(18)	3.8(21)
스웨덴	2.6 (21)	2.9(24)	1.6(16)	4.5(27)
노르웨이	2.6 (21)	2.3(14)	2.9(23)	2.9(10)
프랑스	2.9 (23)	2.5(20)	3.6(26)	2.1 (4)
그리스	2.9 (23)	2.4(16)	3.3(24)	3.3(18)
스페인	3.1 (25)	2.6(21)	3.5(25)	3.1(17)
멕시코	3.2 (26)	2.3(14)	4.0(27)	3.8(21)
포르투갈	3.5 (27)	4.3(28)	2.8(22)	3.6(20)
터키	3.5 (27)	2.6(21)	4.9(28)	2.4 (6)

주: Version 2(집단해고 규제 포함) ( ) 안은 고용보호정도가 낮은 순위.

19 김주훈 엮음, 『혁신주도형 경제로의 전환에서 중소기업의 역할』(한국개발연구원, 2005), 5쪽.
20 김순영, 「생산의 세계화와 한국 자동차산업 생산네트워크의 재편」, ≪한국정치연구≫, 제20집 제2호(2011), 155~180쪽.
21 김대호, "공공부문 비정규직해법 이게 맞나?", 사회디자인연구소홈페이지(2011.6.16).
22 남기업, 『공정국가』(개마고원, 2010), 165쪽.
23 지주형, 『한국 신자유주의의 기원과 형성』(책세상, 2011), 382쪽.
24 OECD, Science, Technology and Industry Outlook (2002).
25 유종일, 『경제119』(시사IN북, 2011), 86~88쪽.
26 이의영, "중소기업 어떻게 살릴 것인가?", 사회디자인연구소 홈페이지(2011.4.7).
27 예를 들어 오랫동안 복지 이슈를 주도해온 민주당의 경우 2010년에 '뉴민주당플랜'을 발표하면서 사회투자정책에 입각한 복지모형을 제시한 적은 있지만 당론으로 채택하지 못했고, 그 후 무상급식논쟁 등 복지이슈가 폭발적으로 등장했을 때에도 그 같은 사

회적 변화를 능동적으로 담아내지 못했다. 한나라당 박근혜 의원이 제시한 한국형 복지국가 구상 역시 노무현 정부 말기의 '비전2030'이나 '뉴민주당플랜'의 범주를 크게 벗어난 것이 아니다.

28 양재진, "한국 복지국가 전략의 성찰과 모색", 사회디자인연구소 홈페이지(2011.3.10).
29 김연명, 「한국에서 보편주의 복지국가의 의미와 과제」, ≪민주사회와 정책연구≫, 통권 19호(2011), 33쪽.
30 김미경, 2008, "한국의 조세와 민주주의", ≪아세아연구≫ 제51권 3호, 225쪽.
31 〈표〉 GDP 대비 사회복지지출 비중(단위 : %, GDP 대비)

국가명	1980	1990	2000	2001	2002	2003	2004	2005
호주	10.6	13.6	19.5	18.7	18.7	18.8	18.6	18.1
캐나다	13.7	18.1	16.5	17.0	17.1	17.2	16.6	16.5
덴마크	24.8	25.6	26.5	26.8	27.4	28.5	28.3	27.7
프랑스	20.8	25.3	28.2	28.2	28.9	29.4	29.5	29.6
독일	24.6	23.9	27.6	27.7	28.2	28.6	27.9	27.9
그리스	10.2	16.5	19.2	20.6	20.0	19.9	19.9	20.5
아일랜드	16.7	14.9	13.6	14.4	15.3	15.8	16.2	16.7
이탈리아	18.8	23.3	25.0	25.2	25.5	26.0	26.2	26.5
일본	10.9	11.7	17.2	18.2	18.7	18.9	18.8	19.1
한국	0.0	3.0	5.2	5.6	5.5	5.8	6.5	7.1
멕시코	0.0	3.6	5.8	5.9	6.3	6.8	6.8	7.0
네덜란드	25.3	26.0	20.6	20.5	21.3	21.9	21.8	21.6
스페인	15.5	19.9	20.7	20.4	20.8	21.5	21.6	21.8
스웨덴	27.1	30.2	29.4	29.8	30.5	31.2	30.6	30.1
영국	16.9	17.3	19.7	20.7	20.7	21.1	21.7	21.9
미국	13.5	13.9	14.9	15.5	16.3	16.6	16.5	16.2
OECD 평균	16.0	18.1	19.4	19.7	20.3	20.8	20.7	20.6

주: 2005년 한국 : 잠정치.
자료: OECD. stat, Social Expenditure — Aggregated data(2008. 12)

32 문진영, 「기초보장 및 사회보장의 과제」, 민주정책연구원 공부모임자료(2011.2.24).
33 김연명, 「한국에서 보편주의 복지국가의 의미와 과제」, 36쪽.
34 이여진, 「영유아 보육 서비스의 현황과 향후 과제」, ≪이슈와논점≫, 277호(2011.7.28).

35 의료분야의 개혁 방안에 대해서는 민주정책연구원 공부모임(2011년 4월 14일)에서 서울대 이진석 교수가 한 발표 내용을 많이 참조해 정리했다.

36 외평채는 참여정부 시절 원-달러 환율이 빠르게 하락하면서 이 속도를 늦추려는 정부 개입으로 급증하기 시작했다. 이명박 정부에 들어서는 수출촉진을 위한 경기부양용으로 고환율정책을 펴면서 한 번 더 급증했다. 그 결과로 국가채무에서 외평채가 차지하는 비중은 1997년 7%에서 2010년 말 30.5%까지 늘었다. 물론 외평채는 적자성 채무인 다른 국가부채와는 달리 금융성 채무로 분류된다. 그럼에도 금리차 손실에 의한 적자누적이 2010년 말 18조 8,900억 원에 이른 사실을 생각하면, 이는 적자성 채무의 성격을 띤다고도 볼 수 있다.

37 선대인, 『프리라이더』(더팩트, 2010), 169쪽.

38 이처럼 이명박 정부가 경제적 합리성과는 상당히 거리가 먼 정책을 파격적으로 추진한 데에는 정치논리가 개입해 있었다. 촛불집회로 인해 추락한 정권의 지지율을 부자들과 보수층의 지지를 동원함으로써 방어하고자 한 것이라는 논리로밖에 설명될 수 없는 것이었다.

39 선대인, 『프리라이더』, 252쪽.

40 같은 책, 188쪽.

41 오건호, 『진보의 눈으로 국가재정 들여다보기』(사회공공연구소, 2009), 53~55쪽.

42 우리나라 지하경제의 규모는 매우 크고, 소득파악률이 매우 낮다.

43 스왱크(Swank)라는 학자는 1970~1990년대 사이에 17개 선진국의 법인세를 조사한 연구 결과에서 거의 변동이 없다는 사실을 밝혀냈다. 법인세 인하가 있는 경우에도 그 전에 정부가 기업에 제공한 특별 인센티브나 특혜의 제거와 상쇄되는 경우가 많았다는 것이다. 이정우, 「세계화, 불평등과 복지국가」, 『이기는 진보』(한국미래발전연구원, 2010), 103쪽; Duane Swank, *Global Capital, Political Institutions, and Policy Change in Developed Welfare States* (Cambridge University Press, 2002).

44 선대인, 『프리라이더』, 78쪽.

45 조세의 실태와 제도개선에 관한 논의는 조세연구원 김재진 박사의 민주정책연구원에서의 발표 및 토론을 많이 참조했음.

46 선대인, 『프리라이더』, 243~244쪽; 오건호, 『진보의 눈으로 국가재정 들여다보기』(사회공공연구소, 2009), 64~65쪽.

47 정부는 2009년 6월 '4대강 살리기 마스터플랜'을 발표하면서 4대강 사업으로 일자리 34만 개가 새로 만들어질 것이라고 했다. 그러나 공정이 90% 이상 진행된 상황에서 고용노동부는 2009~2010년 모두 8만 8,400개의 일자리가 창출됐다고 발표했다. 세부적

으로는 직접 고용된 인원이 1만 6,523명, 간접적인 유발 취업자는 7만 1,877명이라는 것이다. 한편 민주당 최영희 의원은 고용보험이 적용된 일자리는 상용직 기준 1,492개, 일용직을 포함해도 4,164개밖에 되지 않는다고 주장한다. 정부의 발표는 공정률 90% 시점에서 실제 고용 확인이 아닌 추산이라는 점에서 문제가 있을 뿐만 아니라, 당초 계획에도 현저히 못 미치고 있다는 점에서 문제성이 다분하다는 평가를 피할 길이 없다.

48 지금까지 재정지출에 관해 여기서 밝힌 많은 부분은 2011년 3월 3일 민주정책연구원에서 열린 세미나에서 황성현 인천대 교수가 한 발표에서 참조했다.
49 유종일, 『유종일의 진보경제학』(모티브북, 2012), 368쪽.
50 정대영, 『한국경제의 미필적 고의』(한울, 2011), 53쪽.
51 김상조, 「저축은행부실의 현황, 원인, 대책」(민주정책연구원토론회자료집, 2011).
52 정대영, 『한국경제의 미필적 고의』(한울, 2011), 139쪽.
53 같은 책, 142쪽.
54 김승원, 「자본유입 규제의 필요성과 규제수단 및 기대효과」, 민주정책연구원 토론회 자료집(2011).
55 최윤식·배동철, 『아시아 부의 전쟁』, 389쪽.
56 김승원, 「자본유입 규제의 필요성과 규제수단 및 기대효과」, 민주정책연구원 토론회 자료집(2011).
57 T. Webler, and O. Renn, "A Brief Primer on Participation: Philosophy and Practice," Renn, O., T. Webler, P. Wiedemann(eds.), *Fairness and Competence in Citizenship Participation* (Dordrecht: Kluwer Academic, 1995).
58 신정현 외, 『21세기 한국의 선택』(우석, 1997), 293쪽.
59 오건호, 「공공기관 '권력형 낙하산' 개혁 방안: 정부 '독점형'에서 이해공유자 '참여형'으로」, 사회공공연구소 이슈페이퍼(2011-04).
60 박순빈, "멀고 먼 금융개혁으로 가는 길", ≪한겨레≫, 2011년 7월 13일자.

제3부
사회를 바꾸는 새로운 정치

제7장 '약한 민주주의'와 '강한 민주주의'
제8장 사회를 바꾸는 새로운 정치
제9장 새로운 정치를 위한 정치철학의 문제와 진보적 자유주의

제 **7** 장
'약한 민주주의'와 '강한 민주주의'

1. 87년 체제와 '약한 민주주의'

민주화 이후 민주주의의 퇴행

민주주의는 한국인들의 삶 속에 깊이 뿌리내린 가장 중요한 가치이다. 한국에서 민주주의는 자유와 평등 그리고 생존의 권리를 쟁취하기 위한 국민의 선택과 부단한 투쟁의 결실이었다. 한국 민주주의는 오랜 역사를 가지고 있다. 19세기 말 봉건적 압제와 외세의 강탈에 항거했던 대중운동의 흐름은 한국 민주주의의 뿌리였고, 그것은 다시 대한민국 수립 이후 4·19민주혁명, 반독재 유신운동, 광주민주화운동, 6월 항쟁, 촛불집회로 이어져왔다. 이렇게 보면 한국 현대사 속에서 민주주의는 부침을 거듭해왔지만, 길게 보면 지속적으로 확장 운동을 해왔다.

한국에서 민주주의는 사회정의(social justice)를 판별하는 기준이었다. 국민의 자유에 대한 억압, 국민의 의사에 반하는 권력의 획득과 통치는 그 자체로 불의로 규정되었고, 항거의 대상이 되었다. 한국인은 민주주의를 위해 많은 피를 흘렸고, 자유를 위한 고통을 감수해왔다. 그리하여 대한민국 정부의 수립은 비록 반공극우적인 질서 형태를 띠고 출발했지만 10년 남짓해 거대한 민주항쟁이 일어나 독재정부가 축출되는 등 국가정통성이 꾸준히 강화되어왔다.

민주주의는 한국인에게 단순히 정치적 절차에 관한 규칙의 문제가 아니라, 삶을 영위하는 방식이었다. 해방공간에서의 대중의 변혁적 열망은 강도 높은 토지개혁과 높은 수준의 시민적 권리를 규정한 민주공화국 헌법체제를 설계하도록 강제하는 압력으로 작용했다. 4월 민주혁명으로부터 시작된 민주화의 동력은 박정희 정권이 산업화를 추진하는 중요한 배경이 되었고, 유신체제와 5공화국 권위주의하에서도 극단적인 약탈체제로 전락하지 않도록 하는 방패 역할을 해주었다. 또한 민주화 이후에는 내수와 수출이 균형을 이루면서 지속적인 성장을 이룰 수 있게 만들었고, IT산업의 붐을 일으키는 동력이 되었다.

그런데 한국의 현대사에서 민주주의가 수행한 역할이 지대함에도 지금까지 한국의 민주주의는 '약한 민주주의(weak democracy)'이다. 근래에 전개된 일련의 상황은 6월 민주항쟁을 기점으로 민주화로 이행한 지 4반세기가 지났지만 여전히 한국 민주주의의 내적 조건이 취약하다는 것을 드러냈다. 최근까지만 해도 한국의 민주주의는 국제적인 부러움과 칭찬의 대상이었다.[1] 그런데 민주주의가 만개해가는 어느 시점부터 박정희 신드롬으로 불리는 현상이 우리 사회의 한복판에서 화려하게 출현했다. 가까스로 민주정부가 출범했지만 시대적 과제에 비추어 너무 무기력했고 수구세력의 반격에 얼마 못 가 무너지고 말았다. 대중은 '경제 살리기'를 위해, 혹은 '먹고사는 문제'를 위해 정치적 자유를 희생하는 데에 일정하게 동의했다. 돈과 개발이 주류가 되는 탐욕의 정치열풍이 불어왔다. 그런 와중에서 한국에는 자살률, 범죄율 등 각종 사회지표가 급속히 악화되고, 사회적 몰염치, 배타적 경쟁 같은 현상이 나타나 사회적 자본(social capital)의 기반이 크게 부실해졌다.

이명박 정부의 통치 기간에 민주주의는 광범위한 영역에서 쇠락을 면치 못했다. 그것은 크게 의사표현의 자유와 같은 정치적 자유의 영역, 공정하고 공평한 질서를 담보하는 법치의 영역, 권력에 대한 통제라는 국민주권의 영역 등 총체적으로 균열이 진행되어왔다. 거기에는 이명박 정부의 강압적 통치에도 원인이 있었지만, 더 중요한 것은 시민사회가 민주주의에 대한 태도나 신념이 취약해 민주주의의 퇴행을 제대로 저지하지 못한 데 있었다. 이는 개발독재 이후 지금까지 여전히 "거대하고 권위주의적인 정부와 자본주의적 기업의 권력 증대 및 독점화 속에서 시민사회가 그 특유의 역동성과 터전을 잃어버린 상황"[2]과 "시장기능의 확대와 국가권력의 확장에 의하여 일반의지를 대표하던 근대적 시민사회의 공공성이 축소"[3]된 상황에 비견되는 것이었다.

민주화 이후의 역사 과정을 통해 우리가 조금 더 분명하게 인식하게 된 사실은 한국 민주주의가 무엇보다 대중의 사회경제적 삶을 개선하는 데에 취약했다는 것이다. 서구 선진국에서 민주주의가 뿌리를 깊이 내릴 수 있게 된 배경에는 민주주의가 그 사회의 갈등 해결을 위한 최고 수단이자 성과와 실적을 산출하는 기제로서 자신의 위치를 확고히 했기 때문이다. 나아가서는 단순한 정치적 자유의 수준을 넘어서 그 사회 구성원들의 실질적 삶에 직결되는 '사회적 시민권(social right)'의 실현으로까지 그 영역을 확장시켰기 때문이다. 그런데 한국 민주주의는 세계화로 자본주의가 초래하는 부작용에 효과적으로 대응하지 못해왔다. 세계화 물결이 끼친 가장 치명적 영향은 사회양극화였다. 그것은 한국 사회의 모든 영역을 둘로 분열시켰다. 대기업과 중소기업, 수출기업과 내수기업, 정규직과 비정규직, 부자와 가난한 자, 강남과 비강남이 확연하게 분리되었다. 그리고 일자리, 주택, 교육과 같은 사회의 핵심적 공공영역의 토대가 심각하게 붕괴되었다. 그것은 한국 사회가 밥 제숍이 말하는 '두 개의 국민'으로 나뉘고 있음을 의미한다.

따라서 한국 민주주의가 약한 민주주의의 결함을 극복하기 위해서는 세계화시대에 맞게 자본주의의 부정적 효과를 제거하고 시민들의 사회적 권리(social right)를 발전시켜 갈등을 해결하고, 지속가능한 발전을 주도하는 기제로 정립되어야 했다. 민주주의가 사회의 빠르고 다양한 변화를 선도하고, 사회양극화, 일자리, 지구온난화 등의 문제들에 대해 시민이 스스로 건설적 방안을 찾을 수 있도록 돕는 새로운 패러다임으로 전환해야 하는 과제를 안게 되었다.

약한 민주주의의 역사적 기원

한국의 '약한 민주주의'는 역사적 기원을 지니고 있다. 한국의 민주주의는 헌정체제의 형성 과정부터 '헌법정치'와 '일상정치', '시민정치'와 '제도정치' 사이의 괴리를 내면화시켜왔다.[4] 시민적 정치운동의 동력은 일상정치, 제도정치의 영역에서는 아주 일시적으로 등장해 큰 흐름을 만들고 사라지는 패턴을 반복해왔다. 그 같은 역사의 패턴은 1987년 6월 민주항쟁부터 오늘에 이르는 과정, 이른바 87년 체제에도 그대로 투영되어 나타났다. 그런데 그 같은 정치구조 속에서는 시민사회의 힘이 정치권 안으로 투영되지 못하고 주변화 됨으로써 대중의 사회적 권리, 실질적 삶의 문제는 해결되지 못하게 된다. 특히 선거의 장에서 운동정치는 대의제에 종속되고 주변화되어 다수 대중의 요구를 일상적인 정책 입법 과정에서 반영시키지 못하게 된다.

87년 체제의 기본적 특징은 그것이 시민항쟁의 산물이었음에도 민주주의 제도화 과정은 정치엘리트 간의 협상과 타협에 의해 이루어졌다는 것이다. 이는 민주주의 제도화 과정에서 시민적 동력이 헌정체제 속에 내재화되지 못하고 차단되거나 배제되었음을 의미한다. 바로 이 같은 이원적 구조의 특징은 사회 저변의 다양한 이해와 요구를 정치적으로 대표하지 못하게 함으로써 사회적 기본권을 발전시키지 못하는 취약한 민주주의를 만들었다. 세계화에 의한 시장만능주의의 확산과 사회양극화, 노동, 주거, 의료, 교육, 복지 같은 사회적 기본권의 피폐와 국민 다수의 소외 현상이 두드러지게 증가한 것도 87년 민주화 체제의 결함에서 비롯된 것이었다.

약한 민주주의의 제도적 조건

87년 체제가 낳은 취약한 민주주의는 정치제도 속에도 반영되어 나타난다. 먼저 한국 민주주의에서 가장 심각한 문제점 중 하나는 바로 정당정치의 저발전 현상이다. 한국의 정당정치는 민주화 이전이나 민주화 이후나 거의 똑같이 사회의 다양한 이익을 대표하는 데 실패해왔다. 한국의 정당체제는 신진세력이 진입하기에는 유형, 무형의 장벽이 너무 많아서 노동계급이나 하층계급의 이익을 대표하는 정당들의 성장이 가로막혀왔다. 여당과 야당을 막론하고 기성 정치엘리트들이 신진세력의 진입이 용이하도록 진입장벽을 해체하려는 노력을 피해왔으며, 그나마 진출한 소수파들에게 결코 관대하지 않았다는 점에서 한국의 정당체제는 과점체제라고 볼 수 있다.

우리나라 정당 체제의 또 하나의 중요한 문제는 지역주의 대결구도라는 것이다. 지역주의는 민주화 이후 한국에서 정치적 균열을 규정하는 가장 강력한 정치변수로 작용해왔다. 그런데 지역주의 정당체제는 정당 사이의 경쟁을 지역적 연고나 인맥과 같은 1차적 정서를 기반으로 해서 성립되게 했으며, 정책과 이념에 입각한 경쟁을 제약해왔다. 그 같은 문제는 복지정책 의제를 발전시키는 데에 제약 요인이 되어왔다.

한국의 정당들은 공공정책을 생산하는 데 주변적 역할을 벗어나지 못해왔다. 국가의 주요한 정책결정들은 대통령과 그의 이너 서클에 의해 좌지우지되고, 정책의 실질적 부분을 설계하는 단계에서는 행정부의 관료집단들이 주도권을 행사해왔다. 그러한 사정은 민주화 이후에도 별로 많이 변하지 않았다. 주요 정책결정 과정에서 여당과 야당은 스스로 정책을 생산하지 못하고 각 부처와 시민단체 또는 전문가집단에 의존하고 있는 것이다. 이 같은 현상은 한국 복지정책의 비전과 정책의 수립에서도 마찬가지로 드러났는데, 바로 김대중 정부에서의 '생산적 복지'노선이나 노무현 정부에서의 '비전 2030'의 수립 과정이 그러했다. 정책의 갈등 조정에서도 정당들은 무기력했는데, 예를 들어 1999년 국민연금개혁이나 2001년 건강보험개혁으로 촉발된 사회적 이익집단 간의 첨예한 사회갈등을 해결할 때도 정당들은 거의 역할을 수행하지 못했다. 오히려 중재안을 제시하고 타협을 주도한 것은 참여연대와 같은 시민단체였다.[5]

권력구조의 문제도 한국 민주주의의 발전을 가로막는 중요한 요인이었다. 한국은 기본적으로 대통령 중심제를 권력구조로 채택하고 있다. 원래 대통령제라는 권력구조는 삼권분립에 의한 견제와 균형을 원리로 해 성립하는 정치체제이다. 하지만 한국에서는 오랜 권위주의 시대의 영향으로 정치권력의 영역에서 '견제와 균형'의 원리가 작동하지 못하고 있다. 민주화 이후에도 대통령의 권력은 제대로 견제되지 않는 성역으로 남았다. 행정부는 여전히 정책결정의 주도권을 쥐고 있는데, 정부입법 제도의 존재는 행정부 우위의 권력구조의 특성을 보여주는 단적인 사례이다. 게다가 검찰, 국세청, 경찰, 국정원, 감사원 등 권력기관의 중추는 의회도 감히 손대지 못하는 무소불위의 권력기관으로 남아 있다. 정부의 재정사용에 대한 회계검사의 기능은 감사원에 속해 있는데, 감사원은 대통령에 의해 지명되는 행정부 소속이다. 바로 이 같은 대통령 중심제에 의한 승자독식의 정치구조, 대통령에 의한 권력집중, 기술 관료들이 주도하는 정책결정구조는 권력구조의 불안정성을 낳았을 뿐만 아니라, 의회에서 공론정치, 정당 역할 중대가 좀처럼 이루어지지 못해 사회의 다양한 이익을 대표하지 못하고 궁극적으로는 사회권 의제의 발전에 부정적으로 작용했던 것이다.

한국 민주주의에서 중요한 또 하나의 문제는 사회협약시스템의 부재이다. 김영삼 정부에서부터 시도되기 시작해 노무현 정부에 이르기까지 실험된 노사정 사회적 대화기구 가동의 실패는 이를 단적으로 보여주는 사례이다. 사회협약이 중요한 이유는 국민 참여에 기초해 사회갈등을 조정하고 민주적 합의를 강화하는 데서 대의민주주의가 갖는 한계를 보완함으로써 체제를 안정시키고 지속적인 경제성장의 토대를 제공한다. 이 과정에서 형성된 국민적 공감대와 이에 따른 여론의 힘은 소수의 기득권층과 이익집단이 자신들의 특정이익을 추구하는 것을 어렵게 함으로써 개혁이 원활하게 추진될 수 있게 한다.

이런 맥락에서 민주화 이후 역대 정권들은 노사정 간의 사회적 대화와 협약 도출을 계속 시도했다. 하지만 그 같은 사회적 조합주의의 실험은 좋은 성과를 남기지 못했다. 먼저 김영삼 정부는 1996년 노사관계개혁위원회를 발족해 노동시장개혁을 추진했다. 처음에 노사관계개혁위원회는 정부 내에서 비교적 개혁파로 분류될 수 있는 사람들이 주도했고, 여기에 당시 법외단체로 분류되던 민주노총이 참여했다. 그러나 노사관계개혁위회 활동은 노동시장 유연화 조항을 놓고 대립하다가 결국 재벌, 경제관료, 보수언론을 잇는 삼각동맹의 공세 앞에서 파국을 맞고 말았다. 김대중 정부는 외환위기를 맞아 초기부터 노·사·정 공동협약을 적극 추진하고, 만주노총을 합법화하는 등 훨씬 더 자유주의적인 정책을 펼쳤으나 이를 구조조정에 활용하려는 목적에 너무 기울어짐으로써 결국 파행으로 치닫고 말았다. 노무현 정부는 출범 초부터 노동계와 감정적 대립으로 치달음으로써 노동문제 해결을 위한 실마리를 처음부터 놓쳐버렸다. 이명박 정부는 아예 뿌리부터 친재벌적이어서 노동문제 해결에 대한 의지가 없었기 때문에 논의할 필요조차 없을 것이다.

민주개혁세력의 정치적 실패와 시민정치동력의 단절

근래 한국 사회가 겪고 있는 민주주의의 위기는 바로 이상과 같은 약한 민주주의의 기반 위에 민주개혁세력의 정치적 무능과 실패가 더해진 결과이다. 우리 사회의 공동체 위기에 대응하는 데 민주개혁세력은 무능했다. 민주개혁세력은 사회적 변화를 수용하지 못했고, 과거의 낡은 패러다임에 안주했다. 이 때문에 그들은 급격히 변화된 사회적 의제를 따라잡을 수 없었다. 게다가 그들은 걸핏하면 분열했고 이합집산을 거듭했다. 또 그들은 민주정부의 수립으로 주어진 기득권에 안주했고 그에 대해 도덕적 문제의식을 상실하기도 했다.

민주세력의 무능과 실패를 김윤태 고려대 교수는 몇 가지로 정리한 바 있다.[6] 첫째, 국민과의 소통에서 철저하게 실패했다. 국민들이 내 집 마련, 양질의 일자리, 좋은 학교에 대해 말할 때 동떨어진 이야기만 했다. 둘째, 항상 시끄러울 뿐 제대로 된 책임 있는 결정을 내놓는 일이 거의 없었다. 화려한 수사를 동원했지만, 말에 비해 실제 내놓을 만한 콘텐츠가 없었다. 셋째, 선과 악의 이분법으로 세상을 해석하고, 저항하고 투쟁하듯이 정치를 했다. 조·중·동의 보수언론들과 맞장을 뜨는 수준으로 스스로를 격하시켰고, 마치 저항운동이라도 하고 있는 것처럼 행동했다. 그러면서 자신의 정치적 무능력을 국민들의 몰이해와 반대세력의 발목잡기 탓으로 돌리는 태도를 보였다. 넷째, 정치적 이데올로기의 부재로 정책일관성을 상실했다. 대미외교와 대북정책, 부동산정책 등에서 항상 오락가락하는 행보를 보였고, 이는 국민들의 신뢰를 상실하는 원인이 되었다.

이런 문제점은 자유주의 개혁세력들에게 더 전형적으로 나타났다. 하지만 민주개혁세력의 위기는 비단 자유주의 개혁정부의 위기가 아니었고, 좌파 진보정당, 노동운동, 시민운동진영 모두가 직면한 문제였다. 좌파 진보정당들은 낡은 이념에 입각한 강령과 전투적 활동 방식을 고수해왔다. 그들은 타자에 대한 비판에는 능했지만 자기성찰에는 인색한 모습을 보여주었는데, 당 내부의 지독한 정파갈등과 당내 민주주의 결핍은 그것의 단적인 예이다. 노동 내부의 차별과 억압이 날로 심각해지는데 대기업과 공공부문을 중심으로 강력한 기반을 갖고 있는 민주노총의 기득권에 어떤 문제제기도 하지 못했다. 1990년대 이후 비약적으로 발전해온 한국의 시민운동은 시민 없는 시민운동을 넘어 생활자 중심의 시민운동을 발전시키지 못하고 직업적 시민운동가 중심의 운동에 머무르는 한계를 보였다.

바로 이상과 같이 민주화 이후 민주개혁세력의 여러 가지 문제점이 극복되지 않고 누적되었으며, 이것이 약한 민주주의의 기반 위에 얹어짐으로써 한국 민주주의는 심대한 위기에 직면하게 되었다. 민주개혁세력의 정치기반 와해는 시민정치와 제도정치 사이에 취약한 연결고리를 더욱 철저하게 단절시키는 결과를 가져왔다.

약한 민주주의의 정치관

약한 민주주의는 두 가지 서로 상반된 정치관에 뿌리를 두고 지속적으로 재생산되어왔다. 하나는 중도적 리버럴들이 갖고 있는 정치관으로서, 절차적 규칙과 제도 그 자체를 궁극적인 목적으로 삼고 이를 통해 정치권력을 장악하는데 몰두한다. 그것의 절차적 정의는 그 자체로 완결되며, 다수 보통사람들의 참여와 실질적 권익의 실현 여부는 일단 분리된다. 바로 이런 정치관 속에서 민주주의는 최소주의에 가까운 접근(minimalist approach) 형태를 취하게 된다. 그래서 민주주의와 사회경제적 평등 및 삶의 개선 문제는 별개로 규정된다.

다른 하나는 주로 좌파 진보주의자들이 갖고 있는 정치관으로서 서민들에게 물질적 혜택과 권리를 확대해주고, 대중을 동원해 정치기반을 확대 강화하는 것으로, 이는 집권했을 때 상당히 권위적 통치방식으로 나타난다. 이런 정치관의 전형을 우리는 베네수엘라의 차베스에게서 살펴볼 수 있는데, 한국에서도 차베스의 정치노선을 이상적인 것으로 가정해 수용하려는 '민주주의 급진화' 프로젝트가 제기되기도 했다. 좌파진보진영 내부에 만연한 정파적 폐쇄성과 권위적 문화현상 등은 그 같은 정치관과 결코 무관치 않은 것이라고 볼 수 있다. 여기에서는 보통 대중의 사회경제적 이익이나 권리의 획득을 직접적 목표로 삼으며, 이를 민주주의나 자유주의와 연계해 활용하지 않는다.

2. '강한 민주주의'의 정치적 조건

정의로운 절차로서의 강한 민주주의

강한 민주주의는 약한 민주주의의 결함을 극복하고 보완하는 것으로부터 출발한다. 한국에서 강한 민주주의는 몇 가지 기본적인 상으로 정의될 수 있다. 첫째, 사회적 불평등에 적극 대처해 그것을 해소하고 극복할 수 있어야 한다. 둘째, 다수의 보통사람들이 지속적으로 참여하고 이를 제도화함으로써 정부 내지 정치권력 속으로 그들의 열정, 요구, 가치가 끊임없이 투영되어 들어가야 한다. 셋째, 건강한 시민사회를 끊임없이 강화하는 기반 위에 서 있어야 한다. 시민사회는 스스로 사사화(privatization)를 견제하고 공적 담론의 공간을 유지해나가야 한다. 넷째, 국가에 대한 민주적 통제를 보장할 수 있어야 한다. 그럼으로써 국가는 시민에 대해 책임성과 반응성을 견지해야 한다.

강한 민주주의는 민주주의를 모든 사회문제 해결의 중심에 세운다. 민주주의는 사회의 다수를 이루는 보통사람들이 스스로의 열정, 요구, 가치를 실현할 수 있는 체제 혹은 그런 체제를 만들기 위한 정치적 실천이라고 할 수 있다. 민주주의의 윤리적 기초는 정치과정과 정부의 통치행위가 보통 사람들의 의지와 권익실현에 기여하고 또 거기에 기반을 두는 정치공동체를 지향한다.[7]

민주주의는 기본적으로 절차적인 제도와 규칙으로 구성되어 있다. 그 절차는 단순히 그 자체로 목적이나 가치가 아니라, 거기에 다수 보통사람들의 참여를 통해 스스로의 의지와 권익실현에 기여하고 또 거기에 기반을 두는 정치공동체를 건설하는 목적과 가치를 지향할 수 있을 때 비로소 민주주의로 완성된다. 그것은 존 롤스의 '정의로운 절차'라는 개념과 상통한다. 롤스는 헌법을 정치적 절차로 보는데, '정의로운 헌법'이란 정의로운 일반 법칙들의 제정을 보장하도록 편성된 정의로운 절차라고 할 수 있다.

통상 민주국가의 헌법 속에는 단순히 순수하게 절차에 관한 권리만 규정하고 있는 것이 아니라, 기본적 자유권 위에서 보장되어야 할 실질적 권리에 관한 규정들이 담겨 있다. 따라서 강한 민주주의는 민주주의의 철학과 가치의 기반 위에서 제정된 정의로운 헌법의 정신과 원리 그리고 목표를 지향한다. 우리가 쟁취하고자 하는 권리와 이익이 과연 정의로운가는 통상적 정상국가에서 사회계약의 법제화된 표현인 헌법의 정신에 비추어 판단되며, 그것은 궁극적으로 민주주의의 절차와 가치의 토대 위에서 정립되고 시시각각 재해석된다.

정의로움의 정치적 조건과 '강한 민주주의'의 의제

민주주의는 본질적으로 정치적 행위의 영역이다. 정치란 인간 사이의 끊임없는 대화와 투쟁 과정을 통해 공동체의 존립과 합의점들을 찾아나가는 상호소통의 과정이며, 갈등적 합의의 구성 행위이다. 그것은 과학적 진위나 초월적인 철학과 가치를 추구하는 행위가 아니라, '정치적 옳음(정의)'을 추구한다. 바로 그 같은 정치적 행위들이 민주주의에서는 다수 보통사람의 참여를 통해 이루어지고, 그러한 결과로 국가권력의 선택과 통제가 공동선에 부합되는 결과를 가져오게 된다.

그런 만큼 민주주의에서 '옳음'이란 정치구도의 형성을 통해 드러난다. 현대사회를 통해 설명하면, 정의란 보수와 진보가 부딪치는 지점에서 정치적 동력을 조직함으로써, 즉 정치적 행위를 통해 그 실체를 드러내게 된다. 그런 점에서 정의가 구성되는 영역은 사회의 본질적 문제를 압축적으로 드러내고, 그 과정을 통해 대중의 분노와 힘을 조직하고 동원해낼 수 있는 지점이다. 바로 정치 전략의 구사는 그런 지점들을 기민하게 포착하고, 정치적 의제로 만들며, 정치적 행위를 조직하는 것이라고 볼 수 있다.

그런데 정치적으로 '옳음(정의)'과 '좋음(선)'은 일정하게 구별되어야 한다. 왜냐하면 좋은 것이 항상 정치적으로 옳은 것이 될 수 없기 때문이다. 옳다는 것은 공정한 관계가 무엇이냐를 파악하는 것이다. 그러므로 그것은 민주사회에서 자유롭고 평등한 사람들 사이에 공정한 것으로 합의되는 범위 안으로 한정된다. 그에 반해 좋다는 것(선)은 가치 있는 삶에 대한 합리적 선택의 기준이 되는 것으로 개인들 사이에 합의된 것일 수도 있지만 반드시 그렇지 않을 수도 있다. 정치란 사람들 사이의 공존의 조건을 갈등과 투쟁, 협력과 타협을 통해 합의해나가는 과정이라는 점에서 본질적으로 옳음의 영역이다. 그렇기 때문에 정치적으로 옳다는 것 혹은 정의롭다는 것은 정치적 상호작용을 통해 정치적 대립 구도로 드러나게 된다.

최근 한국 사회에 나타나고 있는 다양한 이슈를 이런 개념 기준을 통해 평가해볼 수 있다. 한국 정치의 대표적 이슈로는 크게 복지, 경제민주화, 평화, 환경 등이 있다. 이들 이슈는 그 자체로 '좋은 것'이다. 하지만 그것들이 정치적으로 배열되는 방식은 바로 정치적 옳음이라는 기준을 따르게 된다. 물론 복지, 경제민주화, 평화, 환경 등 모든 이슈 속에는 그 나름대로 정의의 가치들이 내재해 있다. 하지만 사람들이 좋다고 느끼는 것과 불공정하고 불평등하다고 느끼는 것 사이에는 불일치가 있다. 예를 들어 복지나 환경 이슈는 그 자체로 분명 선한 것이지만, 그것이 사회적으로 불공정하고 불공평하게 편재되어 있다고 느끼는 정도는 그리 크지 않다. 그에 반해 경제민주화의 제반 이슈들은 좋음의 기준으로 볼 때 가치의 포괄성이 떨어지지만, 사람들은 불공정과 불평등을 더욱 심각하게 느낀다. 따라서 강한 민주주의의 관점에서는 우리 사회의 본질적 문제를 정치적 정의의 기준으로 규정하고 그에 따라 정치적 의제의 우선순위를 설정하고 배열한다.

주

1 미국의 유명한 인권연구소 프리덤하우스(Freedom House)는 한국을 가장 역동적으로 민주주의를 달성한 나라라고 불렀으며, 특히 정치적 자유도의 측면에서 세계 최고 수준으로 분류했을 정도였다. 실제로 1987년 민주화 이후 한국 민주주의는 많은 시련을 겪었어도 지속적으로 발전해왔다. 임혁백 교수의 말처럼 1987년 이래 한국은 1997년 경제위기, 2002년 이래의 북 핵 위기, 2004년 탄핵을 둘러싼 헌정위기가 있었음에도 동일한 헌법규칙하에서 연속적으로 다섯 명의 대통령과 다섯 차례에 걸쳐 국회를 구성했다. 그래서 한국의 민주주의는 정치학자들 사이에서도 상당히 공고화된 것으로 평가되어왔다.
2 벤자민 바버, 『강한 시민사회 강한 민주주의』, 이선향 옮김(일신사, 2006).
3 위르겐 하버마스, 『공론장의 구조변동』, 한승완 옮김(나남출판, 2001).
4 박명림, "한국의 초기 헌정체제와 민주주의", ≪한국정치학회보≫, 37집1호(2003), 79쪽. 박상훈은 이를 운동이 제도 바깥에서 막연한 사회운동, 시민운동으로 남아 있는 것, 이중 구조의 불안정한 균형 상태라고 말하고 있다. 최장집·박상훈·박찬표, 『어떤 민주주의인가』(후마니타스, 2007), 290~293쪽.
5 Yeong-Soon Kim, "Institutions of Interest Representation and the Welfare State in Post-Democratization Korea," *Asian Perspective*, Vol.34, No.1(2010).
6 김윤태, 「제3의 길과 새로운 진보」, 진보와 개혁을 위한 의제27 토론회 발표논문(2008).
7 최장집·박상훈·박찬표, 『어떤 민주주의인가』, 56쪽.

제8장
사회를 바꾸는 새로운 정치

1. 새로운 정치의 사회적 배경

새로운 진보시대의 개막

지금은 시대의 전환기이다. 우선 세계적으로 미국식 신자유주의 세계화가 기승을 부리던 시대가 끝나고 있다. 물론 앞으로 탄생할 새로운 국제체제는 새로운 형태의 신자유주의가 될 수도 있고 전혀 다른 새로운 국제체제가 될 수도 있다. 그럼에도 과거와 같이 거칠고 천민적인 약탈체제는 이 이상 지속될 수 없다는 것이 분명해졌다. 이와 함께 의제 지형에서의 커다란 변화들이 나타나고 있다. 일례로 신자유주의 본산지인 미국에서는 오바마 대통령이 국정연설을 통해 '경제적 공정성'이라는 슬로건 아래 '버핏세'(부자증세)를 의제로 제시했다. 프랑스에서도 사회당의 유력 대선후보가 부자증세와 은행규제를 공약으로 내걸고 나섰다. 환경 이슈의 영역에서도 일본 원전사태를 계기로 원전 폐기와 같은 급진적 의제들이 새롭게 부활하면서 그 여파가 진보와 보수의 경계를 가로질러 국제적으로 급속히 확산하고 있다.

세계적으로 일어나는 여러 가지 중요한 변화의 양상은 한국에 이미 투영되어 나타나고 있다. 지난 수년간 한국 사회는 가치관의 부재와 혼란, 전망과 방향의 상실로 엄청난 고통을 겪어야 했다. 상식은 무너지고 강자의 힘이 곧 정의가 되었다. 공고화 단계에 들어섰다고 평가받던 한국의 민주주의는 급격하게 흔들렸다. 그러나 이제 성장을 향한 일방적 질주와 몰가치적 탐욕의 정치는 사회정의와 복지, 공정, 민주주의에 대한 대중의 새로운 관심과 갈망으로 바뀌고 있다.

시민참여정치의 시대가 열리고 있다. 사회 이슈에 무관심했던 젊은이들이 참여의 광장으로 나오기 시작했다. 20~30대 젊은이들이 각종 선거에서 투표율 상승을 주도하면서 정치가 부활하고 있다. 과거 민주화운동 세대였던 40대들의 잠자던 의식도 다시 깨어 일어나 사회 내면의 문제를 성찰하기 시작했다. 과거 성장과 탐욕의 정치를 매개로 강력한 결속력을 보였던 수구적 보수지배동맹이 다시 균열을 일으키고 있다. 무릇 이런 흐름은 새로운 진보시대의 개막을 예고한다. 역사는 다시 진보를 재개하는 쪽으로 돌아서고 있다.

새로운 유권자층의 출현과 경계투쟁

오늘날 시대 전환이라는 배경에는 새로운 유권자층의 출현이라는 현상이 자리하고 있다. 그것은 세계적인 현상이다. 이들은 대체로 진보적 가치를 갖고 있지만 전통적 진보와 보수의 기준과는 질적으로 다른 성향을 띤다. 이들은 SNS 등 정보기술을 바탕으로 경계를 넘나들며 다양한 인간관계를 맺고, 전통적인 유권자들에 비해 사회적인 이슈에 훨씬 더 자발적으로 참여한다. 이들은 돈, 출세, 과시소비와 같은 물질적 가치에 대해 반감을 가지며, 물질뿐 아니라 영적·심리적·인격적 발달을 위한 자아실현을 위해 기꺼이 노력과 비용을 지불한다. 또한 권위주의, 불관용, 불통, 인종적 편견에 반대하고 개인의 사적·정치적 자유를 지지한다. 바로 이 같은 문화적 가치관 때문에 이들은 대개가 대자본을 중심으로 한 과두세력의 금권정치적 행태에 상당히 대립적이다. 의제의 차원에서도 이들은 아이들의 미래, 기회균등, 건강, 교육, 지구의 생태적 지속가능성과 같은 이슈에 민감하게 반응한다.

이들은 아직 정치적으로 명확하게 조직화되어 있지는 않지만 수적인 면에서 이미 다른 유권자층을 압도하기 시작했다. 미국의 경우 한 연구에 따르면 정치적 성향을 새로운 문화 창조 진보, 전통적 좌파 리버럴, 전통적 우파 보수, 시장적 우파 보수의 네 가지 차원으로 나누었을 때, 각각 성인 인구의 36%, 12%, 19%, 14%의 비중을 점하는 것으로 분석되었다.[1] 이 같은 현상은 한국에서도 정확히 맞아떨어진다. 한국에서 새로운 유권자층은 촛불집회에서 자신의 모습을 드러내 보이기 시작했고, 최근 안철수 현상을 통해 다시 한 번 정치적 실체를 나타냈다. 이들은 지금까지 그 실체가 분명하지 않았기에 중도적 무당파층으로 알려져왔다. 그러나 이들의 성향은 기존의 전통적인 진보 대 보수의 구도로 파악할 수 없지만 결코 중도적 무당파는 아니다. 이들은 대체로 중도적 리버럴보다 왼쪽에, 좌파적 진보보다 오른쪽에 위치해 있는 것으로 파악된다. 근래 들어 민주통합당과 같은 중도적 리버럴정당은 물론이고 한나라당과 같은 수구적 보수정당마저 좌클릭 경쟁을 하는 배경에는 앞에서 설명한 새로운 진보 성향의 유권자층이 부상했기 때문이다.

새로운 유권자층의 출현은 새로운 사회균열을 창조하고 있다. 그것은 보수세력과 진보세력이 '시장 대 공공성', '성장 대 분배', '개인 대 공동체', '집중 대 분권'과 같은 대립적 가치들을 다양한 방식으로 조합하면서 각자의 헤게모니를 사회 속에 구조화시키려는 치열한 '경계투쟁'을 유발하게 된다. 정치집단들은 새롭게 등장하는 사회균열을 자신의 정체성, 가치, 이익에 부합하는 쪽으로 작동시키기 위해 사회담론의 프레임을 짜고 정책노선을 제시하며 지지자들을 조직하는 일련의 투쟁을 전개하게 된다. 바로 이 과정에서 각각의 정치세력들은 자신의 기존 약점을 은폐하기 위해 때로는 상대 진영의 가치를 탈취해 자신의 가치로 둔갑시키는 변형주의 전략을 구사하기도 한다.[2]

새로운 사회균열의 등장은 지금까지 계급갈등, 지역갈등, 세대갈등을 매개로 진행되어온 '민주 대 반민주', '개혁 대 수구'의 양극화된 정치경쟁의 구도를 쇠퇴시키고, 새로운 공공성 의제를 부상시키고 있다. 새로운 공공성 의제는 고용, 주택, 의료, 교육, 문화 등 다양한 일상생활 영역의 이슈들을 매개로 한 '생활정치', '가치정치', '시민정치'라는 새로운 정치운동의 형태들을 만들어내고 있다. 앞으로 한국정치는 새로운 유권자층을 매개로 한 정치세력들 간의 경계투쟁을 통해 기존의 전통적 진보 대 보수와는 사뭇 다른 정치지형을 창조해갈 것이다. 진보세력들에게도 이들 새로운 유권자층을 어떻게 정치적으로 조직함으로써 이들을 성장 동력으로 삼아 진보를 재구성할 것인가의 문제가 가장 중요한 과제로 주어지게 되었다.

2. 새로운 정치의 기초

낡은 정치를 타파하는 '새로운 정치'의 "혁명"

지금 한국이 직면하고 있는 여러 사회문제는 이미 경제현상을 넘어선 권력현상이다. 이것이 한국 사회를 바꾸기 위해 정치가 필요한 이유이다. 한국 사회를 바꾸기 위해서는 정치를 바꿔야 한다. 국민들은 낡은 정치를 타파하고 세상을 바꾸는 새로운 정치가 출현하기를 갈망하고 있다. 새로운 정치란 단순히 정권교체를 넘어서는 것이다. 정권교체는 현재의 정치질서 속에서도 얼마든지 일어날 수 있는 변화이지만, 새로운 정치란 낡은 기성정치의 틀 전체를 바꾸는 혁명이다.

낡은 정치란 첫째, 가치와 노선에 입각한 토론이 없고 오로지 지역·파당·계보에 의존해 권력 그 자체의 가치만을 추구하는 권력정치의 풍토, 둘째, 패거리를 만들어 입장이 다른 사람을 헐뜯고 싸움질을 일삼는 정치, 셋째, 돈과 조직을 동원해 선거를 치르고, 그 위력으로 상대방의 기를 꺾는 정치문화이다. 새로운 정치는 이런 낡은 정치에 전면적으로 균열을 내는 것으로부터 시작된다.

지금은 새로운 정치를 위한 기회가 무르익고 있다. 기성정치판 안팎에서 불어온 변화의 바람이 이전에도 없었던 것은 아니다. 그러나 지금 대중이 표출하는 변화의 바람은 과거의 그것과 유사해 보이지만 정치질서의 근본적 변화를 요구하고 있다는 점에서 역사상 전례 없는 것이다. 하지만 이런 변화의 정서가 저절로 지속되는 것은 아니다. 정치변화의 흐름은 기존 정치권에 대한 대중의 불만이 높은 것만으로 성립되지 않는다. 그것은 제3의 명확한 대안이 없으면 잠깐 나타났다가도 사라지고 만다. 지금의 정치상황도 마찬가지이다. 그러므로 이런 흐름을 보존 발전시켜 새로운 정치질서의 창출로 이어지게 만드는 운동이 조직되어야 한다.

새로운 정치란 개방적이고 민주적인 의사결정구조를 갖추고, 가치와 정책을 위한 열띤 토론이 도처에서 항상 일어나는 정당이 출현하는 것이다. 정책에 대한 포괄적 지식, 합리성에 입각한 정치적 판단력, 건전한 도덕심과 인물이라는 기준이 공천의 핵심이 되는 것이다. 인터넷과 SNS를 활용한 혁신적 기법으로 정치토론도 하고 공천·선거운동도 하는 저비용의 정치활동 방식이 확립되는 것이다. 보스가 권위적으로 지배하는 정치조직이 아니라 당원과 자원봉사자들이 자발적으로 지역주민들과 함께 상담과 봉사를 진행하는 생활정치문화가 정착되는 것이다.

새로운 정치의 패러다임: 시민정치, 가치정치, 생활정치

다행히 최근 양극화와 특권체제에 대한 사회적 문제의식의 폭이 확장되고 이것이 현실 정치에 커다란 영향을 미치면서 새로운 정치 출현에 대한 기대감을 높이고 있다. 앞으로 만들어질 새로운 정치는 새로운 정치패러다임을 요구한다. 그것은 대체로 다음과 같은 지향을 갖는 것이어야 한다.

첫째, 적극적 자유와 참여의 가치를 실현해 시민들의 연합된 힘으로 정치공동체를 변화시키는 시민정치(civic politics)의 지향이다. 벤저민 바버가 말한 것처럼 민주주의를 강하게 만드는 원동력은 강한 시민사회에 있다. 오늘날 한국의 민주주의가 취약성을 드러내고 심대한 위기에 처하게 된 것도 제도정치 속으로 시민적 정치동력의 투입이 차단되었기 때문이다. 그렇다고 시민사회의 정치동력이 고갈되어 있는 것은 아니다. 촛불시위나 6·2 지방선거에서 볼 수 있듯이, 시민사회는 잠재적 동력을 유지하고 있다. 또한 새로운 시민사회가 지속적으로 형성되고 있다. 생협운동, 공동육아모임, 작은 도서관운동모임, 시민의식에 입각한 각종 동호회, 소셜네트워크, 사회적 기업 등 새로운 형태의 진보적 시민사회가 지속적으로 활발하게 출현하고 있다. 바로 이런 힘들을 정치운동으로 조직화하고 정당정치의 재창조로 연결해낼 수 있느냐가 한국정치의 성패를 가늠하는 기준이 될 것이다.

최근에 '시민정치운동'을 지향하는 여러 담론과 실천적 시도가 있어왔다. 그러나 아직까지 시민정치운동의 이론적·정치적 기초에 대한 분명한 이해 기준은 마련하지 못하고 있다. 무엇보다 시민정치운동은 새로운 시대적 조건을 반영한 새로운 전략을 담아내야 한다. 그것은 제레미 리프킨이 『공감의 시대』에서 밝히고 있는 것처럼, 네트워크화된 분산 자본주의 시대의 사회관계적 조건을 반영할 줄 알아야 한다.[3] 강한 민주주의 사회의 시민집단들은 개방적이고 포용적이어야 하며, 자유진입과 자유퇴출이 보장되는 유연한 곳이어야 한다.[4] 무엇보다 진보의 새로운 성장 동력인 20~30대의 감성에 뿌리를 내릴 수 있어야 한다. 그것은 한판 유쾌한 문화공간이자, 자아실현의 공간이어야 할 것이다.

시민정치운동은 개인적 삶에 기초한 대중적 정치운동이 되어야 한다. '개인적 삶'과 '대중적 정치운동에 이르는 삶'은 현실적으로 양립하기 힘들다. 대중적 정치운동에의 몰입은 개인적 삶의 공간을 일정하게 제약하고 희생하게 만드는데, 양립성을 확보하는 것은 현대사회의 조건에서 강한 민주주의에 필수적이다. 시민정치운동은 관료주의적이고 위계적 질서를 개조해 분권, 자치, 책임의 원리에 입각한 조직노선을 구현해야 한다. 이는 직업적 운동가 중심의 조직구조, 관료·당료 중심의 정당구조를 개선해 생활자, 지지자, 당원이 중심이 되는 활동구조를 창조하는 데 기여하는 것이어야 한다.

둘째, 가치와 의제, 정책과 비전, 토론과 합의를 지향하는 가치정치(value politics)의 지향이다. 지금 우리 사회는 새로운 이념과 새로운 가치에 대한 요구가 증대되고 있다. 이제는 정치가 인물, 지역, 조직을 넘어서 가치 지향적 이슈 중심이 될 것을 요구받고 있다. 무상급식, 복지논쟁이 선거정치의 핵심 이슈가 되는 현상에서 우리는 그것을 확실하게 감지할 수 있다. 지금까지 한국 정치는 권력이 가치 추구의 유일한 최상위의 대상이 되어왔다. 권력의 획득과 장악이라는 목표를 위해서 어떤 수단과 방법도 합리화되어왔다. 반공주의, 지역주의의 정치가 그것이었다. 그리고 정치세력들은 이를 실용주의라는 그럴듯한 구호로 포장하기도 했다.

새로운 정치는 낡은 이념을 버리는 일이지만, 그렇다고 그것이 결코 탈이념은 아니다. 탈이념적 실용은 정치세력들의 정체성의 혼돈을 가중시키고 새로운 시대 상황에 맞는 정치 기반과 좌표를 찾지 못하게 만든다. 더구나 시대적 체제전환기를 헤쳐 나가는 데 이념과 노선이 없이 새로운 비전을 만들어낼 수는 없다. 무엇보다 정치질서를 이념과 노선에 입각한 논쟁(debate) 구도로 만드는 것이 중요하다. 가치정치는 곧 토론정치이기도 하는데, 토론이란 바로 논쟁을 뜻한다. 이에 대해 많은 사람들은 힘을 모아도 부족할 판에 왜 논쟁을 벌이느냐고 물을 수 있다. 물론 모든 논쟁이 선은 아니다. 그렇다고 해서 논쟁 자체를 피해서 선을 창출할 수는 없다. 논쟁은 힘이 세다. 고대 그리스와 로마의 문명, 가장 짧은 역사를 통해 세계 최강대국으로 올라선 미국을 일군 배경에는 논쟁의 힘이 가장 결정적으로 작용했다. 논쟁은 이념과 노선을 만들고 나아가 비전을 만든다.

셋째, 소통과 연대, 분권과 자치의 가치기반 위에서 시민들의 삶의 요구 및 삶의 질에 근거한 생활정치(life politics)의 지향이다. 먼저 생활정치는 계급, 노동, 민주주의 같은 구조적 이슈보다는 일상적 삶 속에서 부딪치는 작은 이슈들을 주목한다. 2008년 촛불집회를 촉발한 미국산 쇠고기수입, 2010년 무상급식 이슈 등은 정치이슈의 지형이 크게 바뀌었음을 시사해주는 것이다. 하지만 생활정치가 단순히 의제 형태의 변화에 국한되는 것은 아니다. 생활정치의 이슈들은 새로운 위험사회에 대한 인식과 그것의 도덕적 기반에 대한 집단적 성찰 위에서 제기되는 사회의제를 정치의 중심에 설정한다. 가령 2008년 촛불집회는 미국산 쇠고기수입이라는 생활 속 문제가 '건강한 삶' 나아가 인간의 존엄과 권리라는 '가치'의 문제와 결합되고, 이것이 소통과 연대라는 집단적 성찰의 과정을 거치면서 거대한 폭발성을 나타낸 사례였다.

이는 정치세력에게 일상적인 삶 속의 의제에서 가치를 창출해내고, 이를 정치구도로 만들어갈 수 있는 예리하면서도 따뜻한 감성능력을 키울 것을 요구한다. 또한 일상적 삶의 과정들을 통해 공감대를 형성해내고, 그 속에서 소통해가는 능력을 필요로 한다. 소통의 생활정치를 위해서는 관료주의적이고 위계적인 조직방식을 개조해 분권, 자치, 책임의 원리에 입각한 조직노선을 구현할 것을 요구한다. 이는 직업적 운동가 중심의 조직구조, 관료·당료 중심의 정당구조를 개선해 생활자, 지지자, 당원이 중심이 되는 활동구조를 창조하는 것이다.

생활정치의 한국적 맥락을 찾아나가야 한다. 세계 각국에서 생활정치가 발달해온 맥락은 각각 다르다. 첫째, 유럽적 맥락으로 68혁명을 배경으로 계급정치·노동정치에 대비되는 생태·인권·여성 같은 탈근대적·탈계급적 의제·가치를 중시하는 흐름이고, 둘째, 미국적 맥락으로 미국의 전통적 가족윤리를 기반으로 해서 발생해 공화당과 민주당으로 확산된 것으로 낙태, 총기, 의료보험 등 문화적 이슈가 정치의 중심적 의제가 되며, 셋째, 일본적 맥락으로 중앙정치에 대비되는 지역·지방의 가치, 기업·공급자 중심이 아닌 생활자·소비자 중심의 가치를 강조하는 흐름으로 나눠볼 수 있다. 이처럼 생활정치가 발달한 맥락이 각각 다르듯이, 한국에서의 생활정치도 그것이 형성되는 경로와 맥락을 잘 살피고 한국적 모형을 만들어나가는 지속적 노력이 필요하다.

3. 새로운 정치를 위한 정치개혁 구상

진보개혁진영의 자기혁신의 중요성

새로운 정치가 출현하기 위해서는 진보개혁진영의 자기혁신이 필요하다. 지금 현재의 구조에서는 진보개혁진영 정당들이 정치혁명을 주도하기가 근본적으로 어렵게 되어 있다. 이들은 구조적으로 늙거나 폐쇄적인 정당들이다. 이들은 세대적으로 40대 이상에 의존한 정당이고, 구미디어에 의존한 정당이고, 개인의 자발성보다 조직의 위계와 세력에 의존한 정당이다. 현재 진보개혁진영의 정당들은 몇 가지 부분에서 치명적 결함을 안고 있다. 첫째, 시민들과 소통하지 못함으로써 대중의 정치동력을 받아들이지 못하고 있다는 점, 둘째, 새로운 체제를 열기 위한 가치와 노선 논쟁이 벌어지지 못하고 있다는 점, 셋째, 한국 사회의 양극화 문제 등의 해결을 실천하고 주도해나갈 가치·의제로 무장된 인적 자원을 충원하는 기능을 수행하지 못하고 있다는 점 등이다. 그러므로 진보개혁진영의 정당들이 새로운 정치를 주도하기 위해서는 자기혁신을 통해 새로운 가치, 노선, 세력을 창조해야 한다. 자기혁신이 없이는 진정한 대안이 나올 수 없다. 한국의 진보개혁진영은 혁신을 이루어내지 못해 정치기반이 무너졌고, 정권을 잃었다. 앞으로도 이것 없이는 정권을 찾기도 힘들 뿐만 아니라 찾아도 바로 실망과 심판의 대상으로 전락하고 만다. 그러므로 진보개혁진영의 자기혁신을 위해서는 다음 과제를 강력하게 추진해야 한다.

첫째는 이념·가치·정책의 혁신이다. 무원칙한 중도주의와 낡은 좌파이데올로기를 동시에 극복해 미래로 열린 진보적 노선의 정체성을 정립해야 한다. 그것은 사회 불평등에 맞서 싸우는 것이 이 시대의 가장 중요한 시대정신이자 과제라는 공유된 인식의 바탕 위에서 정의롭고 평등한 민주진보정부의 수립을 목표로 자유를 기반으로 평등을 강조하는 진보적 자유주의와 연대와 평등을 기반으로 차별로부터 자유를 강조하는 사회민주주의가 수렴되는 방향이어야 할 것이다.[5]

둘째는 정치활동 방식의 혁신이다. 관료주의·중앙집권주의·승자독식주의 정치활동 방식을 극복하고 소통·분권·합의주의의 정치활동 방식을 구현하는 것이다. 특히 18대 진보개혁진영 국회의원들의 정치활동 실적은 매우 저조했다. 헌신, 희생, 열정, 투지, 집요함, 대중성, 의사결정방식, 순발력, 역동성, 어느 것 하나 제대로 된 것이 없었다. 이를 바꾸기 위해서는 당의 충원 구조를 쇄신하는 것이 중요하다. 먼저 당을 참여적 정당구조로 전면 개조해 문호를 개방해야 한다. 그리고 새로운 가치·노선·정책을 반영할 인적 집단을 충원할 수 있도록 공직선거후보자와 당직자 선출 제도를 개혁해야 한다. 이 과정에서 당내 과두세력에 의한 개입을 차단하고 개방형 경선을 확대하고 인기투표나 신종 동원투표로 전락하지 않도록 하는 것이 중요하다.

셋째는 진보개혁진영 정당체제의 혁신이다. 민주화 이후 진보개혁진영은 중도적 개혁세력과 진보적 좌파세력으로 병립하는 체제를 지속해왔다. 그런 체제는 비판과 견제라는 장점도 나름대로 있었지만 단적으로 참여정부하에서 한미 FTA를 둘러싸고 벌어진 사태에서 본 것처럼 진보개혁진영의 극단적 분열과 약화를 초래하는 단점도 많았다. 장기적으로 이 같은 정당체제를 그대로 지속할 수는 없고 가장 생산적인 형태로 작동할 수 있는 방식이 무엇인지 모색해야 한다. 이에 대해서는 좀 더 긴 논의가 필요하므로 바로 뒤에서 논하기로 한다.

정당체제의 재편에 대한 구상

최근 진보적 야권세력을 중심으로 보편적 복지국가를 위한 정당체제 재편 논의를 본격적으로 진행해왔다. 가장 대표적인 논의가 바로 '민주진보통합정당론'과 '진보통합정당론'이다.[6] 이것은 직접적인 실천행동을 목표로 한 논의이기 때문에 향후 정치지형에 미치는 영향이 클 수밖에 없다. 아직 이들 논의는 당면한 단기적 정치 과제를 달성하기 위한 정당 수준에서의 실용적 논의로 한정되어 있는 면이 많아서 포괄적 정치동맹을 위한 논의로는 부족한 실정이다. 그럼에도 이들 논의는 기존 권력의 이합집산을 위한 목적과는 상당히 다른 질을 담고 있다. 현재 야권을 중심으로 진행되는 정당재편 논의를 촉발시킨 계기는 지방선거 전에 폭발한 무상급식 등 복지이슈였다. 이는 정당체제 재편 논의가 단순히 정권반대와 선거연합 수준을 넘어서고 있음을 시사해준다.

앞으로 경제민주화, 복지국가의 건설을 추진해가는 과정에서 정당의 역할을 주목할 필요가 있다. 유럽 선진국들에서는 전통적 의미의 코포라티즘이 쇠퇴한 대신에 정당체제의 역할에 따라 복지국가의 유지 혹은 해체가 크게 규정받고 있다. 한국에서도 근래 진행된 복지 논의를 지켜보면 정당정치의 역할이 중요해진 측면이 있다. 지금까지 한국에서 정당정치가 복지국가 발전에 끼친 역할에 대한 평가는 지극히 부정적이다. 한국에서 복지국가의 지체는 정당정치의 저발전과도 상통한다. 하지만 한 연구에 따르면, 한국 복지정치의 특징은 노동정치에 비해 정당정치가 더 많은 역할을 수행했다고 파악한다.[7] 이는 계급적 쟁점으로 사회적 여론이 첨예하게 대립하는 노동문제보다는 보편성을 갖고 있고 더 많은 유권자의 관심을 끌 수 있기 때문이다.

최근 정당체제의 역동성과 가변성 증대는 사회개혁의 핵심 동력으로 작용할 수 있는 가능성을 보여주고 있다.[8] 최근 한국정치와 유권자들의 정치성향이 사회경제적 개혁 쟁점에 우호적으로 반응하고 있고, 이 속에서 정당정치가 중요한 변화의 징후를 보이고 있다. 특히 풀뿌리시민들의 네트워크가 탈정치화를 극복하고 새로운 시민정치운동의 태동과 성장을 가져오는 데 주목할 필요가 있다. 이에 따라 정당정치가 크게 영향을 받고 있으며, 정당과 시민사회의 영역을 파괴해 정치세력을 구축하려는 재편의 압력이 커지고 있다. 이는 한국에서 계급적 연대의 기반이 약한데도 민주화운동과 사회개혁운동으로 이어져온 시민적 정치참여의 전통 위에서 최근 새롭게 태동해 성장하고 있는 시민정치동력을 정당체제의 재편으로 모아낼 수 있다면 새로운 사회경제체제를 건설하는 데 중요한 동력이 될 수 있음을 암시한다.

그렇다면 한국에서 가장 바람직한 정당체제는 어떤 모습이어야 할까? 그것은 진보 - 보수가 경합하는 이분위인가, 아니면 진보 - 중도 - 보수가 경합하는 삼분위인가의 논쟁과도 연결되어 있다. 일정하게 양당제 질서가 바람직한가, 다당제 질서가 바람직한가의 논의와도 겹쳐 있다. 그런데 이 문제가 애매하고 복잡한 이유는 한국의 정당체제가 삼분위라고 하기에는 양극적 정치구도가 너무 강하고, 이분위라고 하기에는 개혁적 리버럴정당과 좌파적 진보정당 사이에 이념적·역사적 뿌리와 정서가 많이 다르기 때문이다.

하지만 대체로 큰 틀에서는 양극적인 정치구도, 즉 이분위구도가 맞다. 좌파 진보정당이 부상하면 그에 따라 민주당과 같은 리버럴 정당들은 좌우정당 사이의 중도로 이동하게 될 것이라는 생각은 서구의 일부 국가들에서 있었던 현상을 한국에 너무 무리하게 적용한 것이다. 경험적으로 한국의 정당정치가 삼분위구도 쪽으로 이동해오지는 않았다. 근래에 민주진보진영의 연합정치 경험이나 민주당의 좌클릭 현상 등은 삼분위구도 가설과는 전혀 다른 방향으로 움직인 정치현상들이다. 그러나 자유주의적 개혁정당과 좌파적 진보정당들 사이의 차이를 간단히 무시할 수는 없다. 오히려 그 차이를 인정하고 긍정적인 동력으로 살리는 관점이 중요하다. 자유주의 정치세력의 우경화에 제동을 거는 데에도 유리하고, 또 민주진보세력 내부의 생산적 경쟁을 유발함으로써 발전에 자극이 될 수도 있기 때문이다.

그렇다면 이분위구도의 조건을 살리면서 민주진보세력 내부의 차이를 생산적으로 만드는 방법은 무엇일까? 민주진보세력을 통합해서 단일정당 속의 독자적 정파블록으로 만드는 것이 좋은가, 아니면 독자적 조직형태를 유지하면서 연합정치를 통해서 연대하는 것이 좋은가? 1차적으로는 한국 사회가 직면하고 있는 사회적 문제를 푸는 데 기여하는 정당체제 형태를 선택해야 할 것이다. 그것은 바로 정당들이 사회의 다양한 계층과 집단의 이해관계와 의견을 정치적으로 대표하게 만드는 것이다. 그런 점에서 보면 1차적으로 양당제의 정당체제보다는 다당제의 정당체제가 그 같은 목적에 부합하다는 것이 학자들의 일반적 논지이다. 노동, 복지와 관련된 사회권의 발달이 미국, 영국 등 양당제 국가들보다 유럽의 다당제 국가들에서 더 앞서 있는 이유도 그것이다.

다만 다당제가 양당제에 비해 사회권 발달에 유리하다는 가설을 절대적인 것으로 단정할 수는 없다. 중국에서는 1920년대 1차 국공합작 때에 공산당 지도부들이 독자적 조직을 유지하면서 국민당 집행위원회에 입당하는 사례도 있었고, 최근에 이탈리아 올리브동맹은 중도우파에서 중도좌파에 이르는 여러 정당세력을 아울러 아예 민주당이라는 통합정당으로 발족한 사례도 있다. 하지만 이는 특수한 상황에 국한되어 있는 경우이므로 다양한 맥락을 고려해 종합적인 판단을 내려야 할 것이다.

한국의 사회적 조건에서 합당한 정당질서는 다당제를 촉진하면서 연합정치를 강화하는 방향으로 가는 것이 옳다. 크게는 온건다당제 방식의 정당체제 운영을 지향해야 한다. 다당화가 가져올 여소야대 등의 정치적 혼란은 이념과 정책 노선에 따라 다양한 방식의 연합정치(coalition politics)를 활성화시킴으로써 극복할 수 있다. 그러한 방식의 정당체제운영은 대통령과 집권여당이 정책의 올바름에 상관없이 하나로 결속해야 하는 선단식 국정운영의 폐단을 시정할 수 있고, 대통령은 의회의 집권다수연합에 대해 책임을 지지만 개별 정당들과의 사이에는 일정한 비판과 견제도 가능한 생산적 긴장관계를 형성할 수 있을 것이다. 이것은 이미 정당개혁 방안으로 오래전부터 논의되어온 '당정분리'의 내실화를 의미한다.

온건다당제를 지향하면서 연합정치의 제도적 조건을 창출해야 한다. 현행 단순다수소선거구제에서는 정당 간 관계가 네거티브 경쟁 구조일 수밖에 없다. 이념적 지향이 다른 여러 정치세력이 서로 독자적 영역을 갖고 경쟁하는 정치시스템을 만들어야 한다. 현행 선거제도는 승자독식 현상을 증폭시켜 이념적·계층적 대표성의 체계를 협애하게 만들고, 지역주의정당을 과잉 대표하게 만들어 다양한 계층·이념 정당 진입을 어렵게 만들고 있다. 그러므로 정당질서를 바꾸는 작업과 함께 정당명부 비례대표제를 확대하는 선거제도의 개선이 이루어져야 한다. 선거제도의 비례성을 높이면 다양한 계층·집단의 의견이 동일하게 정치에 입력돼 좌파·중도·우파 블록의 다당제가 형성되고 사각지대는 최소화된다. 이 경우 좌파·우파·중도정당 어느 정당도 과반 의석을 점할 수가 없어 각 정당은 중위 층을 의식할 필요 없이 각자 지지기반의 이해관계를 대변하게 된다. 이는 한국정치의 다양성과 역동성을 증대시킬 것이다. 이렇게 해서 정당체제의 다양성과 역동성이 증대되면 보수정치진영 안에서도 분화의 압력이 강화되어 수구적 보수와 합리적 보수가 분화될 가능성이 크다. 따라서 지금 단계에서는 여러 정당을 성급하게 동질화시키는 통합보다는 여러 제도의 개혁을 통해서 정치적 역동성을 강화하는 방안이 1차적이며, 그런 점에서 각 정당이 최소한 비례성을 높이는 선거제도 개혁을 구체적 공약으로 내걸어야 할 것이다.

주

1 Paul H. Ray, "The New Political Compass: New Progressives are In-Front, Deep Green, Against Big Business and Globalization and Beyond Left vs. Right," http://grassrootsforamerica.us/fertilizer/New-Political-Compass-Intro.shtml#top(2004). 이 글은 유권자 지형에 대한 분석에 입각해 기존의 좌(진보) 대 우(보수) 개념으로는 현대 사회를 살아가는 유권자들의 행태를 설명할 수 없으며, 새 하위문화 그룹으로서의 문화창조자(cultural creatives) - 새 진보주의자(new progressives)가 추구하는 가치와 의식, 그리고 행태적 특성을 이해해야 한다고 말한다.
2 고원, "한국 사회 정치지형 변화와 신진보주의 국가전략노선 구상", ≪동향과 전망≫, 68호(2006), 154쪽.
3 제레미 리프킨은 네트워크화된 분산자본주의 사회에서도 경쟁의 치열함은 존재하지만 그 방식이 달라진다고 본다. 즉 접속권을 확보하려는 21세기의 개인이나 집단의 투쟁은 재산권을 확보하기 위해 벌였던 19세기와 20세기의 투쟁만큼이나 치열해질 것이지만, 차이가 있다면 남의 것을 빼앗아 쟁취하는 게 아니라 남보다 먼저 아이디어를 내고 실행하는 것이라고 말한다.
4 벤자민 바버, 『강한 시민사회 강한 민주주의』, 이선향 옮김(일신사, 2006), 84쪽.
5 민주진보세력이 가치와 노선을 분명히 해 정체성을 강화하는 일은 기본적으로 진보 좌클릭이다. 민주진보세력이 보편적 복지노선을 강화하고 있는 현상이나 기득권세력의 특권에 대한 규제를 강화하자는 주장이 힘을 얻어가고 있는 현상도 진보 좌클릭이다. 하지만 진보 좌클릭이 민주진보세력의 과제 전체를 대표한다거나 중간을 버리고 왼쪽으로 이동하는 것을 의미하지는 않는다. 그것은 정체성의 중심을 굳게 구축하면서 정치연합의 외연을 지금까지보다 더욱 넓게 확장해가는 과정이다. 이는 미국 뉴딜 정치연합의 사례에서 잘 볼 수 있다.
6 민주진보통합정당론은 진보정당을 포함한 모든 야권세력들을 한 곳에 모아 보편적 복지국가를 가치로 하는 단일한 통합정당을 건설하자는 주장이고, 진보통합정당론은 민주당을 제외한 야당들과 시민사회가 새로운 통합진보정당을 만든 후 총선에서 민주당과 선거연합을 하자는 주장이다. 이상이, 「역동적 복지국가와 복지국가 정치동맹」, ≪시민과세계≫, 제19호(2011), 81쪽; 최윤정, "복지국가정치동맹, 왜 문제인가", ≪사회운동≫(2011), 통권100호(2011), 135~141쪽.
7 송호근·홍경준, 『복지국가의 태동: 민주화, 세계화, 그리고 한국의 복지정치』(나남, 2006), 229쪽.
8 신진욱, 「한국에서 복지국가운동의 조건과 전략」, ≪시민과 세계≫, 제19호(2011), 63~65쪽.

제 9 장

새로운 정치를 위한 정치철학의 문제와 진보적 자유주의

1. 진보적 자유주의의 한국적 함의

   진보적 자유주의라고 하면 대부분의 사람들은 아마도 진보우파나 중도세력의 주장쯤으로 생각하는 경향이 많다. 그러나 진보적 자유주의는 자유주의자들뿐 아니라 좌파주의자들도 같이 고민하고 흡수해야 하는 주제이다. 왜냐하면 오늘날 '개인'과 '자유'의 문제가 시대의 흐름을 반영하는 화두이고, 특히 새로운 진보의 성장 동력으로 커져 나오는 20~30대 세대를 이해하기 위한 핵심 어이기 때문이다. 그런 점에서 한국의 좌파주의자들 역시 1차 대전 이후 유럽의 사회민주주의자들이 정치적 자유주의의 사고를 받아들였듯이, 자유주의의 진보적 재구성을 고민해야 한다.

   지금까지 많은 진보적 학자가 한국 사회의 대안적 길을 제시해줄 수 있는 기본 이념이 무엇인지를 제시해왔다. 어떤 사람들은 유럽 복지국가의 배경을 이루는 사회민주주의를 이념적 좌표로 삼았고, 또 어떤 사람들은 공화주의라는 다소 생소한 개념을 잡고 씨름하기도 했다. 그 같은 이념들은 우리 사회의 세계관을 더욱 풍성하게 해준다는 점에서 확실히 의미가 있다. 그럼에도 그 같은 이념들이 커다란 반향을 불러일으키지 못한 이유는 한국 사회의 아킬레스건을 정확히 건드리지 못했기 때문이다.

오늘날 한국 사회에서 진보적 자유주의가 주는 함의는 각별히 중요하다. 앞서도 설명했듯이 한국 사회가 겪고 있는 고통은 기득권세력에 의한 특권체제에서 비롯된다. 그런데 왜 우리는 그에 맞서 싸우지 못하고 그것을 용인해왔을까? 특권체제라는 사회현상의 뿌리에는 사회적 약자에 대한 폭력성과 그것을 용인하는 편 가르기, 왕따, 집단주의, 강자에 대한 굴종과 약자에 대한 위세 같은 힘의 논리에 대한 숭배 문화가 존재하고 있기 때문이다. 용산참사를 낳은 국가폭력과 자본의 전횡 속에도 그 같은 문화가 작동하고 있었다. 이런 문화가 지배하는 사회는 폭력이 쉽게 발생하고 이전된다. 자존감의 자리를 가학적 쾌락이 대신하고, 그에 따른 상처와 피해의식은 그것을 전가할 또 다른 희생양을 찾게 된다.[1] 특권체제란 편 가르기의 집단문화와 결합되어 사회구성원들이 어두운 권위에 굴종하게 하고, 강자의 편에 서서 차별과 멸시를 자신보다 더 약한 자에게 끊임없이 전이시키도록 함으로써 유지된다. 특권체제는 개인의 자존과 역량을 끊임없이 질곡에 빠뜨림으로써 저항의지를 무력화한다. 바로 진보적 자유주의는 집단주의, 힘의 숭배, 권위에 대한 복종을 거부하고 자율과 존엄으로 충만한 인간을 지향한다는 점에서 특권체제에 맞서 싸우는 강력한 무기가 될 수 있다.

진보적 자유주의는 자율성과 개인성을 중시하는 현대적 윤리 문화에 잘 부합한다. 특히 수직적 권위를 거부하고 수평적 의사소통과 개방적 삶을 중요하게 여기는 젊은 세대의 문화적 감수성과 잘 통할 수 있다. 그리고 사회 현상을 도덕주의적으로 접근하기보다는 사적 이익들 사이의 갈등과 협력의 관점에서 이해함으로써 젊은 세대의 현실주의적인 삶의 태도와도 잘 아울린다. 또 진보적 자유주의는 경제활동의 자유, 자율, 창의, 개방을 유지하면서도 건강한 시장경제에 입각한 건강한 윤리와 공동체를 지향한다는 점에서 탁월성이 있다. 진보적 자유주의는 현재의 사회경제적 상태를 통째로 변혁하려는 시도 대신에 사회 현실에 세부적으로 접근해 개혁해야 하고, 개혁할 수 있는 문제의 범위가 무엇이고, 어떤 대안이 가능한가를 찾아내고자 한다는 점에서 한국 사회에서의 현실 적합성이 크다.[2]

2. 진보적 자유주의의 핵심 요소들

민주주의, 인간을 위한 최상의 질서

진보적 자유주의의 궁극적 이상은 인간 존중에 기반을 둔 사회질서의 수립이다. 인간에게 최고의 존재는 인간 자신이다. 인간 자신이야말로 선의 궁극적 기준이다. 우리가 추구하는 인간은 '효용적 인간'이나 '권력적 인간'이 아니라, '도덕적 인격으로서 자신의 가치관을 가지고 정의감을 행사할 수 있는 자유롭고 평등한 존재로서의 인간'이다. 그것은 인간이 자신의 목적, 관심, 행복을 합리적으로 추구할 수 있는 능력을 갖추고, 다른 한편으로는 공적으로 승인되고 타인과 공유하고 있는 정의의 원리를 이해하고 적용하며 행동에 옮길 수 있는 능력을 갖는다는 가정에 입각한다. 그 같은 능력을 가진 인간은 평등한 존경과 배려를 받을 권리를 갖는다. 바로 정의로운 사회란 모든 시민의 자유를 평등하게 보장해야 하며, 정의에 의해서 보장된 권리는 정치적 거래나 사회적 이득의 계산 대상이 되지 않는 사회이다.[3]

민주주의는 그 같은 질서를 가장 잘 실현시켜줄 수 있는 체제원리이다. 민주주의는 지금까지 인류가 발견한 가장 최상의 질서이다. 따라서 민주주의의 기반을 더욱 확장시키고 질적으로 발전시키는 것이야말로 인류의 역사가 진보해나가는 길이다. 민주주의란 '자유롭고 평등한 시민들 간의 공정한 협동체계'이다. 그 속에서 시민들 각자는 자신의 능력을 가장 잘 발전시키고 선에 대한 구상을 잘 실현할 수 있다. 인간 존재의 기본적 특성은 그가 실현하기를 바라는 것을 혼자서 다 할 수 없기 때문에 우리는 서로를 동반자로 필요로 하며, 타인의 성공과 즐거움은 우리 자신의 선을 위해 필요한 것이다. 바로 이 같은 공정한 협동체계를 유지하기 위한 사회적 목표와 기준이 사회 정의의 원리를 구성하게 된다.

민주주의와 진보적 자유주의

현대 민주주의에서 자유주의의 기초는 보편적이고 필연적이다. 그것은 자유주의에 비판적인 사람들이 말하듯, 단순히 다원주의, 상대주의로 협소하게 해석될 수 없는 것이다. 자유주의는 인간으로서의 존엄에 바탕을 두고, 개인의 자유와 평등을 증대시키려는 정치이념이다. 그러한 궁극적 목표와 가치는 역사상 민주주의와 결합할 때 가장 극대화되어 나타났고, 실질적 권리의 증진과도 양립했다. 반면에 자유주의의 어느 한쪽만이 특화되어 탈정치적 신자유주의 내지 경제적 자유주의로 변형될 때 그것은 민주주의와 갈등·충돌하고 사회의 불평등을 증대시킨다. 따라서 우리가 지향하는 자유주의는 민주주의와 결합하는 '진보적 자유주의'이며, "개인의 자유와 평등한 권리를 옹호하는 데 초점을 두고, 이를 위해 보편적 절차와 규칙, 배분적 정의에 관한 진보적 기준들을 수립하려는 노선"으로 정의될 수 있다.

민주주의국가에서는 사회 정의의 원리와 기준은 일반적으로 사회계약의 문서적 표현인 헌법을 통해 표현된다. 그것을 우리는 이른바 헌정민주주의 혹은 입헌민주주의라고 말한다. 헌법은 "자유롭고 평등한 구성원들에 의해 합의된 가치체계"라는 점에서 본질적으로는 절차적 정의의 성격을 갖는다. 그러나 그것은 적절한 절차만 거치면 어떤 결과도 정의롭다고 보는 형식적 민주주의와 다르다. 그것은 절차적 정의가 실질적 정의의 결과를 보장해야 한다는 것에 근거한다.

민주주의는 '자율', '자치'의 정신을 중요시 한다. 민주주의는 단순히 다수결에 의한 의사 관철이 아니라 보편적 자유에 대한 존중을 전제로 한다. 그러자면 민주주의가 다수의 전제로 빠지지 않는 '공공성'의 정신이 민주주의의 중요한 축이 되어야 한다. 이때 민주주의가 공공성의 정신과 결합하는 것이 입헌민주주의의 이상이다. 그것은 국가의 권력 행사를 견제하고 규제함으로써 개인의 자유를 보장하려는 자유주의의 이상이 민주주의의 기반을 이룰 때 성립된다. 민주적 법치주의는 협소한 사법주의의 잣대가 아니라, 이 같은 진보적 자유주의의 지반 위에서 구현되는 원리이다. 시민민주주의가 민주주의의 가능성을 국가와 계급으로부터 시민이라는 자율적 주체에서 구하는 것이라면, 민주적 헌정질서에서는 공권력의 공적 재구성이라는 과제를 중요하게 여긴다.[4]

진보적 자유주의와 시장경제 그리고 복지국가

진보적 자유주의는 민주적 시장경제의 기초를 제공한다. 그것은 기본적으로 정치우위의 사고에 입각한다. 롤스의 자유주의를 통해 살펴보면, 롤스가 정의로운 경제제도를 구현한 모델로서 제시하는 것이 바로 '소유민주주의(property-owning democracy)'이다. 소유민주주의는 '정치적 정의'를 핵심으로 하는 배경제도와 경제제도가 결합된 사회발전모델이다. 소유민주주의는 사전적으로 생산 자산과 인적 자본의 소유 집중을 막고 인적 자본에 대한 투자기회를 조금 더 평등하게 함으로써 시장에서 창출되는 소득의 불평등과 경제력과 정치권력의 집중현상을 완화하는 제도이다. 그 요점은 사유재산제도를 기반으로 하는 자본주의를 전제로 하면서 민주주의적 제도로 재산소유를 통제하는 것이다.[5]

진보적 자유주의는 국가가 개인들에게 도덕적 지침을 하달하고 지도할 수 있다는 발상을 거부한다는 맥락 위에서 복지국가를 재구성하고자 한다.[6] 그렇다고 해서 그것이 국가의 중요성을 간과하는 것은 아니다. 다만 중앙집권적 국가를 통한 부의 재분배가 갖는 한계를 인식하고, 시민사회의 지반 위에서 국가를 재구성하고자 한다는 점에서 '시민국가론'의 문제의식에 맞닿는다. 그래서 아마르티아 센은 복지를 "개인의 자유와 능력을 확대하는 과정"으로 사고하고, 롤스는 기존의 "중앙집권적 국가의 강제적인 연대에 의한 복지" 대신에 "시민사회의 다양한 커뮤니티를 통한 자치, 분권, 소통 위에서의 자발적인 연대"의 원리를 통해 "노동시장에서 배제된 사람들을 자기통제, 자기책임성을 갖는 사회의 능동적 구성원으로 복귀"시키는 복지의 실현에 정치철학적 사고를 집중한다.

진보적 자유주의는 소유권 개념에 대해 포용적 관점을 채택한다. 로크(John Locke), 애덤 스미스 등 초기 자유주의자들은 개인이 자신의 신체적 활동의 결과로서 획득되는 소유물에 대해서 절대적인 불가침의 지배권을 갖는다고 보았다. 초기 자유주의자들의 이 같은 재산권 개념은 자칫 배타성으로 나타나기 쉽고 재산권을 매개로 타인에 대한 지배를 가능하게 하는 것이 될 수도 있었다. 경제력의 심각한 불균형이 소유의 배타성을 낳고 권력의 배타성을 가져올 수 있었던 것이다.[7] 하지만 밀(J. S. Mill) 이후의 자유주의자들은 초기 자유주의자들의 소유권 개념이 지닌 약점을 완화해 소유권 개념을 정치적으로 재구성했다. 그들 구상의 핵심은 인류가 쌓아올린 거대한 부의 원천이 오랜 협력과 연대를 통해 누적된 지식과 기술의 진보가 가져다준 공동 역사의 산물이라는 인식이었다. 설령 각 개인이 시장에서 개별적으로 획득한 부라 할지라도 그것의 압도적 부분은 순수하게 자신의 노력의 대가가 아니라 사회의 정의, 은총, 문명이라는 모든 원리에 빚을 지고 있다는 것이었다. 그래서 홉하우스는 "개별 기업이 이룩한 부에서부터 공동 진보 덕분에 발생한 부로 차근차근 조세를 부과해 서서히 공동 작업이 이룩한 열매의 소유권을 되찾는 것"이야말로 진정한 개인주의가 보존될 수 있는 유일한 방법이라고 했다.[8] 진보적 자유주의의 소유권 개념은 20세기에 이루어진 사회개혁 작업들에 이론적 기초를 제공해주었다. 진보적 자유주의에서 소유권 개념은 계속 진화해왔고 앞으로도 그러할 것이다. 그것은 한국에서도 부를 획득하는 과정에서 사회에 빚을 진 개인과 기업들이 사회적 책임을 경건하게 받아들이고 나아가 인적·물적 자본의 소유 집중을 막는 데 유익한 이론적 자양분을 제공해줄 수 있다.

3. 진보적 자유주의의 정치철학적 쟁점들

진보적 자유주의는 불철저한 이념인가

진보적 자유주의가 취하는 개인의 삶과 사회 현상에 대한 태도는 변혁적이지도, 진보적이지도 않고 불철저한가? 복지국가소사이어티의 정승일은 진보적 자유주의가 시장주의를 추종하는 독일의 '질서자유주의' 노선과 크게 다르지 않으며 실제로도 신자유주의와 구별할 수 없다고 주장한다. 그러나 실제로 진보적 자유주의는 사회민주주의 이상으로 급진적이다. 진보적 자유주의가 추구하는 가치의 핵심은 다름 아닌 '평등'이다. 평등에 대한 진보적 자유주의자들의 프로젝트는 그것이 사회주의와 맞닿는 지점까지 확장하는 것이다. 예를 들어 '차등의 원칙'을 사회정의의 중요한 축으로 수립한 존 롤스는 자신의 자유주의가 평등의 이념을 비롯해 민주주의에 포함된 다양한 이념들을 가장 충실하게 구현했다고 본다. 그는 사회체제를 자유방임 자본주의, 복지국가 자본주의, 국가사회주의, 소유민주주의, 자유주의적 사회주의로 나눈 다음 앞의 세 가지 체제는 적어도 한 가지 방식에서 차등의 원칙을 위반한다고 말한다. 소유에 대한 적절한 분배장치를 갖추지 않고서 차등의 원칙을 실현할 수 없을 뿐만 아니라 정치적 자유의 공정한 가치와 공정한 기회의 평등을 이룰 수 없다고 본 것이다.

진보적 자유주의의 관점에서 볼 때, 소유민주주의와 사회주의는 자유주의와 평등의 기반을 공유하면서 친화적 관계를 형성할 수 있다. 그런 점에서 자유주의 사회조직의 원리는 박동천의 말처럼 사회주의의 이상을 실현하는 데 걸림돌이 아니라 견인차가 될 수 있는 것이다.[9] 진보적 자유주의는 자본주의를 원천적으로 대체할 수 있는 체제로서 사회주의를 꿈꾸지 않는다는 점에서 사회주의나 사회민주주의 사상과 다르다. 그러나 진보적 자유주의는 사회주의, 사회민주주의를 배타적으로 보지 않으며, 심지어 그것들보다 더 급진적인 경우도 많다.

진보적 자유주의와 사회민주주의

진보적 자유주의가 사회민주주의와 대립적으로 이해될 필요도 없다. 사회민주주의는 2차 대전 전후에 진보적 자유주의를 광범위하게 수용했으며, 20세기 전반기에 걸쳐 세계적으로 이루어진 정치경제적 처방이 자유주의적인가 아니면 사회민주주의적인가를 확정하는 일은 상당히 까다롭다. 미국자본주에서 뉴딜 개혁을 이끈 프랭클린 루스벨트나 이론적 처방을 제시한 케인스는 진보적 자유주의자로 분류될 수 있고, 독일의 경제부흥을 이끈 사회적 시장경제는 질서자유주의에 바탕을 두고 있다. 하지만 거기에는 수많은 사회민주주의의 요소가 내재되어 있어 보기에 따라서는 뉴딜 개혁도 미국적 사회민주주의라고 부를 수 있다. 유럽의 다른 나라들에서는 사회민주주의라는 이름으로 보편주의 복지국가체제가 발전해갔지만, 스웨덴 복지국가의 경제적 초석을 놓은 에른스트 비그포르스조차도 '케인스 이전의 케인스주의자'로 분류될 정도로 자유주의를 광범위하게 수용했다.

유럽에서 사회민주주의가 진보적 이념으로 발전해갈 수 있었던 것도 진보적 자유주의를 수용했기 때문이었다. 사회민주주의는 알다시피 20세기 들어서 자본주의에 대한 급진적 대안으로 사회주의를 포기하기 시작했다. 그래서 사회주의를 상실한 사회민주주의는 사회적 약자를 보호하는 이념으로만 남게 되었다. 그런데 사회적 약자의 보호가 곧 진보의 이념이 될 수는 없었다. 사회적 약자의 보호는 베네수엘라 차베스식 사회주의에서 보이는 것처럼 독단적 민중주의로 빠질 수도 있고, 그 경우 그것은 인간에 대한 또 다른 형태의 억압에 지나지 않기 때문이다. 진보란 무엇보다 보편성을 갖는 원리와 가치를 함축하고 있어야 한다. 사회민주주의는 진보적 자유주의가 갖고 있는 만인평등에 기초한 인간의 존엄이라는 지반 위에서 평등의 확장과 사회적 약자 보호라는 역사적 전통을 접목시킴으로써 20세기의 가장 영향력 있는 진보 이념으로 자리 잡게 되었던 것이다.

진보적 자유주의를 신자유주의와 거의 동일한 것으로 치부하는 주장은 자유주의를 오직 경제적 문제로만 치환해서 보는 오류를 범하고 있다. 자유주의는 윤리적 자유주의, 정치적 자유주의, 경제적 자유주의를 포괄하는데, 역사적·이념적으로 윤리적 자유주의와 정치적 자유주의가 경제적 자유주의에 우선한다. 그래서 진보적 자유주의는 '정치적 자유주의'이기도 한데, 이는 경제에 대한 정치의 우위성, 다시 말해서 민주주의를 통해 시장의 불완전성을 통제하는 정의로운 경제제도에 대한 사고와 맞물려 있다. 그것은 사회적 세력균형의 제도적 기초 위에서 경제구조를 재구성하는 경제발전모델을 지향한다. 이는 뉴딜 개혁의 핵심 원리와도 상통하는 것이다. 그런 점에서 진보적 자유주의는 사회국가(Sozialstaat)의 원리까지도 일정하게 흡수해 상통할 수 있다.

공화주의의 문제의식에 대한 검토

얼마 전까지 진보진영을 중심으로 '공화주의'나 '공공성'에 관한 담론들이 유행한 적이 있다. 세계적 신자유주의의 물결에 의해 야기된 사회양극화, 공동체 해체와 같은 현상들에 대한 대안 담론으로서 주목받은 것이다. 촛불집회 이후 사람들이 헌법 제1조 "대한민국의 민주공화국"이라는 가치에 주목하기 시작하면서 더욱 관심을 끌기도 했다.[10] 그러나 한국에서 공화주의의 담론들은 오래 지속되지 못했다. 공화주의 가치를 역설하다 최근에는 자유주의 가치 쪽으로 강조점을 옮기는 사람도 생겨나게 되었다. 그렇다면 왜 한국 사회에서 공화주의의 파괴력은 기대 이하로 나타나고 있을까?

2000년 전후를 기점으로 한국 사회가 겪어온 변화의 핵심을 한마디로 말한다면 '개인'의 출현이 아닐까 싶다. 한국 사회는 산업사회의 물질주의적 가치 속에서 개인주의가 형성된 서구 국가들과는 달리 물질주의에서 탈물질주의 사회로 넘어가는 시점에서야 비로소 뒤늦게 '개인'을 발견하고 있다. 한국에서 그 같은 개인의 출현은 자유, 자율, 평등에 대한 새로운 지향을 낳고 새로운 정치세대의 등장으로 나타나고 있다. 그런데 공화주의 담론은 개인의 자유·자율·평등의 지향을 담는 데 한계를 내포하는 것으로 보인다. 이들은 새로운 가치 용어를 동원했지만 사실상 기존 사회주의나 공동체주의, 아니면 루소의 유기체적 공화주의의 사고를 재포장하는 수준에서 크게 나아가지 못하고 있어 보인다.

공화주의를 역설하는 사람들은 한국 사회의 이념 지형을 주로 소유적 개인주의로 국한된 협소한 자유주의 대 진보적 공화주의의 구도로 파악하면서 자유주의가 갖는 조금 더 폭넓은 보편성의 가치에 대한 탐구를 간과하고 있다. 물론 그중에는 공화주의의 사고 안에 가로놓여 있는 '자유' 개념을 적극적으로 부각시키려는 시도를 하는 사람도 있다.[11] 그러나 공화주의 속에 존재하는 자유의 개념은 근대적 자유를 대치할 수가 없다. 왜냐하면 근대적 자유란 개인의 내면에 존재하는 것으로서 "인간은 태어나면서부터 권리를 가지고 태어났다"고 하는 자연권 이론에 잘 표현되어 있다. 즉 인간은 독자적 개인으로서 존재하는 것이고 자유와 평등은 개개인에게 내재한 것으로 보는 것이다. 그에 반해 공화주의에서 자유 개념은 주로 자유의 구조적 환경에 대해서 말하고 있고 그런 점에서 근대적 자유주의와 많은 부분 겹치기도 하지만, 개인을 통해 발현되는 자유의 내적 조건을 적극적으로 구성하고 있지는 않다. 바로 이런 조건들이 공화주의 담론이 한국 사회를 이끌어 가는 독자적 가치로 정립될 수 있는 가능성을 제약하고 있다. 그러므로 한국에서 올바른 이념적 사고의 전략은 자유주의에서 공화주의로 건너뛰는 것이 아니라 자유주의의 사고를 더욱 풍부하게 발전시키면서 공화주의의 문제의식을 접맥시키는 것이라고 할 수 있다.

주

1 정태욱, 『자유주의 법철학』(한울, 2007), 295쪽.
2 최장집, 「민주주의와 자유주의 사이에서」, 최태욱 엮음, 『자유주의는 진보적일 수 있는가』(폴리테이아, 2011), 101쪽.
3 존 롤스, 『정의론』, 황경식 옮김(이학사, 2003).
4 정태욱, 『자유주의 법철학』, 26쪽.
5 존 롤스, 『정의론』, 21~22쪽.
6 정치적 정의의 원리에 입각할 때 소유민주주의는 복지국가라는 관념과 구별된다. 복지국가의 목적은 어떤 사람도 일정한 생활수준 이하로 떨어져서는 안 되며, 따라서 모든 사람은 우연적인 사고나 불행으로부터 보호받아야 한다는 것이다. 하지만 이 같은 방식의 소득 재분배는 차등의 원칙을 위반하는 과도한 소득격차뿐만 아니라, 정치적 자유의 공정한 가치와 양립 불가능할 정도로 큰 규모의 부의 불평등이 상속되는 것까지도 허용할 수 있다. 존 롤스, 『정의론』, 21쪽.
7 최태근, 『시장경제의 유형과 민주주의: 영미형과 동아시형의 비교』(집문당, 2005), 70~75쪽.
8 L. T. Hobhouse, James Meadowcroft(ed.), *Liberalism and Other Writings* (Cambridge, UK: Cambridge University Press, 1994), p.93.
9 박동천, 「사회적 자유주의와 자유민주주의」, 최태욱 엮음, 『자유주의는 진보적일 수 있는가』, 147쪽.
10 안병진, 『민주화이후 민주주의와 보수주의 위기의 뿌리』(풀빛, 2008), 15~16쪽.
11 같은 책, 41~44쪽.

에필로그

　공동체를 짓누르는 특권사회의 그림자 속에서 대중은 차별과 불평등을 감내해왔다. 그것에 분노하고 저항하기에는 특권사회의 장벽이 너무 높고 두터웠기 때문이다. 오히려 타인의 조각난 꿈 위에 자신의 부와 권력과 명예를 쌓아올린 사람들을 우러러보면서, 더불어 사는 이웃들과 끊임없이 경계를 나누고 서열을 매기는 게임에 휩쓸리기도 했다. 이웃을 동등한 시민이 아닌 싸워 이겨야 할 적으로 여겼으며, 협력의 대상이 아닌 지배와 복종의 대상, 정복의 대상으로 간주했다.
　하지만 이제는 부정의와 불평등 속에서 고통받던 대중이 자신의 목소리를 내기 시작했다. 이들의 목소리는 분노를 넘어 사회 구조 변화에 대한 갈망으로 나타나고 있다. 이들은 자신의 열망을 조직하고 지도할 정치 주체가 형성되지 않았음에도 기성정치에 흡수되지 않고 있다. 이는 새로운 사회체제에 대한 꿈이 당위나 희망이 아니고 현실이라는 것을 보여주고 있다. 지금은 대한민국 공동체의 약속과 민주주의의 참뜻을 실현해야 할 때이다.
　새로운 사회를 만들기 위해서는 우리의 역사적 위치와 소명에 대한 이해와 자각이 절대 중요하다. 우리는 일제 강점으로부터 해방 이후 정부수립, 산업화, 민주화를 거쳐 새로운 역사 발전 단계로 나아가고 있다. 한 보수주의자는 다음에 출현할 사회의 핵심어를 선진화라고 압축했다. 이때 선진화의 핵심어는 '자유시장'이었다. 하지만 지난 경험을 통해서 볼 때 그 같은 길은 정의의 샘물을 마르게 하고 평등의 나무를 시들게 만들었을 뿐이다. 지난 시기에 우리가 얻은 가장 중요한 교훈이 있다면 그것은 바로 '사람' 혹은 '인간'이었다. 한국이 지향해야 할 사회는 인간의 존엄과 행복, 그리고 자유롭고 창조적인 삶을 중시하는 체제여야 한다. 그러기 위해서는 특권과 차별에 의한 강자독식이 없고, 모든 시민이 기회와 권리를 평등하고 공정하게 누려야만 한다.

지금까지 우리는 주로 사회경제 영역을 중심으로 한국 사회의 본질적 문제를 진단하고 그에 대한 대안적 발전모델을 제시해보았다. 이 책에서 사회경제 현상을 바라보는 기본적 문제의식은 그것이 본질적으로는 특권과두체제로부터 비롯되는 권력 불균등의 문제라는 것이었다. 과두제는 공동체의 일반의지와 보편이익을 파괴해 사회 전체를 몰락시키는 전형적 지표이다. 그래서 과두제의 폐단을 바로잡는 가장 중요한 무기는 정치적으로 조직된 다수 시민의 힘을 바탕으로 적절한 형태의 조절과 규제를 부과하는 것임을 설명했다. 다시 말해서 민주주의가 사회 개혁의 가장 중요한 도구라는 것이다.

민주주의는 시장과의 관계에서 우위성을 가질 수 있어야 한다. 민주주의를 통해서 공동체의 목적에 맞게 소유를 통제해 시장이 적절한 방식으로 작동할 수 있게 만드는 것이 가장 중요하다. 시장에 대한 민주주의의 우위성이 바로 롤스가 말하는 '소유민주주의'의 핵심이며 '사회'라는 개념의 실체이다. 그래서 시민 다수의 일반의지와 보편이익을 응집하는 국가가 무질서하게 흐트러지고 망가진 법과 제도의 망을 정비해야 한다. 이 책은 그런 목적을 달성할 수 있는 발전모델을 '사회시장경제'라고 이름 붙여 제시했다.

사회를 변화시키기 위해서는 비전을 제시해야 한다. 그러기 위해서는 정책을 비전으로 만드는 능력이 있어야 한다. 정책이 비전으로 창조되고 비전이 정치의 중심에 작동하게 되면 사회를 변화시키는 폭풍 같은 힘이 만들어진다. 정책을 비전으로 만들기 위해서는 정책 전반에 대한 이념적 지향과 실현해야 할 가치 목표를 분명히 설정해야 한다. 나아가 정책에 대한 전략적 접근이 중요하다. 정책 이슈를 둘러싼 여러 가지 문제점 간의 상호 연관성을 파악하고, 그 속에서 가장 본질적이고 핵심적인 연결 고리가 무엇인지를 집어내야 한다. 그리고 이에 입각해 정책에 대한 전략적 목표를 수립하고 이를 여러 단계로 나누어야 한다.

재벌 개혁과 복지 이슈가 한국 사회를 뒤흔들고 있다. 정치세력들은 진보와 보수를 막론하고 정책의 좌향좌 이동을 감행하고 있다. 그런데 지금 그 같은 변화를 비전으로 만들어 보여주는 세력은 없다. 비전이라는 말은 무성하지만 진정성과 꿈이 느껴지는 비전은 나타나지 않고 있다. 비전은 가치, 노선, 세력이 삼위일체가 되었을 때 출현한다. 가치와 노선은 건강한 토론(debate)을 통해 완성된다. 그런데 기성 정치세력들의 엄청난 정책적 좌표 이동이 이루어지고 있지만 정작 토론은 일어나지 않고 있다. 이런 현상은 진보개혁진영이라 불리는 쪽에서도 마찬가지이다. 민주통합당과 통합진보당 사이에는 논쟁이 죽어버렸고, 각각의 정당 내부에도 논쟁이 사라져버렸다.

2012년 총선과 대선에서 진보개혁진영이 승리한다면 2기 민주정부가 출범하게 된다.[1] 2기 민주정부는 1기 민주정부와 어떤 점에서 어떻게 달라져야 하는가? 비전은 어떻게 변화해야 하고, 정책은 어떻게 달라지고, 정치는 어떻게 환골탈태해야 하는가? 민주통합당의 전신인 열린우리당은 노무현 정부의 법인세 인하, 금산분리 완화, 기업도시법 제정, 출자총액제 완화 등 신자유주의에 기울어진 정책들을 뒷받침했었다. 그런데 지금 민주통합당은 보편적 복지, 재벌개혁을 앞세우고 정반대의 길을 가고 있다. 그러나 1기 민주정부 시기와는 다른 정책상의 변화가 왜 일어나야 하는지 명확하게 설명하지 못하고 있다. 경제민주화(재벌개혁)와 보편적 복지가 어떻게 이론적·정책적으로 통합될 수 있는지에 대해서도 제시하지 못하고 있다. 한마디로 정책 각론 수준을 넘지 못하고 있다. 진보진영 내에서 국가담론을 정립해보고자 한 몇몇 시도 역시 말은 국가담론이라고 내세우지만 정책모델 수준에 머물러 있다. 무엇보다 그런 시도들은 철학적 바탕과 이론적 토대가 약해서 정밀성이 현저하게 떨어진다. 따라서 총체적이고 통합적인 이론 틀 위에서 개별 정책들을 하나하나 다시 검토해 전략적 위상과 함의를 부여해야 이런 기반 위에서 진정한 비전이 탄생할 수 있다.

한국 정치가 새로운 정책들을 실현하기 위해서는 2012년 총선과 대통령 선거에서 낡은 기성정치와 싸워 이길 수 있는 진정한 지도자군이 출현해야 한다. 지금 한국 정치가 고여 있는 물처럼 정체되어 있는 가장 큰 원인은 정치에 역동성과 활력을 불어넣어줄 리더십이 없기 때문이다. 사회양극화, 불평등, 부정의를 극복해나갈 새로운 가치와 의제, 의지와 용기, 판단력과 실행력을 갖춘 리더십들이 나타나야 한다.

이 책의 문제점과 한계, 그리고 향후 과제를 말하면서 글을 맺고자 한다. 이 책에서는 원래 이념과 가치, 비전과 전략이 담긴 정책 의제의 사례를 제시하고 싶었다. 그러나 의욕은 앞섰으나 실제로 정책 속에 그 같은 요소들을 제대로 담아내지는 못했다. 정책 의제의 큰 방향만 거칠게 제시했고 의제를 둘러싼 여러 정책을 세부적으로 분류하고 단계적으로 배치하는 일은 엄두도 내지 못했다. 정책전문가가 아닌 필자가 그것도 여러 영역의 정책들을 다루는 데는 근본적 한계가 있을 수밖에 없었다. 또한 이런 한계와 함께 사회발전모델이 함축해야 할 포괄적인 여러 문제를 누락했다. 교육, 환경, 에너지, 지방, 외교·통일·안보 등 중요한 영역들을 빠뜨렸다. 따라서 이 책에서 제시한 사회발전모델이 제대로 된 총체성을 가졌다고 평가하기에는 너무 많은 한계를 가지고 있음을 자인한다. 이런 문제의 극복은 혼자서 해낼 수 있는 일이 아닐 것이다. 끝으로 이 책에서 접근 방식이 주로 총체성을 제시하고 그것을 각론에 적용해보는 접근 방식이었다면, 앞으로는 각론적 과제들을 구체적으로 다루면서 총체성을 담아내는 접근 방식에 중점을 둬 연구를 진행해보겠다는 것이 앞으로의 계획이다.

주

1 필자 개인적으로는 정치주체의 형성 노력이 여전히 미흡하다는 점에서 2012년에 2기 민주정부의 탄생 확률을 높게 보지는 않는다. 그럼에도 그 같은 목표를 세우고 그 위에서 정치주체를 혁신하는 노력을 전개하는 것은 타당하다고 본다.

지은이_

고원은 전남 담양 독립운동가 집안에서 태어났다. 어려서 결핵 때문에 학교에 제대로 다니지 못하고 책과 대화하는 시간이 많아서였는지 이상주의적 기질이 몸에 뱄다. 1980년 광주항쟁을 한복판에서 목격하면서 세계관이 변하기 시작했다. 1983년 서울대학교 국제경제학과에 입학했고 학교시절 내내 학생운동과 사회과학에 심취했다. 민주화운동을 함께하다 분신 사망한 절친 이재호에 대한 의리와 책임감 때문에 학교를 졸업한 후에도 사회운동에 뛰어들었다. 학생운동과 사회운동으로 두 번 옥살이를 했다. 서울대학교 정치학과 대학원에 늦깎이로 입학해 석사와 박사를 마쳤다. 박사과정 중에 16대 국회 보좌관으로 4년간 일하면서 현실정치를 관찰하고 정책·입법을 다루는 경험을 하기도 했다. 그 후 학계로 복귀해 지금은 서울과학기술대학교에서 기금교수로 학생들을 가르치고 있다. 노무현대통령자문 정책기획위원과 민주정책연구원 연구기획위원, 참여연대 실행위원 등으로 활동했다. '사람중심 진짜경제', '가치정치', '연합정치', '시민정치', '혁신', '특권체제' 등 우리 사회에 영향을 미친 중요한 담론들을 만들어내는 데 주도적 내지 중요한 역할을 수행했다. 역사적 안목을 가지고 가치와 노선에 입각한 현실정치 분석을 가할 수 있는 유일한 사람이라고 자부하지만 정치평론은 가급적 삼가려 한다. 지나온 삶의 이력이 말해주듯 출세와는 거리가 멀게 살아왔고 역사와 사회의 긍정적 변화를 위해 남을 돕는 일을 주로 해왔다. 연구 분야는 정치경제, 정치사, 정당·선거, 정치변동, 일상사, 커뮤니케이션 등으로 다양하다. 지은 책으로는 『한국의 경제개혁과 국가』, 『국가와 일상』(공저) 등이 있으며, 「촛불집회와 정당정치개혁의 모색」, 「대안적 발전론에서 인간중심 담론에 대한 정치철학적 검토」 등 여러 편의 논문이 있다.

대한민국 정의론

ⓒ 고원, 2012

지은이 ǀ 고원
펴낸이 ǀ 김종수
펴낸곳 ǀ 도서출판 한울
편 집 ǀ 문용우

초판 1쇄 인쇄 ǀ 2012년 3월 10일
초판 1쇄 발행 ǀ 2012년 3월 26일

주소 ǀ 413-756 파주시 문발동 535-7 302(본사)
　　　121-801 서울시 마포구 공덕동 105-90 서울빌딩 1층(서울 사무소)
전화 ǀ 영업 02-326-0095, 편집 031-955-0606, 02-336-6183
팩스 ǀ 02-333-7543
홈페이지 ǀ www.hanulbooks.co.kr
등록번호 ǀ 제406-2003-000051호

Printed in Korea.
ISBN 978-89-460-4587-3　93340

* 가격은 겉표지에 있습니다.